UM CHAMADO À
MISERICÓRDIA

MADRE TERESA

UM CHAMADO À MISERICÓRDIA

CORAÇÕES PARA AMAR, MÃOS PARA SERVIR

Tradução
Luis Reyes Gil

Editado e com prefácio e introdução de
Brian Kolodiejchuk, MoC (Missionário da Caridade)
Nova York
Copyright © 2016 by The Mother Teresa Center, licenciado exclusivo para o mundo todo das Missionárias da Caridade para as obras de Madre Teresa. Todos os direitos reservados.
Publicado nos Estados Unidos pela Image, selo do Crown Publishing Group, divisão da Penguin Random House LLC, Nova York.
Copyright © Editora Planeta, 2022
Copyright da tradução © Luis Reyes Gil
Todos os direitos reservados.
Título original: *A Call to Mercy – Hearts to Love, Hands to Serve*

Preparação: Karina Barbosa dos Santos
Revisão: Alessandro Thomé
Diagramação: Nine Editorial
Capa: Rafael Brum
Imagem de capa: T Satyan/Dinodia Photo / agefotostoc

Dados Internacionais de Catalogação na Publicação (CIP)
Angélica Ilacqua CRB-8/7057

Teresa, de Calcutá, Madre, Santa, 1910-1997
    Madre Teresa: um chamado à misericórdia: corações para amar, mãos para servir / Madre Teresa; editado por Brian Kolodiejchuk; tradução de Luis Reyes Gil. – São Paulo: Planeta do Brasil, 2022.
    288 p.

ISBN 978-65-5535-827-8
Título original: Mother Teresa: A Call to Mercy – Hearts to Love, Hands to Serve

1. Madre Teresa 2. Vida cristã 3. Misericórdia I. Título II. Kolodiejchuk, Brian II. Gil, Luis Reyes

22-2893   CDD 248.482

Índice para catálogo sistemático:
1. Vida cristã - Misericórdia

 Ao escolher este livro, você está apoiando o manejo responsável das florestas do mundo

2022
Todos os direitos desta edição reservados à
Editora Planeta do Brasil Ltda.
Rua Bela Cintra 986, 4º andar – Consolação
São Paulo – SP CEP 01415-002
www.planetadelivros.com.br
faleconosco@editoraplaneta.com.br

Aos mais pobres entre os pobres, a todos aqueles que são indesejados, desprezados, rejeitados e esquecidos. Que estes, por meio do amor sensível e misericordioso a eles demonstrado por Madre Teresa e por aqueles que nela se inspiraram, tenham certeza de como são preciosos aos olhos de Deus.

PREFÁCIO

A inspiração do Santo Padre de proclamar o Jubileu Extraordinário da Misericórdia chegou como uma surpresa bastante inesperada, mas também muitíssimo bem-vinda. No *Misericordiae Vultus* (MV), o documento (bula de proclamação) que estabeleceu o Jubileu Extraordinário da Misericórdia, assim como nas diversas ocasiões em que ele se pronunciou sobre o tema, o Papa Francisco não só nos convida a entrar mais profundamente no "mistério da misericórdia" (MV 2), uma bênção que Deus sempre deseja nos conceder, mas também procura nos tornar conscientes de nossa responsabilidade em estender essa bênção aos outros. Ele apresenta Jesus como o "rosto da misericórdia do Pai", na realidade, a expressão por excelência da misericórdia do Pai.

A feliz ocasião da canonização de Madre Teresa, que o Santo Padre quis que ocorresse durante o Jubileu, é uma oportunidade providencial de trazer uma vez mais o exemplo dela e a mensagem do terno e misericordioso amor de Deus à atenção dos cristãos e de todos aqueles que a veem como um modelo do que é ser um uma "portadora" desse amor. *Um chamado à misericórdia* é uma tentativa de fazer justamente isso.

Embora todo santo possa, pelo menos de algum modo, ser chamado de "santo de misericórdia", ainda caberia perguntar por que a Providência de Deus fez com que Madre Teresa fosse canonizada durante esse período especial. Que mensagem essa "santa do amor terno e misericordioso" em particular oferece à igreja universal – e mesmo para além dela – sobre o tema da misericórdia, que é, como sabemos, o *leitmotiv* dos ensinamentos e do exemplo do Santo Padre. Existe uma ressonância particular entre a atenção especial e o amor que o Papa Francisco dispensa àqueles que estão nas "periferias da existência humana" e a escolha preferencial de Madre Teresa em servir aos mais pobres entre os pobres. Ternura e compaixão são as qualidades excepcionais da caridade, das quais ela compreendeu que Jesus queria que ela fosse "portadora" – para permitir que os mais pobres entre os pobres pudessem conhecer e vivenciar tais qualidades. Por exemplo, ela encorajou seus seguidores a "se dirigirem aos pobres com ternura e servirem aos pobres com amor terno e compassivo". É nisso que consiste ser "portadora" do amor de Jesus, que, como ela estava absolutamente convencida, "ama cada um de nós ternamente, com misericórdia e compaixão".

Em sintonia com o convite que o Santo Padre nos faz em *Misericordiae Vultus,* para "redescobrir essas obras tangíveis de misericórdia" e para não "esquecer as obras espirituais de misericórdia" (MV 15), a canonização de Madre Teresa é uma ocasião oportuna para apresentar tanto seu ensinamento relacionado ao amor misericordioso como sua maneira de colocar tais ensinamentos em prática por meio de suas ações diárias.

É um dito frequente que "as ações falam mais alto que as palavras"; este é um livro que aborda principalmente as ações de Madre Teresa. Por meio de suas palavras, e através das lentes de testemunhas diretas, ela emerge como um ícone de amor terno e misericordioso, um reflexo da misericórdia de Deus para os dias de hoje, especialmente para os mais pobres entre os pobres.

É minha expectativa que o exemplo desta "Santa da Misericórdia", conforme apresentado neste livro, nos dê coragem para aprofundar nosso relacionamento com o Deus do amor terno e misericordioso e estender esse amor a nossos irmãos e irmãs, especialmente àqueles mais necessitados, os que são, no aspecto material ou espiritual, os mais pobres entre os pobres.

Padre Brian Kolodiejchuk, MoC
Postulador

SUMÁRIO

Introdução   *11*

1. Dar de comer a quem tem fome   *17*
2. Dar de beber a quem tem sede   *35*
3. Vestir os nus   *43*
4. Abrigar os que não têm teto   *53*
5. Visitar os doentes   *73*
6. Visitar os presos   *97*
7. Enterrar os mortos   *109*
8. Instruir os ignorantes   *121*
9. Aconselhar os hesitantes   *139*
10. Advertir os pecadores   *155*
11. Suportar com paciência os erros   *177*
12. Perdoar de bom grado as ofensas   *201*
13. Confortar os aflitos   *219*
14. Orar pelos vivos e pelos mortos   *241*

Conclusão   *261*

Notas   *263*

INTRODUÇÃO

Na vida de Madre Teresa (1910–1997), como na vida de muitos outros santos, estamos diante de uma teologia vivida. Em seus escritos ou falas, não nos deparamos com nenhuma explanação elaborada sobre o sentido da misericórdia. No entanto, encontramos, sim, uma rica herança de uma espiritualidade de misericórdia e compaixão, já que ela experimentou pessoalmente e vivenciou isso em seu serviço aos outros. As inúmeras e muito concretas atitudes de misericórdia de Madre Teresa e de seus seguidores chamaram a atenção até mesmo do mundo secular.

Interessante é que *misericórdia* não é uma palavra que Madre Teresa costumasse empregar em suas falas ou seus escritos. Mesmo assim, ela entendia a si mesma como alguém em constante necessidade da misericórdia de Deus, não só num sentido geral, como uma pecadora precisando de redenção, mas também no sentido específico, como um ser humano fraco e pecador que dependia inteiramente do amor, da força e da compaixão de Deus a cada dia. Na realidade, o próprio Jesus havia lhe dito isso ao convidá-la a fundar as Missionárias da Caridade: *"Sei que você é uma pessoa muito incapaz, fraca e pecadora, mas justamente por ser assim quero usá-la, para a Minha Glória!"*. Essa foi a experiência existencial de Madre Teresa, tão profundamente enraizada em seu coração que brilhava em seu rosto e em suas atitudes em relação aos outros. Ela considerava os pobres, e também a si mesma, como necessitando do amor e da compaixão de

Deus, dos cuidados e da ternura de Deus. Ela se identificava facilmente com qualquer ser humano: "minha irmã, meu irmão". Sua experiência de estar "necessitada" diante de Deus conduziu-a à visão de si mesma como uma entre os pobres.

O Papa Francisco nos conta que o significado etimológico do termo latino *misericordia* é *"miseris cor dare"*, ou seja, "dar o coração aos miseráveis", àqueles que vivem na necessidade, aos que estão sofrendo. Foi isso o que fez Jesus: "Abriu seu coração à miséria humana".[1]

Assim, a misericórdia envolve tanto o interior quanto o exterior: o movimento interno do coração – o sentimento de compaixão – e, depois, como Madre Teresa gostava de dizer, "colocar o amor em ação viva".

No *Misericordiae Vultus* (o documento oficial que estabelece o Jubileu Extraordinário da Misericórdia), o Papa Francisco diz que a misericórdia é "a lei fundamental que reside no coração de toda pessoa que olha sinceramente nos olhos de seus irmãos e irmãs no caminho da vida".[2] Afirma que seu desejo para o ano vindouro é que ele "esteja impregnado de misericórdia, de modo que possamos nos dirigir a cada homem e mulher trazendo a bondade e a ternura de Deus".[3]

Essa ideia implica que nossa atitude não é "de cima para baixo", como vinha sendo, quando nos achávamos superiores àqueles a quem servíamos, mas sim que reconhecemos a nós mesmos pelo que somos: *um entre* os pobres, *identificados com* eles de algum modo, estando de algum modo na mesma condição. E isso deve vir do coração, já que o entendimento envolve nosso próprio ser. Madre Teresa é um exemplo maravilhoso desse princípio.

O Papa Emérito Bento XVI indica a fonte dessa atitude em *Deus Caritas Est:* "A ação prática resulta insuficiente se não for palpável nela o amor pelo homem, um amor que se nutre do encontro com Cristo".[4] Foi, na realidade, um encontro com Cristo que fez Madre Teresa embarcar em uma nova missão, fora da sua segura rotina do convento. O próprio Jesus estava chamando-a para que se tornasse Seu amor e compaixão para os mais pobres entre os pobres, para que fosse Seu "rosto de misericórdia". Ela reconta: "Ouvi o chamado para que desistisse de tudo e O seguisse nas favelas – para Lhe servir junto aos mais pobres entre os pobres... Eu soube que era o Seu desejo e que tinha que segui-Lo. Não havia dúvida de que viria a ser Sua obra". O Papa Bento prossegue: "Minha participação pessoal íntima nas necessidades e no sofrimento do outro torna-se uma entrega do meu próprio eu: para que minha entrega não humilhe o outro, devo não apenas lhe dar algo meu, mas entregar a mim mesmo, devo estar presente na entrega como pessoa".[5]

Madre Teresa é a epítome desse ato de entrega.

"O coração dela", disse Irmã Nirmala, sucessora imediata de Madre Teresa, "era grande como o Coração do Próprio Deus, cheio de amor, afeição, compaixão e misericórdia. Ricos e pobres, jovens e velhos, fortes e fracos, instruídos e ignorantes, santos e pecadores de todas as nações, culturas e religiões encontravam uma acolhida amorosa no coração dela, porque em cada um deles ela via o rosto de seu Amado: Jesus".

A canonização de Madre Teresa é, então, muito apropriada durante o Jubileu da Misericórdia, porque ela representa muito bem o que significa aceitar o convite do Papa Francisco para a Igreja: que nós "entremos mais profundamente no coração do Evangelho no qual os pobres têm uma experiência especial da misericórdia de Deus".[6] Ao se encontrarem com ela, os pobres tiveram de fato a oportunidade de conhecer a misericórdia divina. Eles encontraram uma pessoa que amou, que cuidou, que teve a compaixão e a capacidade de compreender sua dor e seus sofrimentos. Em seu rosto enrugado, os pobres – e todos aqueles que a conheceram – tiveram a oportunidade de "ver" o rosto terno e compassivo do amor do Pai por nós. Eles sabiam que ela os compreendia, que ela era um deles. Uma anotação em seu diário no dia 21 de dezembro de 1948 – o primeiro dia em que foi até as favelas de Calcutá[7] para iniciar sua missão com os mais pobres – diz o seguinte:

Na rua Agamuddin, encontrei muitas crianças com feridas muito sérias – Ali uma velha chegou bem perto de mim – "A senhora, Madre, grande Madre, tornou-se uma de nós – por nós – que maravilha – que sacrifício". Eu disse a ela que estava muito feliz por ser um deles – e realmente estava. Por ver os rostos tristes e sofridos de alguns deles se irradiarem de felicidade – porque a Madre havia chegado – bem, valeu a pena, afinal.[8]

As expressões concretas de misericórdia, como reveladas no Evangelho, são citadas como as obras práticas e espirituais da misericórdia. Como o Papa Francisco afirma no MV:

A pregação de Jesus apresenta-nos estas obras de misericórdia, para podermos perceber se estamos ou não vivendo como seus discípulos. Redescubramos as obras de misericórdia corporal: dar de comer aos famintos, dar de beber aos sedentos, vestir os nus, acolher os peregrinos, dar assistência aos enfermos, visitar os presos, enterrar os mortos. E não esqueçamos as obras de misericórdia espiritual: aconselhar os indecisos, ensinar os ignorantes, repreender os pecadores, consolar os aflitos, perdoar as ofensas, suportar com paciência as pessoas molestas, rezar a Deus pelos vivos e pelos mortos.[9]

Em resposta ao ardente desejo do Santo Padre de que "durante o Jubileu, o povo cristão possa refletir as *obras corporais e espirituais de misericórdia*",[10] *Um chamado à misericórdia* apresenta os ensinamentos de Madre Teresa sobre a prática das obras de misericórdia. Minha esperança é a de que seu exemplo possa, segundo a vontade do Santo Padre, "despertar mais uma vez nossa consciência, que, com demasiada frequência, se vê entorpecida diante da pobreza".[11] Ela viveu quase cinquenta anos de sua vida totalmente dedicada a cuidar dos pobres e dos marginalizados. Espantosamente, por esses quase cinquenta anos, ela se identificou completamente com os pobres a quem ela servia, em função de sua própria experiência de aparentemente não ser querida ou amada por Deus. De uma maneira mística – por meio de suas dolorosas "trevas" interiores –, ela experimentou a grande pobreza deles de serem "indesejados, desprezados, abandonados". Por meio dessa experiência, ela não viu qualquer diferença significativa entre ela e os pobres de quem cuidava: "A situação física dos meus pobres deixados nas ruas indesejados, desprezados, abandonados – [é] o verdadeiro retrato de minha própria vida espiritual, do meu amor por Jesus e, no entanto, essa terrível dor nunca me fez desejar que fosse diferente".

As páginas seguintes oferecem alguns dos pensamentos e escritos de Madre Teresa a respeito de como ela entendeu a misericórdia e as obras de misericórdia. Tão importante quanto, elas apresentam uma seleção de testemunhos que ilustram de que modo ela praticou as obras corporais e espirituais de misericórdia. Esses episódios revelam Madre Teresa do modo como foi vista pelos olhos das pessoas mais próximas a ela; revelam o rosto da misericórdia.

Como surgiu este livro e sua estrutura

Quando examinamos pela primeira vez a ideia de apresentar Madre Teresa como um "ícone do amor terno e misericordioso", a abordagem mais adequada parecia ser a de mostrá-la "em ação". Assim, a necessidade de retratá-la mais como um exemplo do que apenas como uma professora ficou evidente desde o início. Suas palavras, caracterizadas por sua característica simplicidade e profundidade, receberam a devida importância; no entanto, ao mesmo tempo, revelar a coerência de seu exemplo com seus ensinamentos foi considerado algo crucial para o projeto. A autenticidade de seus ensinamentos foi colocada em evidência pela autenticidade de sua vida; assim, os ensinamentos dela são palavras de sabedoria que podem servir como matéria de oração e contemplação, assim como um ímpeto para ação, um chamado à imitação.

Um chamado à misericórdia mostra a vida diária de Madre Teresa, ela fazendo "coisas comuns com um amor incomum", a partir da singular perspectiva daqueles mais próximos a ela. Os depoimentos das testemunhas no processo de canonização de Madre Teresa foram escolhidos de modo a prover exemplos poderosos, capazes de dar ainda maior dimensão a seus ensinamentos. Em nome da autenticidade, os episódios e histórias recontados foram transcritos aqui com um mínimo de edição, mesmo ficando evidente que o inglês não é a primeira língua de algumas testemunhas, a fim de preservar a notável influência que ela teve sobre as testemunhas oculares.*

O livro trata em separado cada uma das sete obras corporais e sete obras espirituais de misericórdia. Para cada uma dessas obras, é dada uma curta introdução mostrando o entendimento que Madre Teresa tinha desses atos corporais e espirituais, seguida por uma seleção de citações de seus escritos (cartas às irmãs, a outros membros de sua família religiosa, a colegas de trabalho, amigos; exortações/instruções às suas irmãs; discursos e pronunciamentos públicos; e também entrevistas). Há também uma rica seleção de depoimentos dados pelas pessoas mais próximas a ela, por aqueles que colaboraram com ela durante muitos anos, seja em contato diário "sob o mesmo teto", como no caso de suas irmãs, ou outros membros de sua família religiosa, ou então colaboradores próximos, colegas de trabalho, voluntários ou amigos. Essas testemunhas oculares estavam em uma posição privilegiada para vê-la lidar com os pobres e com muitas outras pessoas que entravam em contato com ela. Algumas histórias são relatos em primeira mão sobre como ela lidava com a pessoa que conta a história, enquanto outras testemunham de que modo ela interagia com alguma outra pessoa ou grupo.

Por fim, há uma seção curta de perguntas para reflexão e uma oração, com o propósito de nos incentivar a sermos mais abertos para a misericórdia de Deus em nossa vida diária, e também, seguindo o exemplo de Madre Teresa, a sermos mais abertos e dispostos a estender essa misericórdia aos nossos irmãos e irmãs. As perguntas têm a intenção de "despertar mais uma vez nossa consciência, que, com demasiada frequência, se vê entorpecida diante

---

* Para sanar as impropriedades linguísticas desses depoimentos de pessoas com domínio incipiente do inglês, o editor acrescentou palavras entre colchetes, para esclarecer-lhes o sentido. Na tradução, procuramos preservar essa prática, mas em alguns casos tais impropriedades ficaram eludidas pelo próprio processo de tradução ou perderam sua justificativa devido às diferenças entre as línguas. Nesses casos, os colchetes perderam o sentido e foram omitidos em nome da clareza. [N. T.]

da pobreza",[12] como o Papa Francisco nos incita a fazer. É minha expectativa que cada um de nós possa responder a esse chamado com humildade, docilidade e generosidade.

A fim de respeitar a privacidade das pessoas envolvidas, fornecemos uma breve descrição geral da testemunha, em vez de seu nome verdadeiro. Essas descrições constam das notas no final do livro. Desse modo, a confidencialidade necessária é mantida, e ao mesmo tempo somos capazes de apresentar o texto com clareza e compartilhar a rica herança das palavras e do exemplo de Madre Teresa com um público maior.

Padre Brian Kolodiejchuk, MoC
Postulador

UM

DAR DE COMER
A QUEM TEM FOME

☦

"Eu vi as crianças – seus olhos brilhando de fome. Não sei se vocês já viram a fome alguma vez. Mas eu tenho visto com frequência." Como essas palavras deixam claro, a sensibilidade de Madre Teresa com os famintos é evidente pela maneira como ela se comovia no contato direto com as crianças. Ela era comovida nas profundezas de seu coração em seu contato com aqueles que sofriam de verdadeira fome física, o que fica claro especialmente pela maneira como ela reconta as histórias que vivenciou com os famintos. Essas vivências começaram quando ela era ainda criança. A mãe a acostumara, e aos seus irmãos também, a servir e cuidar das pessoas da rua. Quando ela testemunhava a fome (ou qualquer outra necessidade dos pobres), sua reação era "Temos que fazer algo a respeito". Então fazia o que fosse possível (e, às vezes, até quase impossível) a fim de providenciar comida para os que passavam fome. Às vezes, tentava "mover mundos e fundos" para oferecer comida àqueles que estavam nessa situação.

Talvez a fome seja algo distante da nossa experiência ou do nosso ambiente mais próximo. Talvez "tenhamos notícias" dos pobres que passam fome apenas por meio de relatos perturbadores de algum desastre que esteja ocorrendo longe de nós. No entanto, se "abrirmos os olhos para ver", como Madre Teresa nos desafiava a fazer, poderemos encontrar muito mais gente sofrendo por não ter sua necessidade básica de sustento atendida.

Madre Teresa é conhecida não por criar grandes programas para resolver o problema da fome no mundo (programas dignos e necessários), mas por "alimentar os que têm fome", um por um, um por vez. No entanto, ao se dedicar a isso, ela fez grande diferença, primeiro para a vida desses indivíduos, e, por fim, para o mundo.

Há outro tipo de fome da qual Madre Teresa começou a falar, especialmente depois de abrir suas casas no Ocidente. Ela repetia com frequência que as pessoas "têm fome não só de pão, mas fome de amor". Embora sofrer dessa necessidade não seja normalmente chamado de pobreza, ela compreendeu que esse tipo de pobreza era "muito mais difícil de eliminar". Portanto, era também essa "fome de amor" que ela queria aliviar. Ela desafiava suas irmãs, "Vocês têm que ser esse amor e essa compaixão para as pessoas daqui [do Ocidente]".

Quando eu recolho uma pessoa da rua, faminta, eu lhe dou um prato de arroz, um pedaço de pão, eu satisfaço, eu elimino essa fome. Mas uma pessoa que está calada, que se sente indesejada, desprezada, aterrorizada, a pessoa que foi excluída da sociedade – essa pobreza é muito sofrida e muito intensa, e eu acho isso muito difícil. Nossas irmãs estão trabalhando com esse tipo de pessoa no Ocidente.

Finalmente, Madre Teresa descobriu outro tipo de fome, tanto nos países pobres quanto nos ricos, entre pessoas de todas as classes sociais e crenças religiosas. "As pessoas têm fome de Deus", ela costumava dizer. Essa realidade de "fome espiritual", que ela experimentou profundamente e encontrou aonde quer que fosse, foi tratada por ela de uma maneira simples e oportuna. Ela quis ser "O amor de Deus, a Sua compaixão, a Sua presença" aonde quer que fosse, de modo que as pessoas olhando para ela pudessem vir a conhecer o Deus que ela desejava refletir.

SUAS PALAVRAS

É porque Ele amava

Antes de [Jesus] ensinar as pessoas, Ele tinha piedade da multidão, e Ele os alimentou. Ele operou um milagre. Abençoou o pão, e alimentou cinco mil pessoas. É porque Ele amava as pessoas. Ele teve pena delas. Viu a fome em seus rostos e as alimentou. E só depois Ele as ensinou.[1]

‡

Mais do que nunca, as pessoas querem ver o amor em ação por meio de nossas humildes obras – o quanto é necessário estarmos em amor com Jesus – para que sejamos capazes de alimentá-Lo nos que estão famintos e nos solitários. Temos que ter olhos e coração puros para vê-Lo nos pobres. Temos que ter as mãos limpas para tocá-Lo nos pobres com amor e compaixão. Nossas palavras têm que ser muito limpas para que sejamos capazes de proclamar a Boa-nova aos pobres.[2]

A dor da fome

Um tempo atrás, uma mulher veio a mim com seu filho e disse: "Mãe, eu fui a dois, três lugares implorar um pouco de comida, pois não comemos há três dias, mas me disseram que eu sou jovem e que tenho que trabalhar para comer. Ninguém me deu nada". Fui buscar algo de comer e, quando voltei, o bebê nos braços dela havia morrido de fome. Espero que não tenha sido nenhum dos nossos conventos que lhe tenha negado comida.[3]

‡

Todos nós falamos a respeito da terrível fome. O que tenho visto na Etiópia, o que tenho visto em outros lugares, especialmente nos últimos dias em lugares como a Etiópia, centenas e milhares de pessoas estão enfrentando a morte apenas por [falta de] um pedaço de pão, por [falta de] um copo de água. Têm morrido pessoas nas minhas mãos. E mesmo assim nos esquecemos, por que eles e não nós? Vamos amar de novo, vamos compartilhar, vamos rezar para que esse terrível sofrimento seja removido dessas pessoas.[4]

‡

A dor da fome é terrível, e é aí que eu e vocês temos que comparecer e doar, até que nos cause dor. *Eu quero que vocês doem até doer.* E essa doação *é amor de Deus em ação.* A fome não é só de pão, é fome de amor.[5]

‡

Outro dia eu recolhi uma menina em Calcutá. Por seus olhos escuros, vi que estava faminta. E lhe dei um pouco de pão, e ela foi comendo, migalha por migalha. Eu disse a ela, "Coma o pão, você está com fome".[6] E perguntei a ela por que ela comia tão devagar. Ela respondeu: "Tenho medo de comer mais rápido. Quando eu terminar esse pedaço, logo vou ficar com fome de novo". Eu disse a ela: "Coma mais rápido, e então vou lhe dar mais um pedaço". Essa *criança pequena* já conhece a dor da fome. "Eu tenho medo". Vejam – *nós* não conhecemos essa dor. Como vocês veem, não sabemos o que é a fome. Não sabemos o que é sentir dor por estar com fome. Tenho visto crianças pequenas morrerem por [falta de] um copo de leite. Tenho visto mães sentindo uma dor horrível por terem crianças morrendo de fome em suas próprias mãos. Não se esqueçam disso! Eu não peço dinheiro. Eu quero que vocês deem seu sacrifício. Quero que sacrifiquem algo de que gostem, algo que gostariam de ter... Um dia, uma mulher muito pobre veio à nossa casa. Ela disse: "Madre, eu quero ajudar, mas sou muito pobre. Estou indo de casa em casa para lavar a roupa de outras pessoas todo dia. Preciso dar de comer aos meus filhos, mas quero fazer alguma coisa. Por favor, deixe-me vir todo sábado para lavar as roupas das suas crianças por meia hora". Essa mulher me deu algo que vale mais do que milhares de rúpias, porque me deu o coração dela completamente.[7]

☦

Hoje de manhã, fui ver o cardeal de Marselha, que está encarregado do *Cor Unum*, pedi [a eles] que mandassem comida para nossas pessoas na África. Há uma pobreza enorme na África. Outro dia, nossas irmãs escreveram que as pessoas simplesmente vêm até o nosso portão pedir comida e que muitas delas morrem de fome ali. Se a situação continuar assim, muitas correm risco de morrer; crianças morrem nos braços de suas mães – que sofrimento terrível. Então fui até esse cardeal para perguntar se ele podia mandar alguma comida para as nossas irmãs. Ele foi muito gentil; ele disse que, antes de nossas irmãs irem lá, eles não sabiam da presença dos pobres.[8]

O amor, para ser verdadeiro, tem que doer

Tive a experiência mais extraordinária do amor entre vizinhos com uma família hindu. Um cavalheiro veio até nossa casa e disse, "Madre Teresa, há uma família que não come há muito tempo. Faça alguma coisa". Então, peguei um pouco de arroz e fui até lá imediatamente. E vi as crianças – seus olhos brilhando de fome. Não sei se vocês alguma vez presenciaram a fome, mas eu a tenho visto com muita frequência. E a mãe da família pegou o arroz que eu lhe dei e saiu. Quando voltou, perguntei a ela, "Aonde você foi; o que foi fazer?", e ela me deu uma resposta muito simples: "Eles [uma família muçulmana] também têm fome". O que mais me marcou foi que ela sabia, e quem são eles? Uma família muçulmana. E ela sabia. E eu não trouxe mais comida naquela noite porque queria que eles – hindus e muçulmanos – desfrutassem da alegria de compartilhar. Mas havia aquelas crianças radiantes de alegria, compartilhando sua alegria e paz com a mãe delas porque ela tinha o amor que se dá até doer, e podemos ver que é aí que o amor começa – em casa, na família.[9]

✜

O amor, para ser verdadeiro, tem que doer, e essa mulher que estava com fome sabia que a vizinha dela também tinha fome, e por acaso aquela família era de muçulmanos. Então foi muito comovente, muito real. É nisso que somos mais injustos com os nossos pobres – nós não os conhecemos. Nós não os conhecemos – o quanto eles são ótimos, o quanto são dignos de amor, o quanto eles têm fome desse amor compreensivo.[10]

✜

Temos outra expressão: *de graça*. Não posso cobrar nada pelo trabalho que faço. As pessoas nos criticam e dizem coisas feias por causa dessa expressão, *de graça*. Outro dia li em um artigo, escrito por [nome de um padre], que a caridade é como uma droga para os pobres – que, quando damos coisas de graça às pessoas, é como lhes dar drogas. Decidi que vou lhe escrever e perguntar: "Por que Jesus tinha piedade das pessoas?". Ele deve ter drogado as pessoas quando as alimentou pela multiplicação dos pães e dos peixes. Ele veio trazer a Boa-nova às pessoas, mas, quando viu que estavam com fome e cansadas, Ele as alimentou primeiro. Outra pergunta que vou lhe fazer: "Você alguma vez sentiu fome como um pobre?".[11]

✜

Vocês sabem que nós cozinhamos para milhares de pessoas em Calcutá. Um dia aconteceu de uma irmã vir até mim e me dizer, "Madre, não temos nada para cozinhar". Nunca havia acontecido antes. Então, às 9h chegou um caminhão, cheio de pão. O governo havia fechado as escolas naquele dia e nos mandou pão. Vejam de novo, a preocupação de Deus. Ele até fechou as escolas, mas Ele não deixaria que os famintos morressem – a ternura e a preocupação de Deus.[12]

Nós mesmos queremos servir

Outro dia, uma família gujarati veio até Dum Dum,[13] onde temos pessoas com deficiência e crianças subnutridas e pacientes com tuberculose. Essa família, a família inteira, chegou com comida cozida. Houve um tempo em que ninguém jamais pensaria em chegar perto daquelas pessoas. Quando eles chegaram, eu disse às irmãs que os ajudassem a servir a comida. [Para] minha surpresa, eles disseram, "Madre, nós mesmos queremos servir". Para eles, esse é um grande feito, pois eles se tornam impuros. Esse é um privilégio nosso. Alguns deles eram até velhos. Nada os deteve; inacreditável uma família hindu dizer e fazer tais coisas.[14]

Juntos podemos fazer algo belo por Deus

O amor é para hoje; os programas são para o futuro. Estamos aqui para o dia de hoje; quando o amanhã chegar, veremos o que podemos fazer. Se alguém tem sede, ele tem hoje, se tem fome, é para hoje. Amanhã não os teremos mais aqui se não os alimentarmos hoje. Portanto, preocupem-se com o que vocês podem fazer hoje.[15]

☦

Nunca me meti com o que os governos deveriam ou não deveriam fazer. Em vez de perder tempo com essas questões, eu digo, "Deixe-me fazer [alguma coisa] agora". O amanhã pode não chegar nunca – nossas pessoas podem estar mortas amanhã. Portanto, é hoje que elas precisam de uma fatia de pão e de uma xícara de chá; eu lhes alimento hoje. Alguém tinha uma crítica a fazer ao nosso trabalho e comentou: "Por que vocês sempre lhes dão o peixe para comer? Por que não lhes dão a vara para que pesquem o peixe?". Então eu disse, "Nossas pessoas, elas não conseguem nem ficar em pé direito por causa da fome e de doenças, e seriam menos capazes ainda de segurar uma vara de pescar para pegar um peixe. Mas eu vou continuar dando-lhes o peixe para comer e, quando elas estiverem fortes o suficiente e conseguirem se sustentar sobre seus pés, vou passá-las a você, que então lhes dará a vara para que pesquem o peixe". E eu penso que é essa a partilha. É nisso que precisamos uns dos outros. Aquilo que *nós* podemos fazer, talvez *você* não consiga. Mas aquilo que *você* pode fazer, *nós* não podemos. E se juntarmos essas duas obras, pode sair daí algo lindo para Deus.[16]

‡

No dia seguinte, de novo, um grupo de crianças hindus de escola primária veio de muito longe. Todas as que ganharam prêmios de primeiro e segundo lugar foram até a diretora e pediram que lhes desse dinheiro, em vez dos prêmios. Então, ela colocou todo o dinheiro num envelope e o entregou a eles. Em seguida, eles pediram: "Agora, por favor, leve-nos até Madre Teresa: queremos dar o dinheiro para os pobres dela". Vejam só como foi maravilhoso eles não quererem ficar com o dinheiro. Nós criamos essa consciência, e o mundo inteiro agora quer compartilhar com os pobres. Toda vez que eu ganho algum dinheiro, prêmio ou qualquer coisa do tipo, sempre aceito em nome dos pobres, os quais eles reconhecem em mim. Acho que estou certa fazendo isso, porque, afinal, o que sou eu? Não sou nada. O que eles reconhecem em mim são os pobres, e é para quem querem dar, porque sabem o que estamos fazendo. As pessoas do mundo hoje querem ver isso.[17]

Tremenda fome de amor
Na Etiópia e na Índia, centenas de pessoas estão vindo e morrendo ali por [falta de] um pedaço de pão. Em Roma e em Londres e lugares assim, as pessoas morrem de solidão e de amargura.[18]

‡

Estão vendo? Temos uma ideia equivocada de que a fome é apenas fome de pão. Há uma fome muito maior e mais dolorida: fome de amor, do sentimento de ser querido, de ser alguém para alguém. O sentimento de ser indesejado, desprezado, rejeitado. Acho que essa é uma fome muito grande e uma pobreza muito grande.[19]

‡

Temos casas por toda a Europa e nos Estados Unidos e em outros lugares onde não existe essa fome por um pedaço de pão. Mas existe uma tremenda fome de amor, um sentimento de ser indesejado, desprezado, excluído, rejeitado, esquecido. Há pessoas que já esqueceram o que é um sorriso humano, o que é um toque humano. Penso que essa é uma pobreza muito, muito grande... E é muito difícil eliminar essa pobreza mesmo [satisfazendo aquela] fome por um pedaço de pão, eliminando a nudez com uma peça de roupa, ou provendo uma casa de tijolos..., acho que essa é a maior pobreza, a maior doença, a situação mais dolorosa de nossos dias.[20]

✝

Em outra ocasião, eu andava pelas ruas de Londres, em uma área pobre onde nossas irmãs também trabalhavam. Vi um homem numa condição verdadeiramente terrível sentado ali, parecendo muito triste e solitário. Então fui até ele e peguei-o pela mão e perguntei como estava. Quando fiz isso, ele olhou para mim e disse, "Puxa, há quanto tempo eu não sentia o calor de uma mão humana. Há quanto tempo eu não sentia o toque de alguém". E então os olhos dele brilharam, e ele começou a se sentar mais ereto. Uma pequena atenção trouxe Jesus para dentro da vida dele. Ele esperara por muito tempo uma demonstração de amor humano, mas foi na realidade uma demonstração do amor de Deus. Esses são exemplos bonitos da fome que eu vejo nessas pessoas, os mais pobres entre os pobres, os ignorantes e indesejados, desprezados, rejeitados e esquecidos. Eles têm fome de Deus. Isso é uma coisa que vocês padres provavelmente encontram sempre; não apenas a fome de pessoas que sofrem fisicamente, mas também a grande fome de pessoas que sofrem espiritual e emocionalmente – pessoas que sofrem no coração e na alma, especialmente pessoas jovens.[21]

Fome terrível da palavra de Deus
"Onde está essa fome no nosso país?" Sim, existe fome. Talvez não a fome por um pedaço de pão, mas há uma terrível fome de amor. Existe uma fome terrível da palavra de Deus. Nunca vou esquecer quando estive no México, e fomos visitar famílias muito pobres. E aquelas pessoas que vimos não tinham praticamente nada em casa, e no entanto, ninguém pediu nada. Tudo o que pediram foi: "Ensinem-nos a palavra de Deus. Deem-nos a palavra de Deus". Tinham fome da palavra de Deus. Aqui também, no

mundo todo, há a fome de Deus, entre os jovens especialmente. E é aí que devemos encontrar Jesus e satisfazer essa fome.[22]

SEU EXEMPLO: os testemunhos[*]

Carregamos a comida na cabeça e fomos caminhando pela água
Em 1968, houve uma grande inundação em Calcutá. Saímos com nosso caminhão à noite para levar comida às pessoas atingidas pela inundação em Tiljala. Carregamos a comida na cabeça e fomos caminhando pela água. Em certo momento, a correnteza quase levou embora a Irmã Agnes, então a mandamos de volta para o caminhão. Ficamos ensopadas até a alma e congelando. Quando voltamos para casa às três da madrugada, a Madre estava esperando por nós no portão. Ela havia esquentado água para tomarmos banho e preparou uma bela caneca de café quente bem forte para nos aquecer. Ficamos muito comovidas com a ternura e o cuidado amoroso da Madre com as crianças dela.[23]

Enchendo a cesta até o limite e pressionando para caber mais
A Madre se juntou a nós para fazer cestas de Natal para os pobres. Elevei muito minha mente a Deus vendo a Madre enchendo a cesta até o limite e pressionando para caber mais. Ouviam-se vozes dizendo: "Madre, ainda temos muitas cestas para preparar". "Deus proverá" era a resposta. Havia pilhas de cestas, não faltava nada. A fé, a confiança da Madre em Deus, era algo vivo, tornara-se parte dela, era possível sentir isso; sim, era possível ver que a Madre tinha um Amigo próximo, poderoso e fiel, trabalhando com ela o tempo todo. O princípio da Madre era: dê o que ele toma e tome o que Ele dá com um grande sorriso. Sem dúvida, era difícil para mim, mas, quando feito com generosidade, tornava-se um toque do amor de Deus.[24]

---

[*] Como observado na introdução, para manter a privacidade e também a qualidade meditativa dos textos que se seguem, fazemos, nas notas do fim do livro, uma curta descrição das testemunhas que contribuíram com seus pensamentos e memórias em cada uma das seções intituladas "SEU EXEMPLO: os testemunhos".

Outras pessoas hesitavam – mas a Madre, não

Fiquei muito comovido quando milhões [de refugiados de Bangladesh] apareceram na Índia e, para ela, esse grande número não importava [isto é, não a desencorajava]. De um jeito ou de outro, ela daria conta. Ela dizia apenas, "Faremos o que for possível", enquanto tomava todas as providências para conseguir que cada padre e irmã disponível a ajudasse em seu trabalho. "Ah, isso é trabalho de Deus. Essas crianças estão sofrendo, estão morrendo. Temos que fazer algo". Ela foi à luta, estava preocupada em conseguir pão suficiente, em conseguir comida. Chamava as irmãs de lado, tomava providências, corria atrás de auxílio médico especialmente quando a epidemia de catapora eclodiu no acampamento de Salt Lake. Havia duzentas mil pessoas ali na época. Ela precisava encontrar alguém que as atendesse imediatamente. Ela estava simplesmente ansiosa, impaciente para encontrar outras maneiras de arrumar mais gente para ir até lá e prestar ajuda. Para mim, acho que esse foi mais um exemplo de seu profundo amor – de que ela era capaz de abraçar o mundo inteiro como a boa "Mãe" que era. Numa época em que o mundo inteiro estava horrorizado com a entrada de milhões de refugiados na Índia – essa pequena mulher, tão frágil, simplesmente foi em frente para nos incitar a ajudá-los. E a sua atitude toda era: se é para Ele, não há como não dar certo. Outras pessoas hesitavam – mas a Madre, não.[25]

Um mensageiro de paz em Beirute

Em agosto de 1982, a violência em Beirute estava no auge. A Madre chegou em 15 de agosto, no pior período de atentados a bomba e disparos. Ela costumava dizer aos outros, "Não vamos usar bombas nem armas para dominar o mundo, e sim irradiar a paz de Deus e eliminar todo o ódio e toda a sede de poder no mundo e no coração de todos os homens"... A Madre encontrou as irmãs em segurança em Mar Takla, leste de Beirute. A Madre veio a saber, por intermédio da Cruz Vermelha, que havia crianças mental e fisicamente doentes em um hospital na região oeste de Beirute. A casa havia sido danificada por bombas, e as crianças padeciam de uma terrível negligência. Ao ouvir isso, e apesar das repetidas advertências de líderes da Igreja sobre como a situação era perigosa, a Madre estava determinada a tirar as crianças daquela situação de insegurança... No entanto, como havia tiroteios constantes, ela não podia cruzar a Linha Verde e entrar na parte oeste de Beirute. Com sua grande fé, ela rezou para que houvesse um cessar-fogo. E houve! Após um inesperado cessar-fogo, a Madre se deslocou (carregando o Abençoado Sacramento com ela) com quatro veículos da Cruz Vermelha e resgatou as 38 crianças, com deficiência física ou mental. Ela ajudou a Cruz Vermelha e os atendentes do hospital a carregá-las uma por uma nos veículos e saiu de lá para o convento Mar Takla. Dois dias depois, a Madre cruzou de novo a Linha Verde para evacuar outras 27 crianças... Roupa, comida e outros suprimentos chegaram das vizinhanças... Crianças de 12 anos de idade estavam tão malnutridas que pareciam ter apenas 5 anos. Eram como pequenos animais, comendo o que estivesse à mão (como fraldas e roupa de cama). Chegavam até a tentar comer umas às outras. Para curar a diarreia e ao mesmo tempo evitar que comessem as proteções de borracha da cama, eu pendurei pedaços de pão torrado nas grades de proteção em volta da cama delas. Não havia água nem energia elétrica, mas aos poucos a ajuda começou a chegar... Em novembro, as crianças já estavam bem melhores...

Um final triste para todos nós foi o dia em que as crianças tiveram que ser devolvidas ao mesmo hospital de onde a Madre as havia resgatado... O amor de Deus, uma vez mais, era impedido pela ambição do homem por dinheiro, o dinheiro que o governo fornecia para aquelas crianças. A Madre ficou muito decepcionada. Estava de mãos atadas e tinha que abandoná-las à misericórdia de Deus. Como a Madre disse, "Não se deixe desanimar por qualquer fracasso, contanto que você tenha dado o seu melhor".

Dessa situação em Beirute, tirei como experiência um exemplo de como a Madre costumava ser a primeira a chegar a áreas devastadas por causas naturais ou conflitos humanos. O surgimento de alguma necessidade incitava-a a tomar medidas imediatas, mesmo com riscos à própria segurança. Isso, em primeiro lugar, deixa claro para mim sua heroica caridade nessas missões perigosas e impossíveis. Sua confiança em Deus era tão grande que parecia não haver nada humano que pudesse ser obstáculo entre o chamado d'Ele e seu cumprimento por parte dela. A crença de que Deus a queria ali parecia fazer com que um tremendo poder entrasse nela, e assim ela chegou a Beirute e cumpriu sua missão, contrariando todos "os prudentes conselhos" que havia recebido.[26]

Ela não pedia nada para suas necessidades pessoais

Quando ela veio para Delhi, estávamos no carro indo para o aeroporto, e o comandante da Força Aérea Indiana perguntou se seria possível ela ir visitá-lo e abençoá-lo no escritório dele, e ela aceitou. E ela [comentou] no carro, "O que a Força Aérea pode fazer por nós?" Um de nós disse, "Madre, não há nada que a Força Aérea possa fazer. Talvez você possa pedir-lhe que, quando surgir a necessidade, ele providencie um helicóptero para que você possa fazer algum resgate ou atender a uma causa humanitária". Então ela disse, "Helicóptero?". Entramos, conhecemos o chefe. Ela perguntou, "A propósito, será que os seus homens da corporação" – e tratava-se da Força Aérea; ela não fizera a conexão – "podem plantar árvores?", e ele disse, "Sim, Madre. Bem, poderia explicar melhor?". "Alguém nos doou uma propriedade para construir um lar para os necessitados. Seria maravilhoso se tivéssemos árvores frutíferas para que essas pessoas tivessem frutas, porque as frutas serão ótimas para elas". Ele disse, "Vamos providenciar isso". Mais tarde, chamamos a atenção dela para o que havia pedido! Bem, foi a Providência Divina, porque no dia seguinte a Força Aérea enviou algumas pessoas. Só que o lugar não dispunha de água e não havia como consegui-la. A Força Aérea então acabou perfurando três poços artesianos para irrigar o solo e poder plantar as árvores, e hoje há um pomar ali. Sim, ela pedia, mas não para suas necessidades pessoais. Ninguém teria pensado em pedir ao comandante da Força Aérea que plantasse árvores! Mas ela se mantinha aberta às sugestões do Espírito Santo.[27]

Recolher os restos de comida

A Madre pedia [restos de] comida não só em aviões, mas também em hotéis. O pedido não era para fazer nenhuma demonstração. Na verdade, com essa comida extra, foi criado um fundo de comida para as meninas da Madre. Parte da refeição da noite e da manhã em Dum Dum vem do aeroporto de Calcutá e de comida extra. As sobras da Flurys Bakery são entregues a Shanti Dan como um lanche, em um ou dois dias da semana. Além disso, tenho visto em Delhi que a comida extra de aviões é usada para pacientes das casas que ela mantém. As irmãs recolhem tudo isso regularmente. Às vezes, as pessoas do aeroporto também [entregam] a comida nesses centros.[28]

A despesa do jantar, uma doação aos pobres

Irmã Agnes e eu fomos com a Madre para Oslo e assistimos ao seu discurso na premiação do Nobel... Durante toda a cerimônia e os aplausos, a Madre se sentou quieta, como se tudo aquilo fosse para uma outra pessoa. Na recepção após a cerimônia, ela só aceitou água. O banquete que usualmente se segue havia sido cancelado a pedido da Madre, e a despesa do jantar foi dada à Madre como uma doação aos pobres... "Eu mesma não sou merecedora do prêmio. Eu não o quero, pessoalmente. Mas por meio deste prêmio o povo norueguês reconheceu a existência dos pobres. É em nome dos pobres que estou aqui".[29]

O amor, para ser verdadeiro, tem que custar

A Madre adorava contar sobre os sacrifícios que os pobres faziam para seu trabalho "de compartilhar a alegria do amor" por meio das obras de caridade das irmãs. Ela nos contou dos monges budistas que a visitavam na Mother House – sua casa de caridade – e depois passaram a participar também do jejum da Primeira Sexta-Feira dos Missionários da Caridade (MoC), que a Madre e as irmãs faziam pelos pobres toda primeira sexta-feira do mês. Os monges imitaram o costume dos MoC de sacrificar uma refeição e usar o dinheiro para comprar comida para os pobres. Aqueles monges decidiram, por iniciativa própria, não comer seu almoço um dia e reservar o custo da refeição e trazer o dinheiro para a Madre, pedindo-lhe que o usasse para comprar comida para os pobres. A Madre adorava compartilhar essas histórias, que refletiam uma bondade e generosidade inesperadas, porque acreditava na bondade dentro de cada indivíduo. Ela apenas convidada as pessoas a descobrir essa bondade interior, e a compartilhá-la com os outros. Os benfeitores que faziam um sacrifício real para poder dar, a Madre costumava elevá-los à condição de belos exemplos de amor, porque "O amor, para ser verdadeiro, tem que custar". Com certeza, muitas boas pessoas deram a ela grandes doações para os pobres, mas a Madre só contava sobre as pessoas que faziam um real sacrifício a fim de poderem compartilhar – assim como o próprio Jesus elogiou a doação de algumas moedinhas por uma viúva para ajudar o templo. Um dos exemplos preferidos da Madre era o de um mendigo que morava na rua diante da Mother House e que foi até ela e puxou 3 rúpias de debaixo de seus farrapos e ofereceu-as como contribuição à obra da Madre. Ela sabia que provavelmente era tudo o que ele tinha, mas disse que teve que aceitar, a fim de respeitar o sacrifício que ele estava fazendo pelos outros.[30]

☦

Quando a Madre veio nos visitar em Nairóbi, algumas pessoas ricas trouxeram bolos muito caros. A Madre disse, "Mande tudo para os pacientes e as crianças". Fizemos isso. Muitas vezes, eu vi nela essa coragem de abrir mão, de fazer sacrifícios. A Madre ficava feliz em dar, em fazer sacrifícios por amor a Jesus.[31]

Fazer com alegria

Eu costumava sair em apostolado com a Madre. Costumávamos andar grandes distâncias para cuidar de um garoto com tuberculose chamado Nicholas... Ele tinha duas grandes chagas por permanecer muito tempo deitado na cama; a Madre costumava limpar e tratar das feridas... A família era muito pobre, por isso a Madre geralmente levava a comida do dia para eles. Eu vivia sempre muito cansada e com vontade de chorar, mas a Madre dizia, "Temos que salvar almas e devemos fazer isso com alegria". Eu sabia que a Madre também estava cansada, mas ela não demonstrava isso de nenhuma maneira. Fizemos isso por vários anos.[32]

Com a devida dignidade, amor e cuidados carinhosos

A maneira como ela alimentava as pessoas na casa dos moribundos era muito edificante e exemplar, pois ela claramente não as tratava como receptoras de misericórdia, ao contrário, a sua abordagem era tratá-las com a devida dignidade, amor e cuidados carinhosos... Embora fossem muitas pessoas, ela lidava com cada uma individualmente. Costumava dizer que do mesmo modo como o padre lida com o Corpo de Cristo no altar, também nós que recebemos o Corpo de Jesus de modo tão respeitoso devemos tratar dos corpos abatidos dos pobres com o mesmo respeito e reverência.[33]

Tenha fé em Deus

Lembro que durante da Guerra da Indochina, em Darjeeling, todas as estradas para as planícies estavam interditadas. Eu não sabia onde conseguiria comida para sessenta crianças, cinquenta idosos, os pobres que vinham atrás de comida e as irmãs. Liguei para a Madre e perguntei, "O que devemos fazer?". A Madre me perguntou, "Você rezou o Pai-nosso?"; eu disse, "Sim"; então ela completou, "Tenha fé em Deus". Essa foi a última ligação que eu fui capaz de fazer ou que precisei fazer. De repente, as pessoas de todas as montanhas próximas ficaram sabendo que tínhamos aquele monte de gente para alimentar, e trouxeram comida, leite e muitas outras coisas, que foram suficientes até a guerra terminar.[34]

Como Deus as ama

Para a Madre, caridade significa amar todas as pessoas como Deus as ama. Com a Madre, esse amor ao próximo era algo muito marcante. Se as pessoas precisavam de cuidados corporais, ela fazia isso primeiro, limpava-as e alimentava-as. E depois cuidava de suas almas. Como a Madre dizia, "De estômago vazio, as pessoas dificilmente conseguem pensar em Deus. Jesus alimentava as pessoas". Em Nirmal Hriday (a Casa da Madre para os Moribundos), a Madre fazia exatamente isso. E vendo esses atos de caridade, os doentes sentiam que a Madre, em seu amor por eles, era [como] Deus.[35]

Não fale, faça algo a respeito

Houve uma conferência sobre a Fome no Mundo, na Índia, em 1987, e a Madre foi convidada a falar. Quando ela chegou à entrada lateral do edifício... havia um homem no chão. Ele tinha fome, queria algo para comer. Ela disse para mim, "Vou levá-lo para casa". Tínhamos uma maca na perua, e eu disse que iria levá-lo, mas ela disse que não, que ela mesma faria isso. E fez, e com isso chegamos à conferência com uma hora e meia de atraso. Ela não disse nada sobre isso na época, não usou como exemplo, mas o caso é exatamente esse, tratava-se de uma conferência para erradicar a fome, e a fome estava bem na porta de entrada.

A atitude dela era sempre: faça uma coisa, uma coisa, uma coisa. Nessa conferência, eu a tranquilizei, "Você vai lá e eu fico cuidando dele", porque havia um milhão de pessoas nas ruas na Índia, mas ela era esse tipo de pessoa; tinha que cuidar ela mesma daquela pessoa específica. Costumava dizer, "Não fale, faça algo a respeito". Muitos a criticavam porque ela não falava com políticos. Ela dizia, "Sou uma religiosa. Estou aqui para dar Cristo a essa pessoa".[36]

A própria Madre iria

Certa vez, quando eu estava em Calcutá como noviça no meu primeiro ano, houve uma grande inundação e não conseguíamos sair para atender às famílias pobres porque o chão estava todo alagado, com água acima do joelho. Fomos com a Madre distribuir pão aos famintos e pobres. As pessoas não conseguiam atravessar a rua por causa da água, mas a Madre, com seu grande e terno amor por Deus e pelos Seus pobres, entrou na água e começou a distribuir pão aos famintos; porque, para ela, era Jesus que tinha fome.

E a Madre não deixava que nós noviças entrássemos na água. Mas a Madre fazia esse ato de amor a Deus, até doer.[37]

☦

Às vezes, um pobre chegava e dizia, "Madre, não comi nada hoje". A Madre então fazia a pessoa se sentar na recepção e pedia para eu trazer comida. Se eu não estivesse por ali, ela mesma ia até o armário e pegava comida. Estava sempre preocupada com os pobres.[38]

Nunca mande uma pessoa faminta embora
Ela ensinava que nunca deveríamos mandar embora uma pessoa faminta, mesmo se não tivéssemos nada para lhe dar. A Madre dizia, "Dê-lhe seu sorriso e uma palavra de conforto"... Onde quer que a Madre abrisse uma casa, as pessoas, fossem ricas ou pobres, vinham em peso de todas as denominações e perguntavam se podiam ajudar os pobres. A Madre nunca distribuía encargos nem pedia qualquer ajuda. Tudo o que dizia era "Dê o que você puder dar e, se não tiver o que dar, não se preocupe; dê suas mãos para servir e seu coração para amar. Ajudando os outros, você será recompensado com paz e alegria".[39]

As pessoas têm mais fome de Deus
A primeira fundação na Albânia foi criada em Tirana, em 2 de março de 1991. A Madre logo descobriu que o país estava carente de tudo. As pessoas tinham fome não só de coisas materiais, mas mais fome de Deus. Era um estado de emergência – o trabalho devia começar imediatamente. A Madre recuperou do governo várias igrejas que vinham sendo usadas como cinemas, ginásios, armazéns etc. Ela foi até a mesquita central, onde doentes e moradores de rua estavam abrigados, abriu o portão e levou todos para nossa segunda casa em Tirana, e devolveu a mesquita ao imã muçulmano.[40]

REFLEXÃO

"Porque tive fome, e me destes de comer." (Mateus 25,35)

"Hoje eles têm fome – amanhã talvez seja tarde demais."[41]

"Hoje os pobres têm fome – de pão e arroz – e de amor e da Palavra viva de Deus."[42]

    Será que sou capaz de reconhecer uma pessoa "faminta" na minha família, comunidade, paróquia, vizinhança, cidade (ou até mais longe) e achar um jeito de oferecer algum alívio a essa fome (ajuda material, um simples gesto de amor e bondade, a palavra de Deus)? Sou capaz de jejuar em solidariedade àqueles que passam fome ou me juntar como voluntário a um programa de uma instituição de caridade local?
    Expresso minha gratidão a Deus pela comida que recebo por meio de Sua Providência orando antes e depois de cada refeição. E também não vou desperdiçar comida, lembrando daqueles que não têm.

ORAÇÃO

Senhor, tornai-nos dignos de servir às pessoas
de todo o mundo, que vivem e morrem em pobreza e fome.
Dai-lhes por meio de nossas mãos, neste dia,
seu pão de cada dia, e por meio de nosso amor compreensivo,
dai-lhes paz e alegria.

— Abençoado Papa Paulo VI

DOIS

DAR DE BEBER A QUEM TEM SEDE

✝

"Dar de beber a quem tem sede." Esse ato de misericórdia teve uma ressonância especial na vida de Madre Teresa. As palavras de Jesus na Cruz, "Tenho sede" (João 19,28), resumem o chamado dela para saciar a infinita sede de Jesus na Cruz de amor e de almas. O encontro com a sede foi, portanto, um lembrete desse chamado e um convite sempre renovado a reagir primeiro às necessidades imediatas da pessoa pobre diante dela, mas também, numa forma mística, consistia em saciar a sede de Jesus, que estava por meio dessa pessoa – no "aflitivo disfarce do pobre" – pedindo a ela "Dá-me de beber" (João 4,7).

Sempre atenta às necessidades dos pobres, especialmente suas necessidades físicas básicas, Madre Teresa tomava as medidas práticas e necessárias para ajudá-los. Fornecer água potável com a ajuda de autoridades governamentais ou associações de caridade onde quer que houvesse escassez foi um de seus muitos esforços em favor dos pobres.

Mas ela não restringia seu foco a isso. Levou a experiência da sede um passo adiante, compreendendo que muitas pessoas estavam com sede "de bondade, de compaixão, de amor delicado". Ela fez esforços para oferecer alguma expressão tangível de bondade, compaixão e amor, para atender a essa necessidade humana básica, e estimulou seus seguidores a fazerem o mesmo.

Seja qual for a razão concreta pela qual alguém experimente tanto a sede física real (a falta de água, a escassez de meios para obtê-la, uma incapacidade de tomá-la, ou a destituição daqueles que morrem nas ruas) quanto a sede humana de amor, dar de beber a quem tem sede, como obra de misericórdia, definitivamente é algo que requer nossa atenção. Seguindo o exemplo de Madre Teresa, somos desafiados a reconhecer que há sede à nossa volta, e a fazer tudo o que estiver a nosso alcance para saciar essa sede, esforçando-nos, como ela o fez, para dar de beber àqueles que têm sede de água, e "não só de água, mas de conhecimento, paz, verdade, justiça e amor".

SUAS PALAVRAS

Jesus tem sede do nosso amor

Quando Jesus estava morrendo na Cruz, gritou, "Tenho sede". [Devemos] saciar a sede de Jesus, sede de almas, de amor, de bondade, de compaixão, de amor delicado. Por meio de cada ação dirigida aos doentes e moribundos, eu sacio a sede de Jesus de amar cada pessoa – ao doar o amor de Deus em mim a uma pessoa em particular, ao cuidar dos rejeitados, dos desprezados, [dos] sozinhos e... de todas as pessoas pobres. É assim que eu sacio a sede que Jesus tem dos outros, dando-lhes Seu amor em ações.[1]

☩

Quando estava morrendo na Cruz, Jesus disse, "Tenho sede". Jesus tem sede de nosso amor, e esse é o teste de todos, sejam pobres ou ricos. Todos temos sede do amor dos outros – de que eles façam o possível para evitar nos magoar e nos façam o bem. Esse é o sentido do verdadeiro amor – doar-se até doer.[2]

☩

Quando Ele disse, "Tenho sede", acharam que tinha sede de água. Então lhe deram vinagre, e ele não tomou. Mas Sua sede continuou... Sua sede de amor, de almas. E hoje Ele está dizendo a mesma coisa a você e a mim: "Tenho sede" de amor, de almas. E como iremos saciar essa sede de Jesus? Agora, aqui mesmo, cada um de nós, trabalhando pela salvação e santificação das almas. Essa é a Sua sede, essa terrível sede de Jesus, que era tão dolorosa para Ele na Cruz, de saber que Ele estava passando por tanto sofrimento e que, no entanto, muitos não O aceitavam.³

☩

Devemos conseguir optar por sermos pobres mesmo nas pequenas coisas. Milhares de pessoas não têm luz. Nas prisões, há pessoas morrendo. Elas têm um balde água para se lavar e para beber dele. Eu escolho usar um balde de água não porque seja obrigada a isso, mas porque amo. Você será um verdadeiro MoC quando conhecer a pobreza e aprender a compartilhar. Essa é a maneira simples que Nossa Senhora e Nosso Senhor usaram quando estiveram na Terra.⁴

Do que Ele tem sede?

Ele nos envia para os pobres, particularmente. O copo de água que vocês dão aos pobres, aos doentes, a maneira como vocês levantam um moribundo, o jeito como alimentam um bebê, como ensinam uma criança ignorante, como dão medicação a um leproso... sua atitude e seu comportamento em relação a eles – tudo isso é amor de Deus no mundo atual. "Deus ainda ama o mundo!" Quero que isso fique gravado na mente de vocês: Deus hoje ainda ama por meio de você e de mim. Deixem-me ver esse amor de Deus em seus olhos, em suas ações, na maneira de vocês caminharem.⁵

☩

Tenho visto muito sofrimento físico, terrível, vi aquelas pessoas na Etiópia. Assim que abria a porta de manhã, elas estavam bem na frente da porta, ansiando por um copo de água; elas não haviam comido nada; haviam andado grandes distâncias só para conseguir um pouco de amor terno e cuidados, e um pouco de comida.⁶

Onde estamos?

Muitas pessoas pelas ruas... rejeitadas, desprezadas, abandonadas, pessoas com fome de amor. Elas tinham três, quatro garrafas perto delas, mas tomavam aquilo porque não havia ninguém para lhes dar outra coisa. Onde você está? Onde estou eu?... Temos tantas pessoas como essas em Nova York, em Londres, nessas grandes capitais europeias. Apenas um pedaço de jornal, ali deitadas. Nossas irmãs saem à noite, entre dez da noite e uma da manhã, pelas ruas de Roma e levam sanduíches, alguma coisa quente para beber. Em Londres, vi gente encostada em muros de fábricas para se aquecer. Como assim? Por quê? Onde estamos?[7]

Sede de compreender

Não só fome de pão e arroz, mas fome de amor, de ser amado, de saber que se é importante para alguém, de ser chamado pelo nome, de receber aquela profunda compaixão; fome. Hoje no mundo existe uma tremenda fome desse amor. Sede de compreender.[8]

☦

Ele está dizendo: "Tenho fome. Tenho sede. Não tenho casa. Não tenho ninguém. A Mim o fizestes". Vivo dizendo que não somos assistentes sociais, mas que estamos meditando no coração do mundo. No coração do mundo, estamos dando Jesus como alimento aos que têm fome. Estamos dando a água da misericórdia e da alegria às nossas pessoas, a Jesus.[9]

SEU EXEMPLO: os testemunhos

Etiópia – um verdadeiro Calvário

Após a visita a Alamata, Etiópia, a Irmã ligou para a Madre e informou-a do que havia visto. A Madre disse angustiada, "Irmã, faça alguma coisa antes que morram". A Irmã disse, "Madre, precisamos de comida, remédios, roupa, e principalmente de água". A Madre disse, "Ligo pra você daqui a pouco"... A Madre [ligou] ao presidente [Reagan]: "Recebi uma ligação da Etiópia agora mesmo, dizendo que há milhares de pessoas morrendo de fome e de sede. Por favor, faça algo. Elas precisam de comida, água, roupa e remédios". O presidente ficou comovido e disse à Madre que ligaria em seguida.

No dia seguinte, os Estados Unidos já estavam envolvidos, e por meio da CRS (Catholic Relief Services), [grandes] quantidades de comida foram providenciadas para as MoC na Etiópia. Depois do envio de aviões de carga e navios carregados de comida, roupas e remédios, a Madre chegou à Etiópia com quatro irmãs. Trazia cobertores, biscoitos e roupas. Todos estavam esperando para conhecer a Madre. Ela conheceu um cantor pop no aeroporto. Ele [cumprimentou] a Madre e exclamou, "A Etiópia é um verdadeiro inferno!". A Madre olhou bem nos olhos dele e disse, "A Etiópia é o verdadeiro Calvário, não um verdadeiro inferno. Você e eu podemos fazer nossa pequena parte e então a vida será salva".

No dia seguinte, apesar de uma febre muito alta, ela estava pronta para voar até os locais de assistência. O presidente da Etiópia emprestou-lhe seu avião para as viagens. Ela viu centenas de pacientes esqueléticos moribundos, os olhos bem afundados, o estômago grudado na coluna, com uma expressão amedrontada no rosto; milhares de pessoas sentadas aguardando pacientemente pela comida cozida, que era servida das sete da manhã às sete da noite. As irmãs também conseguiram providenciar um copo de água para cada pessoa. A Madre circulou por ali abençoando cada um, sentindo suas dores. Ela levava um balde de água e circulava por ali dando de beber. Com um sorriso enorme, ela disse às irmãs, "Invejo todas vocês porque Jesus disse que, se você der um copo de água fresca, receberá como recompensa o paraíso. Vocês são privilegiadas porque estão saciando a sede de Jesus nos pobres. Jesus disse, 'A Mim o fizestes'. Jesus é verdadeiro e Ele não pode estar nos enganando". Vendo a alegria das irmãs, a Madre disse ao regional [superior], "Olhe só para elas. Têm tão pouco e, no entanto, são tão felizes e saudáveis. Sim, podemos viver sem muitas coisas. O segredo da alegria é nossa pobreza e o serviço dedicado e voluntário aos mais pobres entre os pobres". E a Madre nos deu sua bênção e partiu para Makale...

Fomos direto do aeroporto para os acampamentos onde as vítimas da fome eram mantidas. Os muito doentes estavam deitados em tendas. De repente, a Madre percebeu que havia um pequeno barraco feito com madeira do bosque, e ali havia vários cadáveres aguardando a hora de serem enterrados... As pessoas disseram, "A falta de água está matando milhares, Madre. Dê-nos água". Embora a Madre tenha ido cedo para a cama, não dormiu muito... Estava esperando a aurora para voltar a Adis Abeba. Vez ou outra, as irmãs podiam ouvir a Madre dizendo, "Como é terrível viver sem água, a terrível sede". Passou a noite se revirando na cama.[10]

☦

Durante a grande fome, não havia água nenhuma [em Alamata, Etiópia]. A Madre veio fazer uma visita. Simplesmente não havia água, nem para beber. Na hora do almoço, cada um de nós recebeu um copo de água. Mas a Madre não tomou a água dela; fazia muito calor naquele dia e todos nós estávamos com muita sede. A Madre pegou a sua água e deu a uma senhora moribunda.[11]

Prática e concreta

Com os doentes, aqueles que sofriam, a Madre demonstrava um amor extraordinário. Era como uma evangelização vê-la no Kalighat (hospital que Madre Teresa fundou em 1952, também conhecido como Nirmal Hriday), vê-la ir de cama em cama, tocando pacientes, vendo suas preocupações práticas, porque a Madre expressava amor. Era uma mulher prática e expressava isso de uma maneira concreta, fosse água para os sedentos ou chocolates para os padres, e isso era sempre uma revelação de amor maior do que se ela nos fizesse uma exortação... E ela sempre nos convidava ao sacrifício, depois seguia adiante para atender às necessidades dos outros. Tratava sempre, direta ou indiretamente, de prestar algum serviço dedicado, e se ela descobrisse que alguém precisava de algo, ela quase sempre dividia uma irmã em duas para tentar atender a ambas as necessidades. O amor que ela demonstrava pelos outros era extraordinário.[12]

Jesus em seu disfarce mais aflitivo

Uma das principais características da espiritualidade da Madre era ver Cristo nos mais pobres entre os pobres, no seu mais aflitivo disfarce. A expressão "aflitivo disfarce" é algo muito especial. Não se tratava apenas dos mais pobres entre os pobres, mas de enxergar Jesus naquele aflitivo disfarce, numa forma muito difícil de identificar, e acreditar que Jesus estava ali, que Jesus tinha sede, tentar estar com ele. Uma pessoa não consegue entrar na fé nesse aflitivo disfarce a não ser que tenha contato por meio da meditação, da oração, especialmente por meio da Eucaristia. E então ela dizia, "O Jesus que recebo na Eucaristia é o mesmo Jesus a quem eu sirvo. Não é um Jesus diferente"... Acho que toda a espiritualidade das Missionárias da Caridade está centrada nesta presença... "Quero servir e amar a Jesus nos pobres. Quero viver como São Francisco de Assis, uma vida de pobreza, e Lhe servir".[13]

REFLEXÃO

"Porque tive fome, e me destes de comer." (Mateus 25,35)

"Vocês estavam lá para dar-Lhe a água da compaixão, do perdão, na Sua sede, por meio da sua irmã [ou irmão]?"[14]

"Sedento de bondade, Ele lhe implora... Você será aquele 'um' para Ele?"[15]

    É possível vislumbrar pequenos atos de caridade que poderíamos praticar sem chamar a atenção para eles, e que poderiam saciar não só a sede de água, mas a sede de amor e atenção daqueles que estão perto de nós? Será que posso prestar algum pequeno serviço à minha família ou a um membro da comunidade, num esforço de ser o primeiro a servir, em vez de esperar ser servido? Posso ajudar em um projeto que providencie água para aqueles que não a têm? De que maneira posso evitar o desperdício de água, em solidariedade àqueles que sofrem por sua escassez?

ORAÇÃO

Maria, Mãe de Jesus, fostes a primeira a ouvir Jesus gritar, "Tenho sede". Sabeis o quanto é real, profunda Sua ânsia por mim e pelos pobres. Sou vossa – Ensinai-me, colocai-me face a face com o amor no Coração de Jesus Crucificado.
Com vossa ajuda, Mãe Maria, ouvirei a sede de Jesus e ela será para mim uma PALAVRA DE VIDA. Ficando perto de Vós, dar-Lhe-ei meu amor, e dar-Lhe-ei a oportunidade de me amar e, portanto, de ser a causa de Sua alegria. E assim irei saciar a sede de Jesus. Amém.

– Madre Teresa

TRÊS

VESTIR OS NUS

☩

Madre Teresa nunca conseguiu se acostumar com a pobreza; após suas visitas a diversas comunidades de suas irmãs, costumava comentar, "Nossas pessoas pobres estão sofrendo demais". "A pobreza em Nova York, Londres, Roma... saia à noite pelas ruas de Roma e você verá pessoas dormindo em cima de jornais", ela observava com tristeza. Às vezes, parecia que os pobres estavam ficando mais e mais pobres. Os olhos dela podiam ver que muitas pessoas não tinham roupas suficientes. Algumas não tinham mudas de roupa nem podiam tomar banho e, vivendo nas ruas, tinham que tolerar os olhares de desprezo que sua aparência pobre ou seu mau cheiro provocavam. Elas também teriam gostado de ter roupas decentes e boas, como todos os demais.

Quer os pobres estivessem ou não malvestidos, a reação de Madre Teresa à necessidade deles era não só de lhes dar roupas adequadas, mas também de demonstrar a eles todo o respeito que ela pudesse. Cobria os corpos daqueles que ficavam deitados nus nas ruas, colocava um cobertor quente em cima dos que tremiam de frio ou protegia da vergonha aqueles que ficavam deitados expondo larvas e feridas humilhantes, para que os passantes não virassem o rosto sentindo repugnância de sua pobreza. Quando ela falava em "vestir os nus não apenas com roupas, mas também com dignidade humana", estava enfatizando a necessidade de tratar as pessoas que sofrem na penúria com grande respeito e de lhes restaurar a dignidade como filhos e filhas de Deus.

O profundo conhecimento de si mesma permitiu que Madre Teresa fosse além das aparências e se visse como alguém que não era nem diferente nem melhor que os outros. Era capaz disso porque sabia, no fundo de seu coração, que era uma das mais pobres entre os pobres. Isso também a ajudou a ter uma profunda e terna compaixão pelas pessoas que estivessem à sua frente, ao mesmo tempo em que reconhecia a dignidade humana delas. Além disso, sabia que "os pobres são pessoas excelentes. Podem nos ensinar muitas coisas bonitas... São pessoas que talvez não tenham o que comer, não tenham onde morar, mas são pessoas excelentes".

Mesmo assim, será que compreendemos quão pouco valor é dado à dignidade humana no nosso mundo moderno? Não são os indivíduos com frequência considerados meros objetos de exploração? Nas inúmeras circunstâncias em que a dignidade humana é tão pouco respeitada, e quando os indivíduos são considerados meros objetos a serem explorados, o amor e respeito com que Madre Teresa tratava cada ser humano é um lembrete ainda mais oportuno. Tratar alguém com bondade, respeito e reverência pode realmente restaurar a essa pessoa a sua dignidade inata.

SUAS PALAVRAS

Ele escolheu ser como nós

Os pobres são pessoas excelentes e devemos a eles profunda gratidão, porque, se eles não nos aceitassem, então não existiríamos como MoC. Para sermos capazes de entender isso, devemos olhar para Jesus. Para poder se tornar homem, Ele, que "sendo rico, se fez pobre por vós" (2 Coríntios 8,9). Ele poderia ter escolhido o palácio do rei, mas para poder igual a nós, escolheu ser como nós em todas as coisas, exceto no pecado. Nós, para sermos iguais aos pobres, escolhemos ser como eles em tudo, exceto na destituição.[1]

‡

Estou muito certa de que todas essas pessoas que morreram conosco [estão] no céu, são realmente santas; estão na presença de Deus. Talvez não fossem queridas nesta Terra, mas são muito amados filhos de Deus.[2]

Jesus morreu por aquela pessoa nua

Jesus morreu na Cruz para mostrar este amor maior, e Ele morreu por você e por mim e por aquele leproso, e por aquele homem que morria de fome, e aquela pessoa deitada nua no meio da rua, não só em Calcutá, mas na África, e em Nova York, e em Londres e em Oslo – e insistiu para que amássemos uns aos outros como Ele ama cada um de nós. Lemos isso com clareza no Evangelho, "Amai como vos amei; como vos amo; como o Pai me ama, eu vos amo".[3]

☦

E Ele diz, "tive fome, e me destes de comer; estava nu, e me vestistes; estava enfermo, e me visitastes; era peregrino, e me acolhestes; estava só, e sorristes para mim... se o fizestes a um destes meus irmãos, mesmo dos mais pequeninos, a mim o fizestes". E foi isso o que Jesus nos disse repetidas vezes: amai-vos uns aos outros como Ele nos amou.[4]

☦

Portanto, é isso que todos nós devemos nos preocupar [em descobrir], onde ficam esses lugares [nos quais vivem os mais pobres entre os pobres] e guiar os outros companheiros de trabalho para que vão a esses lugares. Digamos que dois possam ir, nunca vá sozinha. Você nunca deve ir sozinha, pegue outra pessoa e vá até esse lugar. Isso é Cristo no seu aflitivo disfarce, e para nós é o Cristo faminto, o Cristo nu, e o Cristo sem teto... Simplesmente para fazer esse humilde trabalho... Determinamos ficar com o trabalho humilde e... não é um desperdício de tempo simplesmente alimentar e lavar e esfregar e amar e cuidar e fazer essas pequenas coisas. Porque é algo feito diretamente para o Cristo faminto, o Cristo nu. Ele não pode nos enganar; é então como tocá-Lo por 24 horas. Por isso é tão bonito que possamos orar 24 horas quando estamos na presença d'Ele, quando estamos tocando essas pessoas.[5]

☦

Vocês realmente amam Jesus? Realmente sentem com frequência essa sede de Jesus? Ouvem quando Ele diz, "Você me ama nos mais pobres entre os pobres?". Irmãs, ouçam a Madre, vocês conseguem ouvir o grito de Jesus na pessoa faminta? Na pessoa nua? Na pessoa rejeitada e desprezada? No paciente leproso, com aquela grande ferida cheia de larvas? Naqueles pacientes com aids? Com que dignidade trata deles? Vocês encontram o Cristo em sofrimento em cada um deles? Se vocês são muito próximas de Jesus, com a ajuda de Nossa Senhora podem dizer que vão saciar a sede de Jesus compartilhando seu sofrimento. O mesmo vale para nossa comunidade, nossas irmãs, nossos superiores. Mas não se esqueçam: "Vocês fizeram isso a Mim".[6]

O quanto suas mãos devem estar limpas

O quanto suas mãos devem estar limpas para se juntarem em oração, para cobrir o Cristo nu.[7]

☦

Hoje um grupo de escolares veio me visitar. Haviam selecionado um menino e uma menina de cada classe para trazer o dinheiro e a comida depois das oferendas *puja* feitas a nós, à nossa Shishu Bhavan (Casa para Crianças), depois vieram aqui me ver. Bem, como é que sabem a respeito de nós, eu desconheço. Vejam, irmãs, essa é a parte maravilhosa de nossa vocação: na condição de MoC, criamos uma consciência a respeito dos pobres no mundo inteiro. Há vinte anos, se vocês dissessem que havia um homem passando fome ou nu por perto, ninguém acreditaria em vocês. Hoje o mundo inteiro sabe dos nossos pobres por causa de nosso trabalho. E porque agora sabem, querem compartilhar.[8]

☦

O senhor Kennedy veio visitar o lugar. A Irmã Agnes estava lavando a roupa suja e ele insistiu em um aperto de mãos. A irmã escondia as mãos, mas ele insistiu, "Eu quero... Essas mãos estão fazendo a humilde obra por amor a Cristo."[9]

☦

Lembro a última vez que estive em Beirute e trouxe aquelas crianças, que estavam em condições terríveis – hospital bombardeado; os funcionários haviam ido embora –, aquelas 37 crianças completamente despidas, amontoadas umas sobre as outras, sem ninguém para alimentá-las, para cuidar delas – estavam uma tentando engolir a outra. Trouxemos aquelas crianças e as colocamos em camas limpas e boas. Vejam a diferença que essas irmãs fizeram para essas crianças. "Obrigado, Madre" – vieram os médicos me dizer, "Cada uma dessas crianças vai morrer em uma semana". A coisa mais maravilhosa é que nenhuma delas morreu, e o sorriso no rosto delas era lindo.[10]

☩

Não vamos cometer o erro de achar que aqui na Europa e em outros lugares não temos pessoas passando fome, que não temos pessoas que não têm o que vestir. Não existe apenas a fome de comida, existe a fome de amor. [Talvez aqui] não haja nudez por [falta de] uma peça de roupa, mas existe nudez [pela falta] de dignidade humana; não existe falta de um espaço feito de tijolos, mas existe a exclusão de ser rejeitado, desprezado, de não receber cuidados. É por isso que precisamos rezar. A oração nos dará um coração limpo, e com um coração limpo podemos ver Deus. E se virmos Deus, amaremos uns aos outros como Deus ama cada um de nós.[11]

A nudez é a perda dessa dignidade humana
É por isso que dizemos, os rejeitados, os desprezados, os que não recebem cuidados, os esquecidos, os sozinhos – essa é uma pobreza muito maior. Porque a pobreza material podemos sempre reparar com coisas materiais: se recolhemos um homem que tem fome de pão, nós lhe damos pão e já conseguimos satisfazer sua fome. Mas se encontramos um homem terrivelmente sozinho, rejeitado, descartado pela sociedade, a ajuda material não irá lhe servir. Porque remover essa solidão, remover essa terrível mágoa, requer oração, requer sacrifício, requer ternura e amor. E, com muita frequência, isso é mais difícil de dar do que coisas materiais. Por isso é que existe fome não apenas de pão, mas fome de amor.[12]

☩

Todo ser humano é criado à imagem e semelhança de Deus, e Cristo, por Sua encarnação, está unido a cada pessoa humana. No início, quando comecei este trabalho, algumas pessoas comentaram que a Igreja não é feita de lixo. Referiam-se aos pobres, doentes, moribundos, deficientes, sem teto etc. Agora todos parecem ter se voltado para o que era considerado lixo. Sim, os pobres são merecedores de respeito e dignidade humana. Seres humanos não podem se tornar conscientes da própria dignidade a não ser que tenham experimentado o amor. Isso me lembra do homem que morreu no Nirmal Hriday. "Eu vivi como um bicho na rua, mas vou morrer como um anjo, amado e bem cuidado."[13]

☦

Muita gente morre nos países muito frios, congelada até morrer. Mas a nudez é também a terrível perda da dignidade humana, a perda da [daquela] bela virtude – a pureza, um corpo virgem, um coração virgem, puro – aquela pureza que é pura, aquela castidade que é casta, aquela virgindade que é virgem, a perda daquela bela dádiva de Deus.[14]

☦

A nudez é a perda daquela dignidade humana, a perda do respeito, a perda daquela pureza que era tão bonita, tão boa, a perda daquela virgindade que era a coisa mais bonita que um homem jovem e uma mulher jovem podem dar um ao outro por se amarem, a perda daquela presença, do que é bonito, do que é bom; isso é nudez.[15]

☦

Há a nudez dessa dignidade humana, do respeito pelo Divino que está dentro de cada um de nós. Porque Deus nos criou para coisas maiores, para amar e ser amados. E assim, quando tiramos a dignidade de um ser humano, estamos destruindo nele essa divindade que está dentro dele.[16]

SEU EXEMPLO: os testemunhos

Ele estava totalmente nu com muitas feridas
Uma vez, quando um jovem inglês corria loucamente pela rua para fugir do apedrejamento por uma multidão furiosa, a Madre parou a ambulância na qual estávamos viajando e o colocou para dentro. Ele estava totalmente nu e com muitas feridas. A Madre o levou para a Mother House, deu-lhe

água para que tomasse um banho, tratou suas feridas, deu-lhe roupas para vestir e uma refeição quente.[17]

Vamos tirar cada uma dessas crianças daqui

Da primeira vez que fomos... a esse orfanato [na Romênia], encontramos 63 crianças num estado indescritível... A Madre teve permissão de levar quarenta daquelas crianças. Fomos até lá e as encontramos nuas, duas ou três em cada cama, muitas delas sentadas ou deitadas em urina. A Madre voltou-se para mim e disse, "Vamos tirar cada uma dessas crianças daqui". Eu disse, "Madre, nós só temos documentos para quarenta delas". A Madre me interrompeu e disse, "Não vou sair daqui enquanto não tirar todas elas". Mais tarde, encontrei a Madre do lado de fora e ela continuava a repetir, "Não quero julgar" (ela tremia visivelmente abalada). "Não quero julgá-las, mas essas pessoas (as que cuidavam das crianças), elas ficam lá paradas, elas não se sentem intimidadas, não se sentem constrangidas, como isso é possível?". E dizia de novo, "Não quero julgá-las". A Madre não perdeu a compostura com aqueles cuidadores, mas ela providenciou para que levássemos as crianças embora, todas as 63.[18]

A Madre não mandou a mulher embora

Fiquei muito impressionada ao ver a confiança da Madre na Providência Divina. Um dia, uma senhora chegou com as roupas todas esfarrapadas, então a Madre pediu à irmã encarregada para trazer um sári. Mas não havia nenhum sári para dar à senhora. Mesmo assim, a Madre não mandou a mulher embora, e em alguns minutos chegou um homem trazendo vários sáris novos. Aquela senhora ficou muito feliz.[19]

Ela tinha o poder do amor de Deus

A Albânia em 1991 era completamente desprovida de tudo: não havia alimentos nos armazéns, não havia roupas, nem remédios. A Madre implorou, especialmente para a Itália, por roupas, comida e remédios. As coisas começaram a chegar, mas era difícil distribuí-las. As pessoas eram indisciplinadas e hostis. Falamos sobre isso com a Madre, mas ela nos disse que distribuíssemos as roupas e a comida quando ela estivesse junto. Saímos e demos tíquetes às pessoas, mas até isso era impossível. O dia da distribuição chegou, e a Madre estava lá, pronta, vestindo seu avental. A polícia também estava a postos do lado de fora. A multidão era enorme, e a polícia não conseguiria controlar. A Madre foi lá fora até a multidão, para conversar. Tememos pela Madre, já que ela sofria de doença cardíaca. Ela era corajosa e determinada. Acalmou a multidão, e naquele dia demos roupas às pessoas. A Madre podia fazer isso porque tinha o poder do amor de Deus. Ao terminar, a Madre exclamou, "O povo albanês não era assim". A Madre relembrou seu passado. Sim, a nação toda tinha sido destruída em cinquenta anos. Se Deus havia sido oficialmente banido do país, o que se poderia esperar que um homem fosse – um homem sem dignidade. Um albanês comentou conosco: "O comunismo levou cinquenta anos para destruir a consciência do povo, mas, para reconstruir essa consciência, serão necessários cem anos".[20]

O melhor remédio para a tosse

A Madre mantinha perto da cama dela quem de nós estivesse doente, para poder ficar de olho. Se alguma irmã tossisse na capela, a Madre a trazia para fora e a cobria com a própria roupa quente. E se alguma irmã tossisse à noite no dormitório, a Madre ia até ela e dizia terna e amorosamente, "Irmã, a Madre vai ouvir você tossir a noite inteira?". E então isso fazia parar a tosse. O melhor remédio para a tosse era o grande amor e a preocupação da Madre conosco! No nosso dormitório, toda noite, antes de a Madre se recolher, ela ia de cama em cama para ver se todas estavam bem e nos cobria com um cobertor. Se as nossas pernas estivessem de fora, ela as colocava para dentro do mosquiteiro e ajeitava o cobertor com delicadeza – mesmo que tivesse montes de cartas para escrever e estivesse muito ocupada. Eu senti muita falta da Madre, que era muito parecida com a minha própria mãe.[21]

O quanto os pobres terão que sofrer

Eu estava no dormitório. Era inverno, e com todas as portas e janelas abertas, eu tremia de frio na cama. Dois cobertores não eram suficientes, mas era por volta de meia-noite, então tentei me aquecer com o que tinha. Naquele exato momento, senti alguém me cobrindo com um cobertor. Achei que estava imaginando coisas, mas abri os olhos, e quem estava ali? Claro, a Madre. Uma vez mais, muito amorosa, ela me cobriu, ajeitou os cobertores debaixo do colchão, deu-me sua bênção e pressionou suas mãos quentes sobre o meu rosto e disse, "Durma". Só na manhã seguinte eu percebi que ela havia sacrificado o próprio cobertor e colocado na minha cama. Ela era capaz de dormir no frio sem cobertor? Só os céus poderão saber. De manhã, a Madre me disse, "Como devem sofrer os pobres dormindo no chão frio sem um cobertor. Nossos sofrimentos não são nada comparados aos dos pobres".[22]

Todas as minhas roupas estão molhadas

Um dia estava chovendo, e todas as minhas roupas ficaram molhadas, e fui contar isso à Madre, "Madre, não tenho o que vestir, todas as minhas roupas estão molhadas". E então a Madre disse para pegar a roupa de dormir da Madre de debaixo do seu travesseiro e usá-la. Fiz isso.[23]

REFLEXÃO

"Estava nu, e me vestistes." (Mateus 25,36)

"Nu por lealdade, Ele espera que você esteja... Você será este 'um' para Ele?"[24]

"Os pobres estão nus – de roupas, de dignidade humana e de compaixão."[25]

Será que eu olho com desprezo para pessoas cujas roupas estão esfarrapadas ou sujas? Será que sou capaz de compreender que elas podem estar vestidas assim porque não têm uma muda de roupa? Sou capaz de compreender que talvez seja por causa de suas pobres vestes que elas procurem se isolar? Será que não contribuo com sua desventura com meu olhar condescendente ou ao fingir que não as estou vendo? Sou capaz de compreender que podem estar sofrendo devido à necessidade e porque estão sendo desprezadas pelos outros por conta disso? O que posso fazer para que não precisem ser evitadas pelos outros por causa dos farrapos que vestem?

Será que meus olhos conseguem ver que as pessoas que encontro nas ruas precisam de roupas? Tenho o coração pronto para compartilhar alguma das minhas roupas com elas? Será que uma peça de roupa que eu não uso mais poderia ser útil a alguém? Abordar uma pessoa que passa necessidades pode ser difícil e desafiador, mas também pode revelar-se gratificante.

Tente encontrar uma pessoa que passa necessidade e dê-lhe algo com suas próprias mãos, de uma maneira que restaure a dignidade dessa pessoa, que a faça se sentir honrada e respeitada. Será que posso oferecer a alguém um cumprimento caloroso e amigável, reconhecendo sua dignidade inata como pessoa pela maneira como interajo com ela?

ORAÇÃO

Querido Jesus, ajude-me a espalhar a Sua fragrância
por onde quer que eu vá.
Inunde minha alma com Seu Espírito e vida.
Penetre e tome totalmente o meu ser,
que minha vida possa ser apenas uma irradiação da Sua.
Brilhe através de mim, e seja assim em mim
para que cada alma com que eu tiver contato
possa sentir Sua presença em minha alma.
Deixe que olhem e não mais me vejam, mas vejam apenas Jesus!
Fique comigo, e então começarei a brilhar como o Senhor brilha,
para assim ser uma luz para os outros.
A luz, Ó Jesus, virá toda do Senhor; nada dela será minha.
Será o Senhor, brilhando sobre os outros por meu intermédio.
Portanto, deixe-me exaltá-Lo da maneira que o Senhor mais ama,
brilhando sobre os outros ao meu redor.
Deixe-me pregar o Senhor sem estar pregando,
não por meio de palavras, mas por meu exemplo,
pela força contagiante,
pela influência simpática daquilo que eu faço,
a evidente plenitude do amor que meu coração tem pelo Senhor.
Amém.

— Inspirada na oração de John Henry Cardinal Newman, que Madre Teresa proferia diariamente após a Sagrada Comunhão

QUATRO

ABRIGAR OS QUE NÃO TÊM TETO

☩

Os sem-teto infelizmente estão se tornando cada vez mais numerosos, mesmo em países desenvolvidos. Quando Madre Teresa falou sobre os sem-teto, ela, com toda a razão, estava preocupada com os pobres que tinham moradia inadequada, mas ainda mais com os pobres que moravam na rua, "sob o céu", dia após dia, mês após mês e, com frequência, ano após ano. A sua situação era ainda mais desesperadora, visto que, em termos realistas, não havia outro futuro à vista. Compreendendo a gravidade do problema, ela procurou lugares adequados onde pudesse criar abrigos ou residências para os sem-teto. Esses centros tinham a intenção de ser casas de verdade, onde os pobres seriam bem-vindos, amados, cuidados e especialmente onde pudessem "se sentir em casa", como ela costumava insistir.

No entanto, por mais desesperador que possa ser o fato de não ter um teto, Madre Teresa via nisso um problema mais profundo do que a mera falta de habitação. Ela falava da "situação física dos meus pobres deixados nas ruas, rejeitados, desprezados, abandonados".

Essa sensação de ser rejeitado, abandonado, diminuído, de não pertencer a nada e a ninguém, de não ter um ponto de referência ou um refúgio seguro enquanto atravessa as dificuldades da vida, era um sofrimento real que ela queria remediar, além de prover um abrigo físico.

Esse profundo entendimento da condição de "sem-teto" veio também de sua profunda experiência mística. Em carta a um de seus diretores espirituais, ela afirmou que a condição dos pobres nas ruas, rejeitados por todos e abandonados ao seu sofrimento, era "o verdadeiro retrato de minha própria vida espiritual". Essa dor interior e dilacerante de se sentir rejeitada, não amada, não reclamada pelo Deus a quem ela amava de todo coração, permitiu-lhe captar o que os sem-teto sentiam em sua vida cotidiana. Ela se identificava completamente com a infelicidade, solidão e rejeição deles. E os pobres sentiam essa profunda compaixão dela, misericordiosa e sem julgamentos; sentiam-se acolhidos, amados e compreendidos.[1]

Familiarizada com essa dor, ela costumava incentivar suas irmãs a dar "abrigo aos sem-teto – não só um abrigo feito de tijolos, mas um coração que compreende, que protege, que ama".[2] Ela se esforçava para criar um verdadeiro lar, onde todos se sentissem bem-vindos, amados e protegidos. Ela não queria apenas uma instituição fria e sem vida, onde faltasse amor e afeto, mas lugares de paz e descanso, onde os sem-teto pudessem experimentar o amor de Deus e os que estivessem moribundos pudessem "morrer em paz com Deus", sabendo que eram amados e bem cuidados.

SUAS PALAVRAS

Jesus revive Sua paixão nos nossos pobres
"Era peregrino e me acolhestes." Tenho certeza de que em Assis vocês não sabem o que é fome de pão, mas há fome de amor... Talvez vocês não encontrem pessoas deitadas pelas ruas, sem-teto; mas são também sem-teto porque são rejeitadas, [falta-lhes] aquela dignidade humana, aquele amor humano. Vocês conhecem os pobres de Assis? Temos casas para abrigar os sem-teto que recolhemos das ruas de Roma. Em Carlo Cattaneo,[3] temos um lar para pessoas desabrigadas, que não têm posses, que têm fome. Tenho certeza de que, se rezarmos, encontraremos talvez na nossa própria cidade, bem perto de nós, os pobres.[4]

☩

Jesus revive Sua Paixão nos nossos pobres. Os pobres estão realmente passando pela Paixão de Cristo. Devemos servir a eles com respeito. Não devemos fazer com que vão de porta em porta – da Shishu Bhavan para a Mother House. Eles já sofrem o bastante. Devemos tratá-los com dignidade.

Esses pobres são Jesus sofrendo hoje. Temos que achar maneiras e meios de ajudá-los de um jeito melhor, em vez de tornar maior seu sofrimento. As pessoas pobres são o calvário de Jesus hoje.[5]

☦

Em Calcutá, recolhemos 52 mil pessoas das ruas – descartados da sociedade, rejeitados, desprezados, sem ninguém que os amasse. Talvez vocês nunca tenham experimentado isso, é uma dor terrível, uma dor terrível.[6]

☦

Talvez, se vocês forem até a estação, e se visitarem alguma das áreas mais pobres, encontrarão pessoas que dormem ao relento em algum parque ou na própria rua. Vi pessoas nessa situação em Londres, em Nova York, vi pessoas nessa situação em Roma, dormindo na rua, num parque, e esse não é o único tipo de sem-teto – é terrível, terrível ver alguém numa noite fria, um homem, uma mulher, dormindo em cima de uma folha de jornal na rua. Mas há um tipo de falta de abrigo pior – ser desprezado, rejeitado, não ser amado.[7]

Mas, Madre, como foi que o viu?
Quando estava em Delhi, eu vinha de carro, por uma daquelas grandes ruas. Havia um homem deitado metade na rua, metade na calçada. Os carros passavam, mas ninguém parou para ver como ele estava. Quando parei o carro e recolhi o homem, as irmãs ficaram surpresas. Elas perguntaram: "Mas, Madre, como foi que o viu?" Ninguém havia visto o homem, nem mesmo as irmãs.[8]

De repente, ele percebeu que Deus me ama
Ser sem-teto não é apenas não ter uma casa de tijolo, embora tenhamos várias casas para os doentes e moribundos, várias casas para os sem-teto ao redor do mundo, e não é só a falta de uma casa feita de tijolo, é esse sentimento terrível de ser rejeitado, de não ser amado nem cuidado, de ser um dejeto da sociedade. Como aquilo que temos hoje, temos muitas pessoas sofrendo de aids, simples dejetos da sociedade, e, no entanto, são nossos irmãos, nossas irmãs. Fez uma grande diferente na vida deles e na vida de

muitos voluntários quando abrimos a casa, a Gift of Love, em Nova York, e a Gift of Peace, em Washington, onde juntamos todas essas pessoas que sofrem de aids, que elas possam morrer amadas e cuidadas – e, portanto, experimentar uma bela morte. Esse é o fruto do amor que vocês e eu podemos partilhar com eles. Essa é a proteção da vida – que todas aquelas pessoas foram criadas para grandes coisas, para amar e ser amadas.[9]

☦

Na Austrália, temos uma casa para alcoólicos, e as irmãs recolheram um homem da rua que era alcoólico havia vários anos. Ele arruinara a própria vida e a vida dos filhos e da sua família e tudo mais. E [graças à] maneira como as irmãs [o trataram], de repente um dia ele compreendeu "Deus me ama". Quando, como?... A maneira como as irmãs falavam com ele, a maneira de tocá-lo, a maneira de amá-lo. Elas não fizeram nada especial, mas a maneira de lidar com ele, com tanto amor, tanta compaixão, tanta compreensão e sem a menor surpresa por ele ser um bêbado, por ele estar tão desamparado, tão sem esperança. Então de repente houve esse "Deus me ama", e a partir desse dia ele nunca mais bebeu. Voltou para casa, voltou para a família e para o seu emprego e tudo mais. Então, quando recebeu o primeiro salário, pegou o dinheiro e foi até o lugar onde estamos construindo um centro de reabilitação para os alcoólicos sem-teto, especialmente para as pessoas idosas que são mantidas na prisão simplesmente porque, se forem liberadas, não terão para onde ir [e] então elas iriam [voltar a] beber. Nós queremos tirar essas pessoas da prisão e dar-lhes uma casa e fazer com que se sintam amadas e cuidadas. Ele foi levar seu salário até lá e disse, "Deus foi muito maravilhoso comigo. Nas irmãs e por meio das irmãs, vim a descobrir que Deus me ama. Isso me trouxe de volta à vida, e quero compartilhar essa vida com os outros". Essas são pequenas coisas que as irmãs fazem, elas conseguem fazer muito pouco. Podemos fazer muito pouco por essas pessoas, mas pelo menos elas sabem que nós as amamos e que nos preocupamos por elas e que estamos à sua disposição.[10]

☦

Nunca vou esquecer o sofrimento daquele garoto àquela hora da noite. Ele disse, "Fui procurar meu pai". Ele foi procurar o pai e a mãe e nenhum dos dois o quis. E, àquela hora da noite, o garoto teve a coragem de vir até nossa casa. Não é bonito isso? Eu o aceitei na casa, coloquei-o para dentro. Era uma criança muito bonita.[11]

‡

Um dia, uma irmã recolheu um homem da rua, da calçada. E quando ela o ergueu, as suas costas inteiras – pele e carne – continuaram presas no chão, na calçada. Havia uma porção de larvas que tinham comido a pele dele. E ela o levou para a nossa casa. Havia larvas espalhadas pelo corpo dele inteiro. A irmã deu-lhe banho, ela o amou; e então, depois de três horas, ele morreu com o mais belo sorriso no rosto. Quando voltei ao lugar e a Irmã me contou o que havia acontecido, eu disse a ela, "O que você sentiu? O que sentiu no seu coração, o que sentiu quando tocava aquele corpo?", e aquela jovem irmã me deu uma linda resposta: "Eu nunca havia sentido aquela presença, e eu soube que estava tocando o Corpo de Cristo".[12]

Não encontraram lugar para eles no coração de ninguém

Não são apenas os sem-teto que não têm casa de tijolo ou madeira, mas também aqueles que não encontraram um lugar no coração de ninguém, os rejeitados e desprezados.[13]

‡

Ontem o arcebispo me levou para ver o Taj Mahal. Eu me senti muito mal olhando aquele grande edifício de mármore vazio de vida, enquanto, ao lado daquelas frias riquezas, há leprosos e moribundos sem dignidade, vivendo em extremo sofrimento e necessidade. Foi algo que me magoou profundamente – mas também fortaleceu minha resolução de fazer mais por Cristo em Seu aflitivo disfarce.[14]

‡

Encontrar o Jesus perdido nos jovens e trazê-Lo para casa – como Maria fez quando encontrou Jesus, Ela O trouxe para casa. Você... e muitos outros devem ir à procura com Maria, à procura de Jesus em Seu aflitivo disfarce nos jovens – por meio do seu amor e santidade e trazê-los para casa – e na divisão do pão eles saberão e verão Jesus em seu pai e em sua mãe, [seu] irmão e irmã, e em seu próximo.[15]

Encontrar uma família para as crianças abandonadas

Devemos trazer a criança de volta ao centro de nossos cuidados e preocupações. Essa é a única maneira de nosso mundo sobreviver, porque nossas crianças são a única esperança de futuro. Conforme as pessoas vão sendo chamadas para junto de Deus, apenas seus filhos podem tomar seu lugar. Mas o que Deus nos diz? Diz [a Escritura], "Pode uma mulher esquecer-se daquele que amamenta? Não ter ternura pelo fruto de suas entranhas? E mesmo que ela o esquecesse, eu não te esqueceria nunca. Eis que estás gravada na palma de minhas mãos" (Isaías 49,15-16). Estamos gravados na palma da mão d'Ele. Essa criança não nascida já foi gravada na Mão de Deus desde a concepção e é chamada por Deus a amar e ser amada não só agora nesta vida, mas para sempre – Deus nunca se esquece de nós. Vou lhes contar uma coisa muito bonita. Estamos lutando contra o aborto e pela adoção. Ao cuidar da mãe e da adoção de seu bebê, temos salvado milhares de vidas. Enviamos comunicados às clínicas, hospitais e delegacias de polícia, pedindo, por favor, não destruam a criança, nós tomaremos conta, ficaremos com a criança, portanto, peçam que alguém sempre diga às mães em dificuldades, "Venham, nós tomaremos conta de vocês. Iremos arrumar uma casa para o seu filho". E temos uma tremenda demanda de casais que não podem ter filhos, mas eu nunca dei uma criança a um casal que tenha feito algo para não ter filhos. Jesus disse, "E o que recebe em meu nome a um menino como este, é a mim que recebe" (Mateus 18,5). Ao adotar uma criança, esses casais recebem Jesus, mas ao abortar uma criança, um casal se recusa a receber Jesus. Por favor, não matem a criança. Eu quero a criança. Por favor, deem-me a criança. Estou disposta a aceitar qualquer criança que teria sido abortada e a dar essa criança a um casal casado que vai amar a criança e ser amado por ela. Somente do nosso lar de crianças em Calcutá, salvamos mais de três mil crianças do aborto. Essas crianças trouxeram muito amor e alegria a seus pais adotivos e foram criadas com muito amor.[16]

‡

Vamos orar especialmente nestes dias para os refugiados, que estão sofrendo muito. Eles estão apinhados por toda parte, então vamos pedir a Nossa Senhora que seja a mãe desses refugiados para que possamos ajudá-los a aceitar esse sofrimento e que façam uso dele para a paz no mundo.[17]

‡

Que possa Deus abençoar todos os seus esforços para ajudar os refugiados e as pessoas desalojadas. Que vocês possam trazer o amor, a esperança e a força de Deus aos sem-teto e aos que nada têm. Lembrem-se das palavras de Jesus, "eu era peregrino, e me acolhestes".[18]

Humildes obras de amor

Como as pessoas no mundo ficaram profundamente tocadas por nossas humildes obras de amor, em ações que trazem o terno amor e a preocupação de Deus em relação aos desprezados, os não cuidados, os destituídos, isso criou no coração de muitas pessoas o desejo de compartilhar; alguns fazem isso devido à sua abundância, mas muitos, talvez o maior número, o fazem privando-se de algo que teriam gostado de dar a si mesmos, para desse modo poder compartilhar com seus irmãos e irmãs menos favorecidos. É muito bonito ver o espírito de sacrifício encontrando lugar em muitas vidas, pois isso beneficia não apenas os pobres que recebem, mas os doadores, que também são enriquecidos pelo amor de Deus.[19]

A maior realização de uma vida humana

Tomamos conta dos doentes e moribundos; recolhemos pessoas da rua. Apenas em Calcutá, recolhemos quase 31 mil pessoas, das quais mais de 14 mil tiveram uma morte muito bonita. Para mim, a maior realização de uma vida humana é morrer em paz com Deus.[20]

☦

E você e eu fomos criados para o mesmo propósito, de amar e de espalhar a compaixão, como Maria fez em todos os lugares por onde andou... Acho que é isso a bela compaixão do coração de uma mulher, de sentir a dor dos outros e de fazer algo, como Ela fez. Você e eu em nossos corações temos essa compaixão. Será que de fato fazemos uso dela? Será que temos os olhos de Maria para enxergar as necessidades dos outros? Será que em nossas casas conhecemos as necessidades de nossos pais, ou do nosso marido ou de nossos filhos? Os filhos vêm para nossa casa conosco, como Jesus foi com Maria? Temos um lar para os nossos filhos?[21]

Talvez Cristo seja um sem-teto em seu coração

Eles podem ser sem-teto em função de [da falta de] um abrigo de tijolos, ou sozinhos, rejeitados, não cuidados, desprezados e, portanto, desabrigados pela falta de um lar feito de amor dentro do seu coração; e como o amor começa em casa, talvez Cristo esteja com fome, nu, doente, um sem-teto em seu coração, em sua família, em seu próximo, no país em que você vive, no mundo.[22]

☩

"Eu era aquele", disse Jesus, "que batia à sua porta. Eu era aquele que estava deitado na rua. Eu era aquele que morreu, de frio, naquele lar desfeito".[23]

☩

Desabrigado sem um lar no seu coração, Ele lhe pergunta... Você seria "aquele" para Ele?[24]

☩

Jesus deve gostar muito da sua casa. Sempre penso n'Ele não encontrando lugar em Jerusalém – andando o caminho todo até Betânia – até Maria e Marta e Lázaro. Eles O amavam – eles O queriam. Acho que agora também Ele não é querido em Jerusalém. Tenho certeza de que Seu lar é a Sua Betânia. Mantenha sempre tudo para Ele.[25]

SEU EXEMPLO: os testemunhos

Não podemos deixá-lo na rua

A Madre ouviu dizer que havia muitos homens sem-teto dormindo nas ruas de Londres e pediu que a levassem para vê-los. Assim, uma noite, Ann Blaikie e eu acompanhamos a Madre. Ao notar um homem em particular, a Madre desceu do carro e foi até ele. De início, ele não percebeu a presença dela, mas quando ela lhe tomou a mão, ele olhou e disse, "Faz muito tempo que não sinto o calor de uma mão humana". A Madre voltou para o carro e disse, "Este homem está doente. Não podemos deixá-lo na rua assim". Ann Blaikie replicou, "Você está certa, Madre, mas para onde podemos levá-lo a essa hora da noite?". Era perto de onze da noite. A Madre disse, "Vamos levá-lo para a casa do cardeal". Assim, para desgosto do motorista e da senhora Blaikie, recolhemos o homem e fomos para a casa do cardeal, no meio da noite. Ao chegarmos lá, é claro, todos os portões estavam fechados. Estávamos quase desistindo de tentar entrar quando um padre vindo da rua abriu um pequeno portão e entrou. Ao ver isso, nosso motorista correu e explicou-lhe que Madre Teresa estava no carro e precisava de abrigo para um sem-teto. O padre, muito gentil, disse-nos para esperar, ligou para o Exército da Salvação, e organizou tudo. Então levamos [o homem] para o Exército da Salvação.[26]

A Madre percebia o sofrimento dos sem-teto

Por um longo tempo, a Madre vinha observando o sofrimento dos sem-teto dentro e em volta da estação Sealdah – desempregados procurando bicos na cidade, pedintes e todos aqueles que não tinham lugar para passar a noite. A Madre reuniu-se com o administrador geral da ferrovia e o inspetor geral de polícia, que lhe deram todo apoio. Um contingente policial de Barrackpore chegou para erguer abrigos de bambu e lona nas duas calçadas da rua. As irmãs, em suas visitas à estação, recolhiam pacientes da plataforma. Eles recebiam pão e leite e um cobertor das duas irmãs, que vinham toda noite à 21h30. Voluntários também vieram ajudar. Muitos [dos sem-teto] iam embora de manhã para procurar emprego. Os doentes, os incapazes e as crianças ficavam lá. Aqueles que estavam em condição agonizante eram levados para Nirmal Hriday (Casa dos Moribundos). Os doentes eram tratados ou enviados ao hospital, e dava-se aulas às crianças até o meio-dia.

Uma estrutura mais permanente com teto de amianto foi instalada e foi realizada uma inauguração formal. Nessa ocasião, a senhora Dias observou que Madre Teresa tinha o toque dourado do Rei Midas, e que o preço do ouro era muito alto, mas o que Madre Teresa havia dado era muito mais precioso – o ouro do amor e do afeto. Foram abertas uma clínica móvel, um centro de atendimento, uma escola de nível médio com aulas de bengali e híndi, aulas de costura para mulheres. À noite, as crianças ajudavam a manter a rua limpa e livre em volta da estação recolhendo cascas vazias (de coco). Estas eram empilhadas em um canto do abrigo noturno por falta de outro espaço, esperando para serem jogadas fora nas caçambas de lixo. Um dia, em sua visita, a Madre perguntou à irmã que estava encarregada:

"Para que vocês estão coletando essas cascas?" E a irmã respondeu simplesmente: "Não temos nenhuma ideia do que fazer com elas". De repente a Madre disse: "Mande todas elas para Prem Dan. Vamos começar alguma coisa com esse lixo". A partir de então, uma vez por semana um caminhão de cascas de coco era enviado para propor pequenas tarefas aos nossos pobres desempregados – fazer cordas e capachos com fibra de coco, colchões etc.[27]

Você recusaria dar abrigo a Nossa Senhora e São José?
Tínhamos uma família de deficientes mentais em Shishu Bhavan (Lar de Crianças): uma mãe com seus filhos. O menino mais velho tinha deficiência física e mental. Essa mulher costumava nos insultar tanto que um dia eu me recusei a ir para Shishu Bhavan e entreguei as chaves, dizendo que, se aquela mãe continuasse ali, eu não voltaria mais para Shishu Bhavan. A Madre veio e disse à mulher que pegasse os filhos e as coisas dela e saísse de Shishu Bhavan. A mulher fez isso. Era um dia chuvoso; chuviscava e entardecia. Eu estava feliz por ter me livrado dela, mas a Madre não. Lá pelas cinco da tarde (mais ou menos uma hora depois que eles tinham partido), a Madre voltou para Shishu Bhavan e disse que estava saindo para procurá-los. Eu tive tanto remorso que fui com a Madre. Ela estava preocupada com eles, pois não tinham casa, e chuviscava. Meu coração começou a derreter. Fomos encontrá-los na Igreja de Santa Teresa. Trouxemos todos de volta a Shishu Bhavan. Foi uma lição que nunca esqueci. A Madre dizia: "Lembre-se sempre que Nossa Senhora e São José tiveram abrigo negado em Belém. Você lhes negaria abrigo?".[28]

A Madre se levantou imediatamente
Uma vez, na Festa da Madre, as Irmãs da Mother House haviam preparado uma grande peça de teatro para a festa da Madre. Choveu bastante aquele dia, tanto que, de repente, a água no Kalighat começou a subir de nível cada vez mais, e havia muita gente doente do lado de fora. Eu não tive como mantê-los dentro porque não havia espaço suficiente. Então comuniquei esse problema à Madre, e ela se levantou imediatamente, no meio da peça, e foi comigo até Kalighat e resolveu o problema rapidamente. Sem muitas dificuldades, a Madre manteve lá dentro as pessoas doentes e arranjou as coisas de tal modo que havia lugar para todos. Não consegui descobrir como foi que a Madre fez isso com tanta competência, e todos estavam muito felizes. Era verdade que ela nunca recusava uma pessoa que

viesse à nossa porta. Então decidi também fazer o mesmo, arrumar lugar para todos, já que a Madre dissera que se tratava de Jesus batendo à porta disfarçado de pobre. Portanto, jamais recusamos, mesmo que não houvesse espaço nenhum. De algum modo, demos um jeito, com a ajuda de Deus.[29]

Nunca me recuso a atender ninguém
Todos os que vinham ela recebia, e nunca se recusou a atender ninguém. Com suas próprias palavras, dizia, "Nunca me recuso a atender ninguém", porque ela tinha uma grande abertura com todo mundo, não importava quem fosse. E seu serviço às pessoas era incansável, sem levar em conta a casta ou o credo, ou qualquer coisa desse tipo. Ela tinha essa virtude em abundância e conseguia ver a todos como iguais perante Deus.[30]

De repente, a Madre saiu do meio da multidão
A Madre estava rodeada por todas as "Grandes Irmãs", colegas de trabalho, muitas pessoas. Eu estava esperando perto dos carros com outros postulantes. Perto de mim, chegou um senhor idoso pobre. Ele não conseguia enxergar direito e perguntava quando é que a Madre ia chegar. Nós apontamos para a multidão junto ao portão. Não dava para ver a Madre. Senti um mal-estar, porque aquele homem não tinha a oportunidade de ver a Madre de perto – e também porque as irmãs faziam sinais para não chegar muito perto. De repente, não sei como, eu não conseguia acreditar, a Madre saiu da "multidão" e veio até aquele homem. Ele tirou o chapéu e pediu que a Madre abençoasse seus olhos, e ela falou com ele em inglês, abençoou os olhos dele e deu um belo sorriso. O homem chorou. Pessoalmente, fiquei muito tocada, porque me pareceu "impossível" que a Madre pudesse chegar até nós [até onde estávamos].[31]

A ajuda e o incentivo da Madre
A Boys Town começou há cerca de vinte anos, quando os meninos que tínhamos em nossas casas iam ficando mais velhos e precisavam ser separados das crianças. A Madre foi procurar ajuda com o arcebispo Henry, e pouco depois eles abriram essa Boys Town para eles, onde tinham escola. Mais tarde, ela criou um Bata Project (um programa piloto conduzido por uma companhia de sapatos na Índia para ajudar a treinar meninos a se sustentar), para eles fabricarem sapatos e poderem ter uma fonte de renda. Aos poucos, conforme

os meninos iam casando e queriam se estabelecer, foi montado um projeto para ajudá-los a construir um lar e ter um pouco de terra. Isso se materializou, e hoje mais de oitenta pequenas famílias estão se desenvolvendo ali. No início houve muitas dificuldades, causadas pelos meninos. Houve sérios desentendimentos com os padres, e os meninos se comportaram muito mal. Um padre que estava ali fazia alguns anos enfrentou muitas dificuldades com eles e queria desistir de sua vocação. A Madre ajudou-o e trouxe-o de volta para a Boys Town, para que continuasse com sua missão. Com a ajuda e o incentivo da Madre, ele continuou ali por vários anos e fez um bom trabalho.[32]

Elas estavam muito embaixo na escala social

A casa em Roma foi fundada para cuidar de prostitutas idosas, que, em decorrência de doenças contraídas no exercício de seu trabalho, não tinham mais condições de cuidar de si. E era dessas pessoas especificamente que a Madre estava cuidando aqui – suas freiras cuidavam delas –, e elas estavam tão embaixo na escala social que eu sequer havia imaginado que alguém pudesse querer cuidar delas.[33]

O amigo dos pequenos

A Madre deparava com crianças abandonadas, às vezes bebês muito novos, à beira da morte, deitados onde haviam sido jogados, num monte de lixo. A Madre criou uma casa de crianças chamada Shishu Bhavan em 1955. Foi a primeira de muitas casas. Vieram muitos bebês e crianças pequenas, trazidos pela polícia, por assistentes sociais e também pelas irmãs. Todas recebiam cuidados e amor, e muitos bebês malnutridos tiveram recuperações milagrosas. A Madre tinha um toque maravilhoso e terno com as crianças. Elas se sentiam à vontade na presença dela e, em pouco tempo, ela já fazia com que sorrissem e brincassem com ela. Aquelas que estavam muito doentes encontravam nela uma presença reconfortante, compassiva e tranquila. Ao olhar para a Madre com as crianças, qualquer um se lembrava de Jesus, "o amigo dos pequenos".[34]

A Madre pegou o bebê às dez da noite

Uma vez em minha divisão em Calcutá, um bebê abandonado de sete dias foi recolhido por alguns policiais de uma delegacia... Esse bebê abandonado não pôde ser aceito em lugar nenhum. Lá pelas 21h30, os policiais me ligaram e pediram orientação... Eu imediatamente liguei para Madre Teresa, e por sorte a encontrei e lhe contei da situação. Ela simplesmente perguntou qual era a delegacia e, ao ser informada, disse apenas que em meia hora iria pegar o bebê. Eram por volta de dez da noite.[35]

Uma pessoa cuidou de nós: nossa querida Madre

Sou uma garota órfã do Shishu Bhavan de Darjeeling. Nossos pais morreram quando éramos bem pequenos. Não nos lembramos de nossos pais, e só conhecemos uma pessoa que se importou conosco, cuidou de nós e arrumou um lar adotivo para nós; ninguém menos do que nossa querida Madre. Conheço a Madre desde a minha infância. Ainda me lembro de quando éramos bem pequenos, às vezes a Madre costumava nos visitar. Ela geralmente ia de Calcutá de trem até Siliguri, e de lá costumava pegar um ônibus, e depois de descer na estação de trem de Darjeeling, vinha caminhando até nossa casa (Shishu Bhavan). Quando a víamos chegar, gritávamos de alegria dizendo "Madre", e ela sorria e acenava com a mão. Costumávamos correr até ela e carregar sua mala e segurar na mão dela. Ao vê-la, nós realmente ficávamos extremamente felizes... Como órfãos, havíamos sido abandonados, mas nossa querida Madre nos deu um lar adotivo, cuidou de nós, nos mostrou o caminho na vida, e nos ajudou a conquistar nossa independência. Meu marido e eu estamos trabalhando e somos felizes com nossa pequena família. A causa do sucesso é ninguém menos do que nossa amorosa Madre e os Missionários da Caridade.[36]

Eu era o garoto mais levado de Shishu Bhavan

A Madre me recolheu das ruas de Calcutá quando eu tinha uns 4 anos de idade. Ela me criou, me deu instrução. Eu ficava sempre perto dela, pois ela era nossa Mamãe. Ela me amava muito, porque eu era o garoto mais levado do Nirmala Shishu Bhavan (Lar de Crianças). Primeiro ela havia me dado um banho e cuidado dos meus furúnculos, pois meu corpo todo estava cheio deles. Ela me deu remédios e me deu pão e leite... Quando ela estava entre nós, achávamos que era um "Anjo de Deus" que estava conosco.[37]

Isso não é um milagre?

Uma bebê chamada Agnes, recolhida recém-nascida perto de um latão de lixo, havia desenvolvido uma infecção de pele. Eu a levei para a casa quando ela estava com uns 2 meses de idade, cuidei para que fosse tratada por um médico parente meu, e a levei de volta para Shishu Bhavan. Durante os sete meses seguintes, eu costumava trazê-la com frequência para casa para que tivesse convívio com a minha família, e depois disso ela foi embora, para seus pais adotivos na Espanha. Os pais adotivos tinham um filho mais velho do que Agnes e foram abençoados com outro filho saudável depois da chegada dela. Eles tinham uma linda casa e foram muito gentis conosco... Sempre que nos lembramos da pobre pequena Agnes arrumando um belo lar com um irmão mais velho e um irmãozinho, pensamos, "Isso não é um milagre?".[38]

Toque a lepra com a sua compaixão

Em 1957, cinco leprosos que haviam sido demitidos de seus empregos vieram para a Madre. A Madre era sempre sensível às necessidades de cada momento, então iniciou o trabalho de serviço aos leprosos. Passou logo a usar a clínica móvel para atendê-los e em pouco tempo havia criado cinco centros em Calcutá...

Com o crescente número de pacientes leprosos, foi montado para eles um lar que incluía departamentos ao ar livre e outros fechados. A Marian Society se associou para apoiar esse centro em Titagarh. Dessa obra nasceu o slogan, hoje bem conhecido, "Toque a lepra com a sua compaixão". A Madre não mediu esforços para falar com os leprosos que eram tratados e estavam deformados. Ela transmitiu-lhes esperança e dignidade dizendo-lhes que ainda eram capazes de realizar trabalhos. Essa obra acabou resultando na formação de um distrito para reabilitar milhares de leprosos, que vieram de todos os cantos da Índia.[39]

☦

O governo providenciou um lugar onde as famílias leprosas pudessem viver. Os leprosos viviam fora da cidade, em cavernas. A área toda foi entregue à Madre para que cuidasse dos leprosos. Ela havia feito um trabalho impressionante e sido reconhecida pelo governo por ter formado pequenas comunidades onde famílias de leprosos podiam viver. Quando [meu marido] e eu conhecemos a Madre, ela contou que custava 150 dólares para construir uma cabana bem pequena, onde a família pudesse morar e ter um pequeno espaço para um jardim e para plantar seus legumes e verduras. Muitas pessoas fizeram memoriais para essas casas. A pessoa leprosa era tratada e os demais membros da família recebiam tratamento profilático. Ela as chamava de vilas de paz.[40]

A Madre não perdeu tempo

Quando os refugiados passaram a chegar em levas a Bengala Ocidental, por toda a fronteira de Bangladesh (em 1971), a Madre não perdeu tempo em organizar um grupo nosso para ir até o grande acampamento de refugiados. Após o primeiro dia, a Madre teve uma boa ideia [sobre] o que era necessário, por isso no dia seguinte voltou sozinha para Calcutá e sem demora enviou outro lote de irmãs e irmãos com esteiras, roupas e alimentos... Todo dia, a Madre ia para Salt Lake para garantir que o maior número possível de nossas irmãs jovens estivesse envolvido totalmente. Elas saíam de manhã bem cedo e voltavam no início da noite. Uma das maiores dificuldades no acampamento era manter os grandes grupos de mulheres ocupadas depois de lhes ter fornecido roupas e alimentos e atendido suas necessidades médicas.

A Madre assumiu um centro em Green Park para crianças refugiadas que estavam à beira da morte por desnutrição e doenças. Nossas irmãs cuidaram das crianças dia e noite. Havia também dois outros centros ali, um para senhoras idosas doentes e outro para grávidas. Ela providenciou acomodações para elas com bambu e tendas. Por volta dessa época, foi publicado um panfleto impressionante, distribuído no mundo inteiro, que trazia um apelo da Madre: "Temos milhões de crianças sofrendo de desnutrição e fome. Se o mundo não colaborar com comida e proteínas, essas crianças irão morrer e o mundo terá que responder por sua morte". O mundo de fato colaborou. A Madre fez tudo o que era possível pelos refugiados, embora isso parecesse apenas uma gota no oceano em comparação com aquela situação devastadora. Ela era muito altruísta e incansável. Não poupou esforços, dela mesma e das irmãs, apesar de ter tido muito de seu tempo solicitado pela Sociedade em expansão, que precisava de sua orientação e comando.[41]

A Madre cuidava para que todo o necessário fosse providenciado

Lembro-me de uma tarde em que fui até a Mother House e vi um senhor e uma senhora idosos, de uma família muito pobre, chorando. Sua única filha havia sido expulsa da casa por ser epiléptica. Essa moça foi admitida em uma das casas da Madre e consolada. A mulher perguntou se a filha poderia ser cuidada por algum médico. Meu marido (médico) estava ali. Ela havia sido rejeitada por vários hospitais. A Madre, com seu corpo frágil, esperou ali até que a moça se tranquilizasse. Ela tinha o imenso poder de cuidar para que todo o necessário fosse providenciado.[42]

Ao lado do ministro

Um dia, aconteceu de haver um ministro no carro com a Madre. Ela viu um homem muito idoso sentado à beira da calçada. A Madre recolheu o idoso e o fez sentar ao lado do ministro, e levou-o até um dos nossos lares. Nessa hora, aquela pobre pessoa era mais importante que o ministro.[43]

Todos esquecemos como é terrível viver na rua

Eu estava na casa, e alguém viera ver a Madre. Ela estava em outro quarto. Eu atendi à porta, e lá estava uma pobre mulher, muito perturbada. Era moradora de rua. Parecia ter deficiência mental e vestia farrapos. Ela disse, "Preciso ir ao banheiro", e entrou correndo. Bem em frente à porta havia a escada que levava diretamente aos dormitórios. Uma bela irmã americana entrou nessa hora e disse, "Margaret, entre, querida", e Margaret subiu a escada correndo até o banheiro sem fechar a porta. A irmã disse pra mim, "Coitada da Margaret, esta é uma das coisas mais tristes de morar na rua: não há privacidade para ir ao banheiro". Portanto, ao que parece, Margaret vinha ali várias vezes por dia. Então, quando ela desceu a escada de volta, estava muito agitada e disse à Irmã, "Posso entrar e falar com Jesus?". A Irmã disse, "Claro que pode", e então ela foi até a porta da capela e tirou seus velhos sapatos desgastados. A Irmã e eu entramos com ela na capela e nos ajoelhamos, e lembro ainda que as meias dela tinham tantos buracos que seus pés estavam quase descalços, e pensei, "Coitada dessa mulher". Ela não era muito velha, provavelmente tinha uns 30 anos. Saímos, e ela agradeceu à irmã e me agradeceu também, e tomou seu caminho. Foi um momento muito forte. O mais bonito foi a atitude da Irmã. A bondade na sua voz. Acho que todos esquecemos como é terrível viver na rua. Eles não têm um lugar onde possam ser bem recebidos para usar o banheiro.[44]

Como posso ficar debaixo de um ventilador quando tem gente morrendo na calçada?

Eu estava no quarto da Madre. "Doutor, está sentindo calor, abafado?" "Sim, Madre, estou quente e suando." Eu olhei para o teto para ver se havia ventilador, [mas] não havia, e então eu disse, "Por que vocês não colocam um ventilador?". A coisa que me comoveu e de que eu ainda me lembro daquele dia foi ela dizendo: "Como posso ficar debaixo de um ventilador quando tem gente morrendo na calçada?". Realmente me comoveu.[45]

Dois pés para fora

Os irmãos estavam esperando até que eu e a Madre saíssemos do convento. Saímos pela porta dos fundos e havia uma grande caçamba de lixo. Quando passamos por ela, vimos aqueles dois pés para fora. Um dos pés calçava uma meia vermelha. O outro estava descalço, e a Madre disse, "Oh, alguém precisa de nós"... Ali havia um pobre homem dormindo pesado. Primeiro achamos que estivesse morto. Ele estava apenas sem vida. A madre inclinou-se sobre ele e disse: "O senhor está bem?". E então ele abriu os olhos e estava muito, muito bêbado. Sem sombra de dúvida. Parecia que não tomava banho fazia semanas. O ajudamos a ficar em pé. Ela disse, "O senhor gostaria de vir conosco?", e ele respondeu, "Sim, gostaria". Ela disse, "Meus irmãos irão ajudá-lo. Eles podem lhe arrumar umas roupas limpas, alguma coisa de comer". Todo o foco dela estava nesse pobre homem.

Os irmãos se sentaram na parte de trás da caminhonete, e a Madre e o homem e eu nos sentamos na fileira do meio. Ela conversou com ele entre o convento e a casa deles. Tratou-o com muito respeito. Ela perguntou se ele tinha família, e ele disse, "Bem, não que eu os tenha visto nos últimos 25 anos, mas tive, sim, uma família um tempo atrás". Ela disse, "Gostaria que tentássemos localizá-la para você?". Ele disse que não tinha a menor ideia de como fazer isso, porque nunca mais falara com ninguém da família.

É que a Madre realmente se importava. Não estava sendo magnânima. Aquele homem era uma pessoa em grande necessidade, mas ela nunca comentou comigo que ele estava bêbado, ou muito sujo, ou que seu rosto não tinha sido lavado havia muito tempo e que ele exalava um cheiro horrível. Nós o recolhemos imediatamente e o levamos para a casa. Os irmãos o conduziram ao andar de cima naquele mesmo dia. Ele tomou um banho, tirou uma soneca e comeu bem. No dia seguinte, ele apareceu para nos agradecer e era difícil reconhecê-lo. Os irmãos disseram à Madre que aquele era o dia em que chegavam os cheques, e que então ele iria até o correio para pegar o seu cheque da previdência social. Ele poderia ir direto até o armazém e gastar tudo com vinho ou algo assim. Mas, de qualquer modo, entrou com muita dignidade e disse à Madre que tinha negócios a resolver na cidade. Ele teria que ir embora, e agradeceu a ela pela ajuda e agradeceu também aos irmãos. Eles o conheciam, já havia estado lá várias vezes. Depois que ele saiu, ela não o criticou. Outras pessoas não teriam aceitado ter contato com aquele homem. Nunca ocorreu a ela negar-lhe abrigo. Se ele tivesse dito, "Não, acho que vou continuar descansando aqui", ela não o teria persuadido a agir de modo diferente. Era muito bonito. Eu adorava o jeito como ela o tratava. Ele quis conceder à Madre Teresa o mesmo tratamento que ela lhe concedera. Foi um momento lindo. Eu nunca vi a Madre se recusar a reagir imediatamente a uma necessidade, qualquer que fosse.[46]

Ela corria para todos os lugares

Após o funeral de Indira Gandhi, nós e outras pessoas contamos à Madre sobre os tumultos ocorridos em Delhi, com milhares de mortos. A Madre não conseguia dormir, ficava se revirando na cama. Então, logo após a missa, ela pediu ao padre que veio rezar a missa para lhe dizer como estavam as pessoas... A Madre tomou café da manhã às pressas e levou alguns de nós até a escola pública próxima. Estava uma tremenda confusão... Milhares de pessoas apinhadas em uma escola por questões de segurança, porque suas casas haviam sido queimadas. As pessoas estavam enlouquecidas – gritando, berrando, chorando –, sem comida, sem água. A polícia tentava conter a multidão dentro e fora... Era humanamente impossível saber o que fazer a respeito. O barulho era terrível.

A Madre silenciosamente entrou com alguns de nós. As pessoas a reconheceram e se aproximaram dela, chorando. A Madre calmamente [continuou andando entre eles] falando bengali e um pouco de híndi dizendo, "Vai dar tudo certo, vai dar tudo certo, tenham coragem". Ela deu uma volta por ali e então nos deu ordens para pegar as vassouras. Pegamos todas as vassouras que encontramos e voltamos correndo. Ela pegou as vassouras e começou a varrer as salas de aula, [dizendo] às pessoas em cada classe enquanto varria, "Vamos acomodar família por família". Todos nós fizemos o mesmo, e muitos homens e mulheres também. Depois de varrer, achamos que estava tudo terminado, mas a Madre foi para os banheiros. Estavam imundos. A Madre foi a primeira a pôr as mãos à obra e começou a limpar. Nós também ajudamos, mas enquanto isso percebi que as pessoas agitadas haviam começado a se acalmar. A gritaria se reduzia conforme as famílias tentavam obedecer à Madre e se acomodar. Depois de todo o trabalho duro de limpar os banheiros, a Madre foi contatar a prefeitura para conseguir água. Quando conseguiu, certificou-se de que todos estavam em fila para pegar a água. Mais uma vez, ela entrou em contato com o supervisor do distrito e com ministros, organizou a remessa de comida para o local e pessoalmente verificou se todos tinham conseguido comida. Senti como se estivesse com Jesus no dia em que Ele alimentou a multidão. Assim foi feita a paz naquele acampamento.

Ao anoitecer, a Madre chegou a outros acampamentos e começou a fazer a mesma coisa. Ela convocou uma reunião com o arcebispo e todos os religiosos, padres, irmãos e voluntários. Logo, mais de sessenta acampamentos haviam sido organizados. Pessoas de coração generoso doaram muitas coisas, e a Madre cuidou para que [tudo] fosse distribuído de maneira igualitária e justa para os necessitados dos acampamentos. Assim, graças à iniciativa e à preocupação da Madre com as pessoas em sofrimento, Delhi foi salva de uma grande destruição. A Madre também reuniu autoridades do governo, ministros etc. – [pessoas de todos os partidos] – para trabalharem juntas. Sempre que arrumava um tempo, ia colocar bandagens nas feridas dos que estavam lesionados ou queimados. Ela nunca parou de dizer palavras carinhosas, de oferecer toques de mão, sorrisos, olhares amorosos àquelas pessoas necessitadas. Nos acampamentos, a Madre operou milagres que estavam além da compreensão humana. Ela partiu depois de passar cinco dias organizando, mas voltou logo depois. A paz se instalou no acampamento graças às vassouras.[47]

☨

O trabalho de auxílio após as inundações em Bangladesh, os campos de refugiados na década de 1970 ao norte de Bengala Ocidental, o terremoto da Guatemala de 1976, o terremoto da Armênia em 1988, o terremoto de Maharashtra em 1993... Ela correu até todos esses lugares e fez tudo o que estava a seu alcance, além de prestar auxílio após muitos outros desastres naturais. Ela trabalhava todos os dias, e não parava de fazer perguntas a fim de discernir melhor como prestar uma ajuda mais efetiva. Ela convocava todo tipo de pessoa, mesmo aquelas que mais ninguém queria. Ela disse às autoridades do governo que entrassem em contato com ela se soubessem de pessoas indesejadas... Ela sempre trabalhou ao lado de autoridades civis e eclesiásticas, mas mesmo assim nunca deixou de preservar sua independência e autonomia. Fez uso de todos os seus dons naturais e proporcionados pela graça para transformar o mundo em um lugar melhor, mais humano e mais puro. Ela se viu confrontada com a sujeira e a miséria por todos os lados. Mas não desperdiçou tempo procurando os responsáveis, a fim de culpá-los. Em vez disso, usou todo o seu tempo e sua energia para aliviar o sofrimento alheio. Ela se dispunha a passar por todo tipo de humilhações, a ser maltratada, receber falsas acusações etc., em nome dos pobres.[48]

REFLEXÃO

"Eu era peregrino, e me acolhestes". (Mateus 25,35)

"Dê abrigo aos sem-teto – não apenas um abrigo feito de tijolos, mas um coração compreensivo, que protege, que ama."[49]

Quando encontro um sem-teto pela rua, eu simplesmente atravesso para a outra calçada e evito um contato desagradável? Sou capaz de notar essa pessoa? Sou capaz de cumprimentá-la com um sorriso e dar ouvidos a ela? Ou me sinto superior e tenho sentimentos arrogantes, rejeitando ou, pior ainda, desprezando essa pessoa que mora na rua?

De que modo posso abrir meu coração a alguém em minha própria casa, na minha família, comunidade, local de trabalho ou vizinhança? Que pequeno ato de bondade pode tornar minha casa um lugar onde os membros da minha família, parentes, amigos ou colegas de trabalho se sintam aceitos, valorizados, amados e acolhidos? Oferecer um sorriso acolhedor a aqueles que têm contato com você, para que se sintam aceitos, pode ser uma excelente maneira de praticar a hospitalidade.

ORAÇÃO

Maria, nossa querida Mãe, dá-nos Teu coração tão belo, tão puro, tão imaculado, Teu coração tão cheio de amor e humildade, para que sejamos capazes de receber Jesus no Pão da Vida, amá-lo como Tu O amaste, e servir a Ele no aflitivo disfarce do mais pobre dos pobres.
– Madre Teresa

CINCO

VISITAR OS DOENTES

☦

Os doentes sempre tiveram um lugar especial no coração de Madre Teresa. Todo ser humano experimenta a doença em algum grau, em uma ou outra fase da vida, e quando alguém está doente, fica mais vulnerável e necessitado. As próprias limitações e fraquezas ficam realçadas, e a dependência dos outros torna-se mais acentuada. Quando encontrava alguém nessa condição, Madre Teresa oferecia à pessoa todo o cuidado e amor que podia. Não poupava esforços para ajudar, e ao mesmo tempo cuidava para que a pessoa não se sentisse como um fardo ou um incômodo.

Em particular, os cronicamente doentes e os moribundos eram objeto de seus delicados cuidados. Nas numerosas casas que abriu pelo mundo todo, ela insistiu que os doentes recebessem cuidados médicos adequados, mas também que fossem cercados de cuidados ternos e amorosos. Ela incentivava suas irmãs a serem bondosas e sinceras em "assistir aos doentes e moribundos não só no corpo, mas também na mente e no espírito". Ela procurava prover o bem-estar de cada pessoa em seus cuidados e encontrar a cura das doenças de seus pacientes. No início de seu trabalho com os pobres, era muito dedicada aos cuidados com pessoas que sofriam de lepra (uma doença geralmente contagiosa na época), mas mais tarde enfrentou outras situações igualmente desafiadoras. Por exemplo, foi a primeira a abrir um hospital para pacientes com aids nos Estados Unidos. Mesmo que isso implicasse riscos para ela mesma, a Madre fazia de tudo para ajudar uma pessoa doente.

A profunda compaixão de Madre Teresa pelos doentes tem origem em sua infância, quando aprendeu a cuidar de doentes seguindo o exemplo da mãe, que às vezes trazia uma mulher doente para casa a fim de ajudar na sua recuperação. As duas filhas dela eram instruídas a auxiliar a mulher e a cuidar dos filhos dela enquanto a mãe descansava e se recuperava.

A compaixão de Madre Teresa pelos doentes também tem raízes no fato de ela mesma não ter sido poupada de problemas físicos. Embora tivesse boa saúde até desenvolver uma doença cardíaca aos 70 anos, houve várias doenças aparentemente de pouca monta, mas penosas, que ela teve que enfrentar. Um de seus médicos revela um detalhe significativo: "Ela teve dores de cabeça crônicas, [....] que ela sempre minimizava, mas o próprio fato de ter sofrido com elas o tempo todo mostra que eram reais e provavelmente incessantes... Tenho certeza de que ela as ofertava como um presente de Deus. Outra coisa interessante é que se referia às suas dores de cabeça como essa 'coroa de espinhos'. Era sua maneira de ser una com Jesus."[1] Como ela fez diante de outros desafios, também esse sofrimento físico ela o ofertou ao Senhor para o bem das almas. Ela podia afirmar com São Paulo, "Agora me alegro nos sofrimentos suportados por vós. O que falta às tribulações de Cristo, completo na minha carne, por seu corpo que é a Igreja" (Colossenses 1,24).

Sabendo o valor do sofrimento quando tomado no espírito correto, Madre Teresa ensinava os outros a valorizar e aceitar o sofrimento também desse modo. Com sua característica sabedoria em fazer o melhor uso de tudo, incluindo do sofrimento, criou um movimento de companheiros de trabalho Doentes e Sofredores, que oferecia suas orações e sofrimentos em proveito do apostolado entre os pobres. "Amor exige sacrifício... O sofrimento por si não é nada; mas o sofrimento partilhado com a Paixão de Cristo é uma dádiva maravilhosa", explicava ela. "Estou muito feliz por vocês se disporem a se juntar aos membros sofredores dos Missionários da Caridade... Qualquer um que desejar se tornar um Missionário da Caridade – um portador do amor de Deus – é bem-vindo, mas quero especialmente que os paralíticos, aqueles com deficiência, os incuráveis se juntem a nós, pois sei que eles trarão muitas almas aos pés de Jesus".

Essa compreensão marcadamente diferente do sofrimento é uma alternativa para a mentalidade da cultura secular dominante do Ocidente, que propõe a morte sob várias formas como uma maneira de evitar o sofrimento. Com seu terno e compassivo amor pelos doentes e com sua aceitação do sofrimento inevitável ao mesmo tempo em que o eleva a um nível espiritual, Madre Teresa defende a importância, o valor e a dignidade de cada vida humana – não nascida, recém-nascida, jovem, velha, doente, deficiente – e a necessidade de respeitá-la e protegê-la.

Embora nossa primeira reação possa ser a de ignorar e passar ao largo daquele "ferido estendido no meio da rua", como fizeram o sacerdote e o levita na parábola do Bom Samaritano (Lucas 10,33-34), o exemplo de Madre Teresa nos desafia a nos "enchermos de compaixão" e "nos aproximarmos" daqueles que estão precisando de "um coração para amar e mãos para servir"[2] àqueles que disso precisam.

SUAS PALAVRAS

Estava enfermo e me visitastes
Seu trabalho com os doentes é um belo meio de ajudar a saciar a sede por Jesus e por Seu amor. Acho que essa é a mais bela dádiva que nossa Abençoada Mãe ofertou a você.[3]

Jesus se tornara como um leproso
Sabemos o que aconteceu com Nossa Senhora – a maravilhosa compassiva Mãe cheia de amor. Ela não se envergonhava de reivindicar Jesus como Seu Filho. Todos O abandonaram, Ela ficou sozinha com Ele. Não se sentiu envergonhada por Jesus estar sendo flagelado, por cuspirem n'Ele, por ter Ele se tornado como um leproso, rejeitado, desprezado, odiado por todos, por Ele ser seu Filho, Jesus. Ali Ela também demonstrou a profunda compaixão de Seu coração. Nós também defendemos nossas pessoas quando elas sofrem? Quando são humilhadas? Quando o marido perde o emprego? O que ofereço para ele? Fico cheia de compaixão? Entendo a dor dele? E [quando] os filhos se desviam do caminho – será que tenho aquela profunda compaixão de ir à procura deles, de tentar encontrá-los, ficar ao lado deles, acolhê-los de novo em casa, amá-los com um coração profundamente amoroso? Será que sou como Maria com minhas irmãs na minha comunidade? Será que reconheço sua dor, seu sofrimento? Se sou uma sacerdotisa, a sacerdotisa deve ter o coração de Maria, aquela compaixão que age como perdão, que traz aquele perdão de Deus ao pecador que sofre diante d'Ele, aquela profunda compaixão de Maria. Ela não se envergonhou. Ela reivindicava Jesus como Seu Filho.[4]

✠

Na Crucificação, nós a vemos em pé – a Mãe de Deus em pé. Que tremenda fé Ela deve ter tido por causa de Seu ardente amor pelo Filho – para resistir ali, vê-Lo repudiado por todos, desprezado por todos, rejeitado por todos, um dos piores, e Ela resistiu. E Ela O assumiu como Seu Filho. Ela O assumiu como alguém que Lhe pertencia, a quem Ela pertencia. Não teve medo de assumi-Lo. Nós assumimos os nossos quando eles sofrem, quando são rejeitados, nosso povo, nossas pessoas, nossa família, será que os conhecemos, [sabemos] que eles sofrem? Reconhecemos a fome que têm de Jesus? Trata-se da fome de amor compreensivo. Por isso Nossa Senhora é tão maravilhosa, porque teve um amor compreensivo, e você e eu, sendo mulheres, temos essa coisa tremenda dentro de nós, esse amor compreensivo. Vejo isso de uma maneira tão bela nas nossas pessoas, nas nossas pobres mulheres que dia após dia, todos os dias, têm um encontro com o sofrimento, aceitam o sofrimento por causa de seus filhos. Vi uma mãe seguindo sem muitas coisas, muitas coisas, até pedindo esmolas para que seus filhos pudessem ter alguma coisa. Vi uma mãe segurando o filho com deficiência, porque aquele filho é seu filho, ela tinha um amor compreensivo pelo sofrimento de seu filho.[5]

Jesus traz alegria e paz
Quando vejo o que Deus está fazendo com nossas irmãs no mundo... Quando [estávamos na Rússia], uma noite, cada semana vinha um padre. Tínhamos a Sagrada Missa na nossa pequena capela, e ele nos deu Jesus. Isso mudou toda a atmosfera do hospital; o lugar todo parecia muito diferente. Após uma semana, o doutor chegou para mim e disse, "Madre Teresa, o que está acontecendo no meu hospital?". Eu disse, "Não sei, doutor. Como assim?". Ele disse, "Alguma coisa está acontecendo. As enfermeiras e os médicos estão muito mais gentis, muito mais amorosos com seus pacientes. Os pacientes não gritam mais de dor como faziam antes. O que está acontecendo? O que as irmãs estão fazendo?". Olhei para ele e disse, "Doutor, o senhor sabe o que está acontecendo. Depois de setenta anos, Jesus chegou a este hospital. Jesus está neste lugar agora. Ali, naquela pequena capela, Ele está vivo, Ele está amando. Ele trouxe essa alegria e paz"... Ele disse, "Oh!", e nem mais uma palavra; simplesmente foi embora. Não quis discutir uma mudança tão grande! Não conseguia acreditar que aquela grande mudança fora trazida por nós e pelo Sacramento Abençoado![6]

Tantos que anseiam apenas por uma visita
"Estava enfermo, e me visitastes" foram as palavras de Jesus. Muitos dos nossos pobres anseiam apenas por uma visita de alguém. Quando falar com eles, coloque todo o seu amor e doçura em suas palavras – ou então peça a Jesus que fale por seu intermédio. [A prova de] que Cristo era divino, de que era o aguardado Messias, [é] que o Evangelho é pregado aos pobres – a prova de que essa obra é obra de Deus: o Evangelho é pregado aos pobres. Reze e agradeça a Deus por Ele ter escolhido você para esta vida e para fazer este trabalho.[7]

Coisas tão pequenas que mal temos tempo para elas
Ontem, estava falando com nossas irmãs, no lugar onde estão agora. Estão visitando um lugar que abriga muitas pessoas idosas, pessoas que não têm ninguém, que não são amadas por ninguém. Elas estão simplesmente ali. Aguardam ansiosamente, contam os dias até a chegada do domingo, quando as irmãs virão para fazer coisas simples para elas. Talvez apenas sorrir para elas, talvez apenas alisar um pouco mais o lençol, ou soerguê-las um pouco, escovar seu cabelo, cortar suas unhas, pequenas coisas, coisas tão pequenas que mal temos tempo para elas, e, no entanto, essas pessoas, são elas as nossas pessoas, nossos irmãos e irmãs.[8]

☩

Na Índia, por exemplo, temos cada vez mais hindus, muçulmanos, budistas envolvendo-se com o nosso trabalho. E para quê? Por que estão vindo? Porque sentem essa presença. Querem servir a Deus à sua maneira, e descobriram que pelo sacrifício, pela oração, eles podem fazer isso, e vêm até os mais pobres entre os pobres. Na Índia, especialmente, tocar leprosos, tocar moribundos, é algo muito, muito, muito difícil. E no entanto, vemos pessoas jovens chegando ali e fazendo o que estão fazendo – porque na nossa Sociedade temos apenas esses humildes trabalhadores – simplesmente alimentando-O nos famintos, vestindo-O nos nus, dando a Ele uma casa nos sem-teto, cuidado d'Ele nos doentes, nos presidiários.[9]

☩

Estamos cuidando de 53 mil leprosos, e temos os melhores medicamentos, muito caros, e podemos curar as pessoas. Podemos negativar os casos mais positivos [de lepra] com esses remédios caros. Portanto, onde há medicina, há esperança. Podemos trazer de volta a vida e o amor e a alegria à vida dos nossos leprosos. Por toda parte, o governo tem nos dado terras. Há vida nova na vida deles. E é muito diferente daquela solidão, de quando eram rejeitados, desprezados.[10]

☦

Nas nossas casas Nirmal Hriday e Shishu Bhavan, eu quero que vocês façam a oração da manhã e a oração da noite. Iniciem o trabalho com os leprosos, deem o medicamento com uma oração e coloquem um pouco mais de doçura, um pouco mais de compaixão com os doentes. Vai ajudar se vocês lembrarem que estão tocando o Corpo de Cristo. Ele tem fome desse toque. Vão recusar-se a dá-lo?[11]

☦

Dediquem-se às humildes obras da Sociedade para os mais pobres entre os pobres. Nossas "casas" devem ser mantidas limpas e bem-arrumadas, mas simples e humildes. Devemos dar cuidados ternos aos nossos pacientes pobres, doentes e moribundos; nossos internos idosos, inválidos ou mentalmente doentes devem ser tratados com dignidade e respeito, sempre tendo em mente as palavras de Jesus: "se o fizestes a um destes meus irmãos, mesmo dos mais pequeninos, a Mim o fizestes".[12]

☦

Ao servir a Cristo doente nos pobres, vamos prestar um serviço de coração – prestar grande atenção a cada pessoa doente, e não deixar que nenhuma outra preocupação ou ocupação nos impeça de tocar e servir ao Corpo de Cristo.[13]

☦

Algumas irmãs estão sendo dirigidas pelas forças dinâmicas do desenvolvimento e estão aos poucos passando ao largo dos doentes, moribundos, inválidos, leprosos, rejeitados. Elas logo não terão tempo ou lugar para eles. Nossa consagração a Deus é para os mais pobres entre os pobres – os rejeitados.[14]

Preciso de almas como a sua

O sofrimento em si não é nada, mas o sofrimento compartilhado com a Paixão de Cristo é uma maravilhosa dádiva para a vida humana. É a dádiva mais bonita que podemos partilhar na Paixão de Cristo.

Espero que você esteja melhor – com muita frequência, penso em você e junto o trabalho aos seus sofrimentos –, e então tenho você perto de mim. Hoje vou lhe contar algo que com certeza irá deixá-la feliz. Você vem desejando ser, e ainda é, no fundo do seu coração, uma Missionária. Por que não se tornar espiritualmente ligada à nossa Sociedade – que você tanto ama? Enquanto trabalhamos nas favelas etc., você compartilha o mérito, as orações e o trabalho com seu sofrimento e orações. O trabalho a ser feito é tremendo, e eu preciso de trabalhadores, é verdade, mas preciso de almas como a sua, para orar e sofrer pelo trabalho. Você gostaria de se tornar minha irmã espiritual e se tornar uma Missionária da Caridade na Bélgica, não de corpo, mas de alma – na Índia, no mundo, onde há almas desejosas de Nosso Senhor, mas por necessidade de alguém que pague a dívida por elas, visto que elas não podem se mover em Sua direção? Seja uma verdadeira Missionária da Caridade e pague a dívida deles, enquanto as irmãs – suas irmãs – ajudam as pessoas a virem até Deus em corpo. Reze a respeito disso e me conte qual é o seu desejo. Preciso de muitas pessoas como você, que se juntem à Sociedade desse modo; porque quero ter (1) uma Sociedade gloriosa no céu, (2) uma Sociedade do Sofrimento – na Terra – os filhos espirituais, e (3) uma Sociedade Militante – as irmãs no campo de batalha. Tenho certeza de que você ficaria muito feliz em ver as irmãs lutando contra o demônio no campo das almas. Para elas, nada é difícil demais quando se trata de almas…

Como você está? Ainda acamada? Por quanto tempo terá que ficar assim? O Nosso Senhor deve amá-la demais para lhe dar boa parte de Seu sofrimento. Você é uma felizarda. Pois foi a escolhida por Ele. Seja corajosa e alegre e ofereça muito para mim – que eu possa trazer muitas almas para Deus. Depois que você entra em contato com almas, a sede cresce a cada dia.[15]

☦

Fico muito feliz por você estar disposta a se juntar aos sofrentes membros dos Missionários da Caridade – você entende o que quero dizer –, você e os outros que irão se juntar compartilharão todas as nossas orações, trabalhos e tudo o que fazemos pelas almas, e você faz o mesmo por nós com suas orações e sofrimentos. Você sabe que o objetivo de nossa Sociedade é saciar a sede de Jesus na Cruz, a sede de amor das almas, trabalhando pela salvação e santificação dos pobres nas favelas. Quem poderia fazer isso melhor do que você e os outros que sofrem como você? Seu sofrimento e suas orações serão o cálice no qual nós, os membros trabalhadores, despejaremos o amor das almas que nós reunimos. Portanto, você é igualmente importante e necessária para o cumprimento de nosso objetivo. Para saciar essa sede, devemos ter um cálice, e você e os outros – homens, mulheres, crianças, velhos e jovens, pobres e ricos – são todos bem-vindos para compor o cálice. Na realidade, você, enquanto estiver em sua cama de dor, pode fazer muito mais do que eu correndo com meus pés, mas você e eu juntas podemos fazer todas as coisas n'Ele que nos fortalecem.[16]

Nós podemos pegar algumas poucas orações que proferimos, para que você possa proferi-las também, de modo a incrementar o espírito familiar, mas uma coisa devemos ter em comum – o espírito de nossa Sociedade: total submissão a Deus, confiança amorosa e perfeita alegria. Dessa forma, você será conhecida como uma Missionária da Caridade. Todos que desejam se tornar Missionários da Caridade, portadores do amor de Deus, são bem-vindos, mas quero que se juntem a nós especialmente os paralíticos, aqueles com deficiência, os incuráveis, pois sei que trarão muitas almas aos pés de Jesus. Da parte das irmãs, cada uma de nós terá uma irmã que reza, sofre, pensa, junta-se a ela, e assim por diante – um segundo eu. Está vendo, minha querida irmã, nosso trabalho é extremamente árduo. Se você estiver conosco, rezando e sofrendo por nós e pelo trabalho, seremos capazes de fazer grandes coisas por amor a Ele – graças a você.[17]

Pessoalmente, sinto-me muito feliz, e uma nova força chegou à minha alma ao pensar em você e outras se juntando em espírito à nossa Sociedade. Porque com você e outras fazendo o trabalho conosco, o que não seremos capazes de fazer? O que não seremos capazes de fazer por Ele?[18]

Oração e paciência

Fico feliz em saber que você está oferecendo suas orações e sacrifícios de sua doença aos Missionários da Caridade. Aceite sua doença como uma dádiva do amor especial de Deus por você. É sinal de que você chegou tão perto d'Ele que Ele pode atraí-lo para Si na Cruz. Não se trata mais do seu sofrimento, mas do sofrimento de Cristo em você. Portanto, continue oferecendo sua doença em oração e paciência e, desse modo, torne-a frutífera para as almas.[19]

SEU EXEMPLO: os testemunhos

Você tem uma oportunidade de carregar o Jesus agonizante
Um dia, a Madre veio visitar as famílias daqueles que estavam doentes de cama. A Madre chamou um riquixá e me fez entrar nele. Com a ajuda de uma irmã, ela trouxe um homem muito doente de cerca de 45 anos de idade. O homem tinha tuberculose e tossia e vomitava sangue. Suas roupas estavam muito sujas; ele provavelmente tinha ficado jogado na sarjeta. A Madre disse ao condutor do riquixá que fosse até o hospital para tuberculosos. Ela andava à nossa frente junto com uma irmã. Nunca na minha vida, nunca vou esquecer esse incidente e minha terrível reação a um homem tão doente, vomitando sangue. Então a Madre disse, "Você tem uma oportunidade de carregar o Jesus agonizante. Pegue-O e cuide d'Ele. Não fique assustada. Estou providenciando sua internação no hospital". Eu resistia muito, pensando, "Se meu pai ou algum parente me visse na rua, com um homem jovem, doente e agonizando nos meus braços, qual seria o resultado?"... Eu simplesmente fiz uma oração em meu coração a Nossa Senhora.

Logo após essa oração, aquele homem moribundo olhou para mim com tal expressão de dor, com lágrimas nos olhos. Em um segundo, um flash de luz brotou no meu coração, e nos meus olhos eu vi, "É Jesus que foi tomado da Cruz nos braços de Maria". As palavras da Madre – "Essa é a sua oportunidade de carregar o Jesus agonizante. Carregue-O com amor. Não deixe que se machuque. Peça a Nossa Senhora que ajude você" – tornaram-se muito reais para mim; minha repugnância inicial transformou-se em um amor sobrenatural. Essa experiência de Jesus na realidade, presente nos doentes e agonizantes, num disfarce como aquele, nunca irá me abandonar. A fé que foi implantada na minha alma, essa realidade de Jesus num disfarce aflitivo como aquele, é algo que foi plantado pela Madre em mim desde aquele dia.[20]

Então saímos e começamos a trabalhar
Então a Madre havia desencadeado essa preocupação global, e é claro que este era o caminho simples que ela e suas irmãs iriam tomar. Eu costumava dizer, "Como vocês sabem o que fazer? Por exemplo, se houver um ciclone ou um incêndio, como vocês sabem o que fazer?" Ela dizia, "Nós temos muita prática, não? Então saímos e começamos a trabalhar. Todo mundo se junta a nós. Todo mundo ajuda e assim o trabalho é feito". Em certo nível, ela faz isso parecer muito simples. Em outro nível, acho que ela veio a compreender

que, desde que ela e suas irmãs se dispuseram a um tipo de bondade desapaixonada, isso atraiu a bondade dos seres humanos comuns – e todos temos alguma bondade em nós –, para se juntar ao esforço e conseguir que o trabalho seja feito.[21]

O que a Madre havia pedido não era que cortassem minha perna

Uma vez eu [um menino órfão, trazido por Madre Teresa] sofri um acidente na escola. Caí do telhado da escola enquanto empinava uma pipa. Quebrei a perna. O diretor da escola providenciou que eu fosse tratado em um hospital [em Calcutá] e informou a Madre. Assim que foi informada, ela veio me ver junto com meus responsáveis. Depois de um mês de tratamento naquele hospital, ela me transferiu para outro, pois não estava satisfeita com o tratamento. [Um médico ortopedista] disse à Madre que minha perna teria que ser amputada devido à gangrena. O que a Madre havia pedido não era que cortassem minha perna, mas que tentassem fazer o melhor possível para mim. A Madre e meu responsável costumavam vir me ver no hospital. Para mim foi um milagre que, depois de ter sido operado três vezes, eu me visse totalmente curado, embora eu tenha passado muito tempo, quase um ano e meio, no hospital.[22]

A generosidade da Madre era maior que a de qualquer outra pessoa

Lembro-me de uma vez, chegando a Tijuana com ela e indo a uma celebração. Todos estávamos cansados. Era tarde e o sol se punha. Alguém chegou do *barrio* [bairro] e disse: "Madre, tem alguém no hospital e precisam de um sacerdote". A Madre disse, "Padre, vamos". Devo confessar que eu estava cansado. Havíamos acabado de aterrissar, e comecei a apresentar algumas desculpas que eram até razoáveis, mas não generosas: "Madre, quando chegamos a uma diocese, não podemos simplesmente ir entrando. Temos que pedir permissão, coisas desse tipo". E a Madre me interrompeu. "Ah, com certeza", disse ela, "nós vamos obter as permissões" e entramos no carro. Fomos até o hospital e até a paróquia vizinha. Ela entrou na paróquia e foi ter com o padre. "Padre, podemos visitar alguém no hospital?". Ele disse, "É claro", e ela foi visitar aquela pessoa desconhecida. Aquela pessoa estava além de sua responsabilidade imediata.[23]

A maior tarefa que ela tinha no mundo
Se alguém vai a Kalighat [um asilo em Calcutá] e vê um homem agonizante em uma das camas, com um grande buraco que as larvas fizeram em seu corpo, e vê as larvas se mexendo dentro dele, em geral não consegue sequer chegar perto. Mas para Madre Teresa, uma de suas mais caras memórias era quando narrava como o trabalho começou. Ela nunca se cansava de contar às pessoas como se sentou com esse homem, com a cabeça dele no colo, e ficou tirando larvas de seu corpo totalmente alheia ao fedor, ao cheiro, pois para ela a maior tarefa que tinha no mundo era tirar as larvas daquele corpo, mesmo sabendo muito bem que tirar as larvas do corpo dele não iria impedir que morresse. A reação humanamente natural teria sido, "bem, já que o homem vai morrer mesmo, vamos esquecer o assunto. A gente simplesmente limpa o homem e o cobre, e vamos dar-lhe um enterro digno"; mas não, ela se sentou ali, ficou horas fazendo aquilo, tirando aquelas larvas. Quando eu ouvia essas histórias, não dava tanta importância como depois de ter ido a Kalighat e visto uma situação similar a esta. Quando você vê larvas se mexendo dentro do corpo de uma pessoa, o seu ser inteiro se choca, o seu cabelo fica em pé. Você não quer ficar perto. Sente medo. Tudo em você diz, "Não fique aqui". E no entanto, hora após hora, ela ficava fazendo aquilo, pois via Jesus no homem, e queria amar Jesus nele.[24]

Ele precisa de ajuda
Lembro-me de um dia, saindo da Mother House com a Madre. Estávamos indo a um evento no qual ela iria receber a doação de um caminhão-pipa, para levar água a algumas áreas. Assim que saímos da Mother House, deitado bem na pequena alameda havia um homem em condições bem críticas. Dava para ver que precisava de atenção urgente. Ela na mesma hora esqueceu o evento do qual era a convidada principal, para ser homenageada e receber o caminhão-pipa. Ajoelhou-se ao lado do homem, ergueu-o e disse, "Temos que cuidar dele. Ele precisa de ajuda. Tem que se ser levado ao hospital". E toda a atenção dela passou a ser para o homem. A sua posição, o fato de se atrasar, de não estar ali para receber o caminhão-pipa, tudo isso desapareceu, porque para ela importava aquele homem que estava deitado na rua precisando de sua atenção. Finalmente a convencemos a ir, garantindo que cuidaríamos do homem, que o levaríamos ao hospital. Com muita relutância, ela aceitou, e continuava olhando para trás, para ver se cumpriríamos o que havíamos prometido. Porque para ela isso era mais importante do que ir buscar o caminhão-pipa.[25]

Até a polícia tinha pavor dele

Temos uma casa para pacientes com aids em Nova York, e a Madre costumava ir lá visitar aquelas pessoas... Havia um homem que fora trazido para lá. O nome dele era D. Era um criminoso, e até a polícia tinha pavor dele. Ele abandonara sua perspectiva de vida anterior e amava muito a Madre. Ele estava muito doente, e o levamos ao hospital. Naqueles dias, a Madre foi visitá-lo. Esse homem havia mandado recado de que queria ver sua amiga, ou seja, a Madre. Portanto, ela foi vê-lo. Esse homem disse, "Quero vê-la a sós". Então, todos saímos, e ele ficou a sós com a Madre. Ele disse, "Sabe, Madre, eu tenho uma dor terrível na minha cabeça; eu a uni com a coroa de espinhos de Jesus. Eu tenho uma dor terrível na minha mão. Eu a estou unindo com as mãos feridas de Jesus. Eu tenho uma dor terrível na minha perna. Eu a estou unindo com a dor dos pés feridos de Jesus". Para cada parte de seu corpo, ele expressava como estava unindo-a à dor de Jesus. Então, ele disse à Madre, "Madre, eu tenho um desejo". A Madre perguntou, "Qual?", e ele respondeu, "Leve-me para a casa das irmãs, quero morrer lá". E a Madre o trouxe para a casa. E disse a nós, assim que chegou, "Fui para a capela e olhei para Jesus, e o homem ficou lá alguns minutos. Ele falou com Jesus na Cruz". E depois a Madre nos contou com um grande sorriso, "Sabem, eu disse a Jesus, 'Veja, Jesus, esse D., ele O ama muito'". Então eu conto essa história, de como algumas pessoas que estiveram muito distantes de Deus acabaram ficando muito, muito perto d'Ele por causa do amor da Madre por Jesus, que a Madre colocou em ação concreta ao compartilhar esse amor com as pessoas.[26]

A Madre correu para ajudá-lo

Em 1969, eu estava viajando com a Madre. Estávamos na estação de trem de Bangalore, andando pela plataforma até nosso trem. A Madre andava à minha direita, e os trilhos do trem estavam à minha esquerda. Vínhamos caminhando e eu falava com a Madre, inclinando-me na direção dela para que conseguisse me ouvir no meio do barulho. De vez em quando, eu olhava para baixo, para ver onde pisava, já que andávamos pelo meio de um monte de bagagem. Uma hora voltei meu olhar para a Madre, mas ela havia sumido. Olhei em volta, mas não consegui vê-la. Havia um grupo reunido à beira da plataforma perto dos trilhos. De repente, a Madre apareceu no meio da multidão. Eu corri até ela. Um mendigo com uma perna só e de muleta havia decidido cruzar os trilhos do trem.

Uma locomotiva vinha rápida por aqueles trilhos, e o mendigo não teria conseguido atravessar a tempo. A Madre viu a cena e correu para ajudá-lo. Inclinando-se, ela lhe estendeu a mão e tentou puxá-lo para cima da plataforma, mas era a Madre que estava sendo puxada para baixo. As pessoas na plataforma viram o que estava acontecendo e foram correndo ajudar, puxando os dois para a plataforma. Fiquei impressionada com o fato de a Madre ter visto aquele mendigo no meio da multidão, enquanto falava comigo e tentava achar o caminho no meio daquelas malas todas. Acho que o desprendimento dela era tão completo e seu senso de caridade era tão profundo que ela era como um ímã de amor que atraía a oportunidade de servir a Deus nos outros.[27]

Nunca vou esquecer esse terno amor

Eu pessoalmente tenho uma bela experiência do terno amor e dos cuidados da Madre por mim quando tive um violento ataque de asma... Procurei a Madre para uma bênção especial e pedi que orasse por mim. A Madre me olhou com muito amor e me disse para ir vê-la durante nove dias seguidos levando água de Lurdes e uma colher. A Madre então colocava as mãos em mim, e nós rezávamos juntas um *Memorare* ["lembrai-vos"]. Então ela me fazia tomar uma colherada de água de Lurdes. Nunca vou esquecer esse terno amor da Madre por mim.[28]

A Madre entrou em ação

Eu apresentei [...] uma mulher da minha diocese natal que era mãe de doze filhos. A Madre disse a ela, "Me dê um deles para me ajudar a servir aos pobres!". Enquanto as duas conversavam sobre os filhos, uma mulher perto de nós caiu no chão e começou a ter um ataque epiléptico, com convulsões. A Madre entrou rapidamente em ação e colocou os braços debaixo da mulher para fazê-la ficar estendida no chão. Ela mandou suas irmãs pegarem cobertores e algo quente para a mulher tomar. Então a Madre, lá ajoelhada, começou a rezar. Ela pediu que eu me juntasse a ela em oração, tirou uma Medalha Milagrosa do bolso e pediu que eu a segurasse sobre a testa da mulher. Rezamos a Ave-Maria juntos. Em pouco tempo a mulher se acalmou, sentou-se e sorriu para nós dois com uma expressão de paz. A Madre olhou para mim com um sorriso e disse, "Está vendo, Padre, o senhor sempre opera milagres!".[29]

Se Madre Teresa viesse visitá-lo...

Eu era capelão de hospital na época e convidei a Madre a visitar alguns pacientes no hospital. Depois de ter falado na Catedral de São Cristóvão para a maior multidão que já havia ocupado aquela igreja, ela foi visitar três pacientes. Um homem ia receber um transplante de coração e disse que não sabia se conseguiria fazer as pazes com Deus. Eu já o visitara algumas vezes e no final disse a ele, "Olhe, se Madre Teresa viesse visitá-lo, isso não seria suficiente para você voltar para Deus?". Ele disse, "Isso nunca vai acontecer". Bem, quando a Madre chegou e foi visitá-lo, ele se sentou na cama, segurou a medalha da Madre, que fez uma oração simples, e se confessou para ela. Ele seguiu em frente, o transplante foi realizado, e ele sobreviveu alguns anos.[30]

Uma vinda do próprio Jesus

Eu fui submetido a uma cirurgia cardíaca a peito aberto em um hospital de Calcutá. No terceiro dia após a operação, eu acabara de ser trazido da Unidade de Terapia Intensiva, quando de repente da minha cama ouvi uma enfermeira gritar: "Madre Teresa está chegando... Madre Teresa está aqui!", e na mesma hora houve uma correria no corredor. Lembro de ter me perguntado, "Por que será que a Madre veio aqui?", mas um instante depois ela estava ali, do meu lado, inclinando-se sobre mim! ... Fiquei perplexo, tanto que mal consegui responder... Fui tomado por uma sensação muito intensa de que a sua vinda ali era de alguma forma a vinda do próprio Jesus, um sinal do Seu amor pessoal! ... Uma coisa me impressionou muito naquela hora, em poucos momentos, num quarto cheio de gente: o diretor do Centro de Cardiologia estava ali, o cirurgião-chefe que havia me operado chegara correndo da sala de cirurgia ainda com avental cirúrgico, junto com muitos outros médicos, enfermeiros e até mesmo pacientes. Todos eles estavam olhando para a Madre e sorrindo afetuosamente, com reverência. Dava para sentir o quanto estavam felizes pela presença dela! Um pequeno incidente? Sim, mas aonde quer que a Madre fosse, a mesma coisa acontecia, a mesma efusão espontânea de reverência e amor. As pessoas queriam muito vê-la, falar com ela, ser abençoadas por ela. Eu mesmo testemunhei isso em algumas poucas ocasiões.[31]

Não havia o que fazer por ele

Um outro dia, havia um jovem, recém-casado, que ficara totalmente paralisado devido a um acidente na mina. Não havia o que fazer por ele. A família, em desespero, trouxe o homem na cama para ser colocado diante do altar durante a missa. A Madre ficou imediatamente preocupada com ele e me pediu para abençoá-lo. A Madre então providenciou para que as irmãs conseguissem tratamento médico para ele em Tirana [Albânia]. Esse é mais um exemplo da preocupação da Madre, que buscava certificar-se de que algo concreto fosse feito para ajudar alguém que estivesse precisando. Quando ela ou suas irmãs não podiam fazer nada para ajudar, ela procurava arrumar outras pessoas para fazerem o que fosse possível.[32]

A alegria da minha vida

Em agosto de 1979, caminhamos com nossa Madre pelas áreas pobres de Port-au-Prince, Haiti. A Madre viu como os doentes e moribundos eram simplesmente abandonados para morrer. Vi ratos comendo a carne deles. Um pobre homem estava com diarreia e foi colocado perto do esgoto, ao relento. Depois de ver isso, a Madre disse que o Haiti é mais pobre do que Calcutá. A Madre decidiu abrir uma casa. Havia dois quartos com piso de cimento e telhado. A própria Madre trabalhou duro na limpeza e na pintura da casa... Não havia água, não havia eletricidade, nem transporte. Mas a Providência Divina estava ali: o diretor do CRS [Catholic Relief Services] veio ver a Madre, que disse a ele, "Por favor, preciso de um carro para transportar os doentes e os agonizantes". Isso logo foi providenciado, e no dia 5 de agosto, setenta doentes e moribundos foram trazidos do Hospital Geral de Port-au-Prince para a nossa casa...

Mas algo aconteceu; as pessoas dali ficaram insatisfeitas ao ver todos aqueles doentes chegando, e então abriram uma trincheira na frente do nosso portão, para que nenhum carro pudesse entrar. No meio do problema, chegou a Madre. Ela não disse uma palavra. Apenas juntou as mãos, e sua oração silenciosa operou maravilhas: as mesmas pessoas preencheram de novo as trincheiras e houve paz de novo; a casa pôde ser aberta. No final da inauguração oficial, a Madre recitou as palavras de Gandhi: "Aquele que serve aos pobres serve a Deus". A Madre prosseguiu, "Eu passei horas e horas servindo aos pobres, doentes e moribundos, aos desprezados, rejeitados, leprosos, aos portadores de deficiência mental, porque amo Deus e acredito em Sua palavra: 'A mim o fizestes'. Essa é a única razão e a alegria da minha vida, amar e servir a Ele em seu aflitivo disfarce de pobre, de sem-teto, rejeitado, faminto e sedento; e, naturalmente, ao fazer isso, proclamo o amor e a compaixão que Ele dedica a cada um de meus irmãos e irmãs sofredores".[33]

A primeira a ver e a se levantar

O santuário é uma imensa igreja e estava lotado de gente. Muitas das pessoas, é claro, compareceram a fim de ver a Madre. Havia muitas irmãs de outras casas, além de todas as pessoas da nossa casa para idosos e doentes, e também de pessoas com aids. Chegou a hora da Comunhão, e José, um dos homens da nossa casa, que tem um equilíbrio precário, levantou-se e estava indo para a Comunhão. José caiu e bateu a cabeça num dos degraus de mármore, e sangrava. Embora houvesse muitas pessoas ali, foi a Madre que se levantou imediatamente e foi direto até José (que tem pelo menos o dobro do tamanho da Madre) e caminhou com ele, levou-o até um dos altares laterais da igreja. A Madre ficou acariciando seu rosto e sua cabeça, e não saiu de perto dele. Impressionou-me ter sido a Madre a primeira a ver o que havia acontecido e a se levantar, e ela insistiu em ficar com ele até a ambulância chegar – embora a cerimônia continuasse. Ela nunca se vê como alguém importante – ela se esqueceu completamente de si mesma... a serva do Senhor, sempre pronta a correr para servir a Jesus nos pobres.[34]

Senti alguém em pé perto de mim

Um dia, tarde da noite, acordei com uma dor de dente muito forte. Estava no quarto andar, bem na última cama, sentada, apertando o rosto com a mão. Todo mundo dormindo pesado. Eu não sabia quem eu poderia acordar no meio da noite, então me sentei naquele imenso dormitório das irmãs, todas dormindo, e esperei ansiosamente que a manhã viesse, pressionando meu dente para aliviar a dor. De repente, senti alguém em pé perto de mim, com a mão no meu ombro. Ela perguntou o que havia acontecido comigo. Olhei, era a Madre. Contei o que estava acontecendo. Ela disse: "Não tenho remédio, mas vou buscar um copo d'água pra você", e sumiu. Continuei sentada. Nem me dei conta de que a Madre teria que descer e subir quatro andares. De qualquer forma, ela veio com o copo d'água e, antes de me dar, convidou: "Vamos rezar três ave-marias". Então as duas fizemos as orações. Tomei a água. A Madre me acomodou na cama, me deu a bênção e disse, "Durma, você vai ficar bem". E de fato, entrei num sono profundo, e a dor desapareceu e não voltou a aparecer por meses.[35]

A Madre foi correndo até a cidade afetada pelo gás

Logo após o vazamento de gás em 1984, que tirou a vida de muitas pessoas em Bhopal, a Madre correu até a cidade atingida, em um avião carregado de [suprimentos] junto com médicos e os Missionários da Caridade. Foi numa hora em que até mesmo os mais convictos defensores da humanidade estavam esperando que alguém fosse lá para o resgate. Imediatamente após a sua chegada, Madre Teresa e as irmãs passaram a se ocupar das operações de resgate. O fato de terem ido a Bhopal e a sua iniciativa [incentivou] outras pessoas a se juntarem à sua brigada para empreender a dura tarefa de estender ajuda às pessoas afetadas pelo vazamento de gás. A Madre e as irmãs bateram à porta de cada um dos moradores das localidades afetadas, aonde até mesmo funcionários do governo tinham medo de ir. O trabalho incansável feito pela brigada da Madre foi um verdadeiro milagre que inspirou as pessoas a aderirem aos trabalhos. Durante a Operação Fé, quando as pessoas ficavam sentadas atrás de portas fechadas temendo que algo horrível acontecesse com elas, a Madre andava pelas ruas distribuindo suprimentos para as pessoas afetadas e transmitindo-lhes coragem para enfrentar as condições que se seguiram ao desastre.[36]

Com muito amor e carinho

Eu estava de saída no dia que ouvi do médico da minha casa que a Madre estava esperando ansiosa por mim, em razão do tratamento de [nome de uma irmã MoC que sofrera um acidente]. Imediatamente corri para o hospital e, ao chegar ao lado da cama da irmã, encontrei a Madre limpando o sangue que corria da boca da irmã, que estava sem pulso, sangrando excessivamente, quase sem fôlego. A Madre olhou para mim com expressão de dor e disse, "O senhor é o doutor X? Estou esperando pelo senhor. Por favor, salve a vida da minha filha. Vou rezar pelo senhor". Fiquei fascinado vendo a Madre, com sua aparência maternal, rezando pela vida da irmã. Senti um poder impressionante e uma sensação inexprimível, que despertou na minha mente uma forte determinação de salvar a irmã. Já haviam sido tomadas todas as providências para iniciar a introdução de fluidos intravenosos, e várias bolsas de sangue já haviam sido ministradas, e um grupo de médicos estava me ajudando. A Madre ficou ansiosa e na expectativa, observando o rosto da irmã... Aos poucos, o pulso se tornou de novo palpável e a respiração se acalmou. Ficamos um pouco de esperançosos, e a Madre também sentiu certo alívio em sua ansiedade.

No dia seguinte, a irmã já conseguia falar e estava relativamente estável, e a Madre mostrou-se muito reconfortada, e seu rosto via-se vivaz e alegre. Ela apertou minhas mãos em sinal de gratidão e disse, "Doutor, por favor, tente apressar por todos os meios a recuperação da Irmã, pois ela tem que tomar seus votos em dois meses"... A irmã foi submetida a duas cirurgias nos maxilares (mandíbulas) e nos ossos do antebraço. Em pouco tempo, estava fora de perigo, e a Madre pediu que eu lhe desse alta do hospital, pois não achava desejável e justificado manter um leito ocupado em um hospital tão solicitado, onde muitos pacientes pobres moribundos poderiam ter sua internação recusada... Ela tomou seus votos na data prevista na Igreja de St. Mary, e eu estive presente na cerimônia.[37]

Como uma mãe alimentando o próprio filho

A Madre ficava muito contente em ir para Kalighat sempre que tinha a oportunidade. Ela costumava sentar-se e conversar com os pacientes, alimentar os muito doentes, às vezes com as próprias mãos, como uma mãe alimentando o próprio filho, com muito amor e carinho.[38]

A Madre segurou minha mão

Como aspirante, meu apostolado foi em Nirmal Hriday (em Kalighat). Nos primeiros dias, eu tinha muito medo de encostar nos idosos. Um dos homens tinha uma ferida muito grande na perna, que estava cheia de larvas. Eu ficava com muito medo. Então a Madre passou por onde eu estava. Ele me viu em pé com a bandeja de curativos, aflita, sem saber o que fazer, e notou que eu estava com medo... Ela segurou minha mão, pegou a bandeja e começou a limpar a ferida, e tirou todas as larvas. Em seguida, ela pôs o fórceps na minha mão, segurou minhas mãos e me fez limpar a ferida. Limpei um pouco, e então a Madre continuou e terminou o curativo ela mesma. Com isso, meus medos desapareceram. Então, a Madre correu e pegou um copo de leite quente para o paciente e me fez despejar o leite na boca dele, aos pouquinhos, e ficou em pé junto a mim, me olhando, e sorriu. Então, passamos a outro paciente, e a Madre fez, ela mesma, o que era necessário para cada paciente... Desse dia em diante, parei de ter medo. A Madre ficou aquela manhã toda a meu lado me ensinando.[39]

A alegria dela em fazer o trabalho mais árduo

Eu estava esperando a Madre chegar para fazer o curativo, mas ela não veio, então fui atrás dela. Então, a vi limpando o [banheiro]. Quis ajudar, mas ela disse, "Você faz o trabalho lá dentro. A Madre vai fazer isto". Mesmo assim, eu ainda quis ajudar a Madre, então peguei uma vassoura e fui ajudá-la.

Quando eu [voltei], ela já havia limpado o banheiro e estava esfregando o ralo. Em seguida, esvaziou os cestos de lixo num carrinho. Ela mesma saiu empurrando o carrinho e o levou até o outro lado da rua. Ela deixou que eu segurasse um dos lados e jogou o lixo no latão lá fora. Ver o carinhoso amor da Madre pelos internos e pelas pessoas que agonizavam, e a alegria com que fazia o trabalho mais árduo (limpar banheiros, lavar as comadres, os penicos, o recipiente onde os pacientes costumavam cuspir etc.), que ela não permitia que ninguém mais fizesse, foi uma grande inspiração para mim.[40]

Profundo interesse na pessoa

A Madre sempre manifestava seu amor pelos seus pares humanos por meio de um profundo interesse pela pessoa. Se ia para Kalighat, ficava de joelhos, sentava-se ao lado do paciente; dava tapinhas para confortar o paciente e perguntava se ele ou ela precisava de algo. Se a pessoa pedisse uma *rasgulla* [sobremesa típica bengali] ou qualquer outra coisa, ela providenciava. Ela ia de cama em cama, tocando cada um deles, sorrindo, falando.[41]

Onde está minha amiga?

Durante minha postulação em Prem Dan, trabalhei na ala feminina. Toda vez que a Madre vinha, costumava visitar primeiro todas as pacientes, e depois as irmãs. Sempre que a Madre vinha, costumava perguntar, "Onde está minha amiga?". Era... uma senhora surda e muda, que fora encontrada perto da floresta, e a Madre a recolhera e trouxera primeiro para Dum Dum, e dali [ela] veio para Prem Dan. E [ela] ficava muito feliz quando a Madre vinha. A Madre costumava ir até cada paciente. Ela era muito santa, preocupava-se com cada um. O grande amor da Madre me comovia. Eu vi, pela primeira vez na vida, uma pessoa tão amorosa, com cada paciente, cada criança, cada irmã etc.[42]

Aceito esta doação para os pobres

Desde o início, a Madre dominava a arte de pedir ajuda em prol dos pobres. Ela espalhava a notícia para aqueles que desejassem ajudá-la. Assim, conseguia doações de livros, lápis, roupas, remédios etc. Quando ia diretamente pedir remédios, às vezes tinha sucesso, mas também se deparava com recusas. Lembro-me de uma ocasião em que ela me levou até um médico num daqueles edifícios enormes. Ela estava em busca de remédios e ajuda para uma menina, Marcella, que tinha tuberculose óssea. Esse médico foi agressivo em sua recusa de ajuda. Então a Madre se levantou, juntou as mãos, sorriu, e disse, graciosamente, "Obrigada". Ela pegou o médico totalmente desprevenido e, quando estava na porta, recebeu uma mensagem pedindo que voltasse ao consultório. O médico disse à Madre, "Eu não lhe dei nada e mesmo assim a senhora disse 'obrigada'. E se eu lhe der isto?", e ele lhe entregou o que ela havia pedido. A Madre disse, "O que o senhor não me deu da primeira vez era para mim, agora eu aceito esta doação para os pobres". Dava para ver que o médico nunca havia vivido uma experiência como aquela.[43]

Carregando a cruz de Cristo

Quando eles finalmente fizeram um raio X das minhas costas, ficou evidente que minha coluna estava muito afetada... Eu dei a notícia a Madre Teresa... Recebi, então, uma carta dela me pedindo que oferecesse tudo a ela e à obra e que encontrasse outras pessoas para fazerem o mesmo... Para mim, o sofrimento em si não era nada. Eu era um fracasso, e meu sofrimento era... destrutivo. Mas o sofrimento compartilhado com a Paixão de Cristo havia se tornado uma dádiva preciosa. O verdadeiro centro da minha vida é Jesus Cristo, e sei que, por meio de sua Paixão e da Cruz, vem uma mensagem de suprema esperança: nossa redenção por meio da ressurreição. Quando procuro uma explicação para o sofrimento, volto-me ao meu modelo, Jesus Cristo e, quando o vejo seguindo a trilha do Calvário, sei que devo simplesmente seguir seus passos. Eu realmente tento viver o que Madre Teresa nos pede para viver: "aceitar o que Deus dá e o que Ele toma com um grande sorriso". Quando sinto dor, quando minhas costas doem, sinto realmente que estou carregando nos ombros a Cruz de Cristo.[44]

Mesmo após a morte dela

Madre Teresa – fiel à sua declaração de missão: "Se eu alguma vez vier a ser Santa, com certeza serei uma santa da 'escuridão'. Estarei sempre ausente do Céu, para acender a luz daqueles que se encontram na escuridão na Terra" – continua suas obras de misericórdia mesmo hoje. Muitas pacientes relataram tê-la visto ao lado da sua cama. Eis dois exemplos:

Obrigado, Madre Teresa
Olá, meu nome é Miguel. Tenho 34 anos de idade. Venho de outra religião, não a católica. Em 23 de junho, passei por uma cirurgia da coluna. Entrei na sala de cirurgia à 1h15 da tarde e saí às 5h45 mais ou menos. Acordei da anestesia geral por volta das 7h da noite... Sentia sono e, durante meu sonho, senti que alguém chegou perto da minha cama e tocou minha perna direita. Abri os olhos, e não havia ninguém. Pela segunda vez, colocaram as mãos na mesma perna. De novo, abri os olhos, e não havia ninguém. Na terceira vez, senti apenas uma mão. Abri os olhos e vi uma mão, mas apenas a mão esquerda. Soube qual mão era por causa da barra do sári e do rosário dela; sim, era a mão de Madre Teresa de Calcutá, e abri mais os olhos. Não podia acreditar no que estava vendo. Podia ver suas rugas, seu rosário, uma pequena mancha maior que as outras, aquelas manchas que usualmente as pessoas idosas têm. Pude ver também a ponta da unha do dedo (polegar), e senti como ela tocou minha perna com a palma da mão. Um pouco depois, meu médico chegou e disse, "Eu passei só para acalmá-lo e pedir que não se assuste porque não poderá mais mexer os pés"; e eu, mexendo meus pés, disse a ele, "Não! Veja só, estou mexendo os pés", e ele ficou surpreso e saiu. No sábado seguinte, o médico voltou e me pediu que tentasse ficar em pé, e eu lhe disse: "Já fiquei em pé ontem à noite para ir ao banheiro", e ele ficou surpreso de novo, e me disse, "Mas alguém o ajudou". Eu respondi, "Não, eu fui sozinho", e ele me deu os parabéns e saiu. Ele planejara me dar alta na terça, 27 de junho, e meu médico me mandou para casa no domingo, dia 25. Obrigado, Madre Teresa.

Sim, é ela!
Somos de uma chácara muito pobre [no México]. Apesar de nossa pobreza e do fato de não termos dinheiro, não ignoramos as coisas da religião. Temos um triciclo, e minha filha Dolores e eu vendemos ovos recheados de confetes e alguns doces. Conseguimos dinheiro suficiente para comer algumas *tortillas* com sal e chili, raramente para uma sopa. Certa vez, quando estávamos chegando a outra chácara, um carro atropelou minha filha e a arremessou. Ela estava no chão, inconsciente. Tentei ajudá-la a voltar a si batendo no rosto dela, mas não adiantou. Sem saber nenhuma oração, pedi à Madre Teresa para que nada acontecesse com minha filha, que ela não tivesse nenhum coágulo. Rezei um Pai-nosso, uma Ave-Maria, um Glória ao Pai, e exortações a [Madre Teresa]. Minha filha recuperou a consciência oitenta minutos após o acidente. Mais tarde, minha filha me

contou que havia visto uma senhora pequena, muito amorosa, e disse que essa senhora acariciara seu cabelo e lhe dera sua bênção, que o vestido dela era branco como neve, e que ela sorriu e desapareceu. Nós não conhecíamos Madre Teresa [sequer havíamos visto qualquer foto dela], e não tínhamos nem televisão. Depois disso, um jovem (aquele que nos ajudou a redigir nosso testemunho) nos deu uma foto de Madre Teresa de Calcutá, e minha filha gritou com alegria: "Sim, é ela!"

REFLEXÃO

"[Estava] enfermo, e me visitastes." (Mateus 25,36)

"Sê um anjo de conforto para os doentes."[45]

"Eles estão doentes, [precisando] de cuidados médicos, e desse toque suave e desse sorriso caloroso."[46]

Vou me lembrar do sentimento que tive quando estive doente e vou agir com bondade e consideração para com os doentes.

Como posso aliviar os sofrimentos de alguém que está doente? Posso lhe arrumar o remédio de que precisa? Que pequeno ato de bondade posso fazer por alguém que está doente: fazer uma visita, passar um tempo conversando, fazer algum pequeno serviço, como levar o lixo para fora, ler um jornal para uma pessoa cega, enviar uma mensagem desejando melhoras, e assim por diante? Mesmo que eu tenha que passar por cima de meus sentimentos, como posso fazer para ajudar os doentes em sua necessidade? Pequenas coisas feitas com muito amor podem fazer uma grande diferença na vida das pessoas.

Quando estou doente, o que posso fazer para viver de modo que minha atual fragilidade e limitações não afetem negativamente minha relação com os outros?

Como posso ajudar uma pessoa doente a ver o valor que seu sofrimento pode ter se estiver unido ao de Cristo e for oferecido para alguma boa intenção? Posso oferecer o sacramento da unção dos doentes para aqueles que eu conheço?

ORAÇÃO

Caro Senhor, o Grande Curador, ajoelho-me diante de Vós, já que cada dádiva perfeita deve vir de Vós.
Rezo, dai habilidade às minhas mãos, clareai a visão da minha mente, dai bondade e mansidão ao meu coração.
Dai-me unidade de propósito, força para aliviar parte do fardo de sofrimento de meus pares, e uma verdadeira compreensão de que o privilégio é meu.
Tirai do meu coração toda malícia e qualquer desejo mundano, para que, com a simples fé de uma criança, eu possa confiar em Vós. Amém.

– Oração de um médico, rezada todos os dias por Madre Teresa

SEIS

VISITAR OS PRESOS

☦

Quando pensamos naqueles que estão na prisão, a primeira reação da maioria de nós é que eles devem estar ali por uma boa razão; mas nosso julgamento interior forma-se rápido demais – nós julgamos precipitadamente. Nosso julgamento pode estar certo ou errado. No entanto, isso não muda a obrigação que a Igreja coloca em nós de praticar a obra corporal da misericórdia. O que era característico de Madre Teresa – na verdade, não só quando lidava com prisioneiros, mas com qualquer um – era a capacidade de evitar qualquer atitude de julgamento. "O ato é errado", ela dizia, "mas os motivos da pessoa nós não sabemos... A intenção nós não conhecemos. Quando julgamos, julgamos a intenção das irmãs, dos pobres".

Madre Teresa visitava prisioneiros e cuidava muito deles. Ela fazia isso sem qualquer preconceito, sem olhar ninguém com superioridade, sem condescendência, e sim com muito respeito pelas pessoas e com grande esperança. Estava sempre pronta para oferecer a alguém outra chance (e não apenas uma segunda chance!). Ela abordava cada um, independentemente da razão pela qual havia sido condenado, apenas com uma atitude de misericórdia, que era em parte fruto de sua convicção de que "ali estaria eu, não fosse pela graça de Deus" e, em parte, o fruto de sua compaixão pelo sofrimento daquela pessoa em particular. Se as circunstâncias tivessem sido diferentes, talvez aquelas pessoas não estivessem nessa situação; por outro lado, se eu estivesse na situação delas, talvez tivesse feito o mesmo ou pior.

Qualquer que seja a razão do sofrimento, aquele que sofre tem necessidade de ajuda, e não podemos permanecer indiferentes.

Madre Teresa iniciou um apostolado especial para "moças presidiárias", ou seja, moças que haviam sido encontradas na rua (muitas vezes com saúde mental escassa) e colocadas na cadeia devido à ausência de instalações alternativas. Com a ajuda de autoridades do governo, ela conseguiu libertá-las e abriu uma casa para elas, onde providenciava terapia ocupacional e alguns pequenos trabalhos. Desse modo, elas conseguiam trabalhar e viver com dignidade. Além disso, a Madre fazia contato com as famílias delas e ajudava na reconciliação.

SUAS PALAVRAS

O privilégio de estar com os pobres
Sou grata a Deus por ter me dado esta oportunidade de estar com vocês e de compartilhar com vocês esta dádiva de Deus, o privilégio de estar com os pobres, o privilégio de estar 24 horas em contato com Cristo. Porque Jesus disse, e Ele não nos engana, "A Mim o fizestes. Porque tive fome, e me destes de comer; tive sede, e me destes de beber; era peregrino, e me acolhestes; estava nu, e me vestistes; estava enfermo, e me visitastes; estava na prisão, e fostes ver-me". Estamos tentando fazer [isto], vocês e eu juntas, trazer essa alegria de tocar Cristo no seu aflitivo disfarce.[1]

‡

Como São Paulo: depois que compreendeu esse amor de Cristo, ele não se preocupou [com] nada mais. Não se importou [em ser] flagelado, [em ser] colocado na prisão. Apenas uma coisa era importante para ele: Jesus Cristo. Como chegamos a essa convicção? "Nada nem ninguém irá me separar do amor de Cristo."[2]

‡

Aquilo que você tiver recebido de Jesus, dê com generosidade. Ele me ama. Ele teve todo o trabalho para vir dos Céus e nos dar a Boa-nova, amar uns aos outros. Devemos ser capazes de amar, minhas irmãs. Como São Maximiliano,[3] ele não foi o único escolhido. Aquele homem disse, "Oh minha esposa, oh meus filhos" ... e [São Maximiliano] disse, "Tirem-me a vida". E sabemos o que aconteceu. Eles o puseram na prisão para que morresse de fome. Não sabemos como é a dor da fome, não sabemos; eu vi gente morrer. De fome de verdade, [por] dias. Ele [São Maximiliano] não morreu, então lhe deram uma injeção. E por que esse homem fez isso? Um amor maior. Será que eu faria isso por minha irmã?[4]

A cadeia ou a rua

Temos milhares de leprosos porque eles são os mais indesejados, são as pessoas mais rechaçadas. Nós acolhemos os alcoólicos, os perturbados, os homens que têm apenas dois lugares – a cadeia ou a rua. Nós temos abrigos noturnos, coisas desse tipo. Mas... para todos nós, não é um desperdício de tempo fazer apenas o trabalho humilde, simplesmente alimentar os famintos, lavar suas roupas, cuidar dos indesejados com carinho e amor.[5]

☦

Nós criamos um lugar em Nova York para pessoas com aids, já que ninguém quer saber delas, por mais ricas que sejam. Quando 3 homens souberam que tinham a doença, saltaram do 35º andar de um prédio. Nós estamos pegando os doentes e moribundos, e há uma tremenda mudança no país inteiro pelo fato de as irmãs estarem cuidando deles. Quando fui até o governador, ele disse, "Você é a primeira e a única que trouxe Cristo a essas pessoas". E ele fez algo inédito nos Estados Unidos; permitiu que 12 presidiários que tinham a doença fossem soltos; foi a primeira vez na história, algo inédito na história do país. Permitiram que [os prisioneiros] saíssem e viessem morrer ao nosso lado. As irmãs estão fazendo verdadeiros milagres ali. O Padre Joseph[6] ligou esta manhã, e que milagres o Padre está fazendo com essas pessoas. Uma foi batizada, fez sua primeira Sagrada Comunhão e confirmação, e depois morreu. A irmã escreveu e disse, "Quanta paz, quanta felicidade radiante há no rosto dessas pessoas quando elas morrem". Para mim, isso criou uma nova esperança no país. Muitas pessoas agora estão decidindo ajudar. O que aconteceu é um milagre de Deus.[7]

☦

Ontem, a Irmã estava me contando que há irmãs indo até a prisão e que, desde que elas começaram a ir lá, estão recebendo o Sagrado Sacramento na prisão, e o sacerdote, que é o capelão ali, começou a fazer a Adoração diária de meia hora. Ver aqueles prisioneiros – aqueles jovens e homens adultos – adorando (estão preparando alguns daqueles jovens para a Primeira Comunhão). [Eles estão] muito abertos a essa presença de Cristo, a esse poder de conexão. Têm fome de Deus, têm muita fome de Deus.[8]

Apelo pela vida de um homem
Caro governador,

Venho à sua presença hoje para apelar pela vida de um homem – Joseph Roger O'Dell. Não sei o que ele fez para ser condenado à morte. Tudo o que sei é que ele também é filho de Deus, criado para grandes coisas, para amar e ser amado. Rezo para que Joseph esteja em paz com Deus, que tenha pedido perdão a Deus e àqueles a quem causou dano. Não vamos tirar-lhe a vida. Vamos levar esperança à sua vida e à vida de todos nós. Jesus, que ama cada um de nós ternamente com misericórdia e compaixão, opera milagres de perdão. A você, meu caro Joseph, digo que confie no terno amor de Deus por você e aceite, com um grande sorriso, o que Deus lhe der e o que Ele lhe tomar. Oremos. Deus o abençoe.

– Madre Teresa[9]

Quando elas saem da prisão
Outra coisa que começamos a fazer agora no Harlem: as irmãs visitam a prisão, onde temos a detenção, como se chama mesmo? Não importa, as moças jovens, quando são libertadas, qualquer um toma posse delas, elas podem ir parar em qualquer lugar. Então, quando elas saem da prisão, nós providenciamos de levá-las até nossa casa. Elas precisam de roupa, e precisam ser colocadas em algum trabalho adequado... E em toda cidade deveríamos ter esse tipo de pessoa; [...] nós vamos pegar essas garotas e levá-las para o convento, e depois, de lá, [os companheiros de trabalho] serão capazes de continuar.[10]

SEU EXEMPLO: os testemunhos

Era mais uma questão de dignidade humana
Nossa casa para as "moças da prisão" em Tengra, Calcutá, é uma das obras mais queridas ao coração da Madre, fruto da preocupação da Madre em preservar a dignidade dos pobres, e não apenas cuidar de suas necessidades materiais. Essas mulheres, a maioria delas com algum grau de limitação mental ou emocional, foram encontradas pela polícia vagando pelas ruas de Calcutá. Devido à falta de outro local onde pudessem receber cuidados, foram colocadas na prisão, embora não tivessem cometido nenhum crime. Quando o governo ficou ciente dessa situação, e do grande número de mulheres não criminosas afetadas, o chefe do distrito de Bengala Ocidental entrou em contato com a Madre. Ele perguntou se as irmãs poderiam cuidar daquelas mulheres. Não se tratava, é claro, de uma questão de comida e abrigo, já que isso era fornecido na cadeia. Era mais uma questão de dignidade humana, de prover o tipo de ambiente e cuidados que poderiam ajudar essas mulheres a se recuperarem, ou pelo menos a mostrarem uma melhora, e a se sentirem amadas e respeitadas. A Madre prontamente concordou em cuidar das "moças da prisão", como ela as chamava, e o governo só precisava dar um terreno para que fossem construídas instalações para elas. Isso foi feito, e a Madre nunca se cansava de chamar a atenção dos companheiros de trabalho e dos benfeitores para as nossas "moças da prisão". Ela até conseguiu os serviços de professores voluntários e de outras pessoas para ajudar na educação das mulheres e ensinar-lhes habilidades úteis, como o artesanato.[11]

Um homem totalmente transformado
Ela tinha uma esperança tremenda, mesmo em se tratando de assassinos... Havia um assassino nos Estados Unidos de quem ficamos muito amigos; ele se tornou católico durante sua prisão perpétua. Entrei em contato com Madre Teresa. Ela assumiu o caso todo com profundo amor. Ele simplesmente mudou todo o seu modo de vida, e por meio dele, outros prisioneiros também foram transformados. Toda vez que eu ia a Calcutá, ela perguntava, "Como está meu amigo, X? X, o assassino?". Ele agora é um homem totalmente transformado. Tornou-se o assistente do capelão toda vez que este vem à prisão. Um ano eu fui à Missa de Páscoa. Ele fez uma pintura para a Madre e outra para mim, que eu dei ao meu pai, e ele adorava

essa pintura. Sim, [ele] talvez seja executado, mas, mesmo assim, ainda pode viver para Cristo. A Madre iniciou uma correspondência com ele, que está em uma prisão de segurança máxima. Sempre que volto para casa, eu o visito. É uma das alegrias da minha vida... Não importa se você está na prisão, você ainda pode servir a Cristo ali... Em uma carta que me escreveu, ele observa, [...] "Desde que eu o conheci e [tenho] escrito a Madre Teresa, costumo pensar em como minha vida poderia ter sido diferente se eu tivesse conhecido Jesus Cristo antes que essa tragédia acontecesse... Eu quero simplesmente dedicar o resto da minha vida a ajudar os outros que necessitem de minha ajuda."*12*

Primeira casa nos Estados Unidos para pessoas com aids

Fui com Madre Teresa e duas outras pessoas até a Prisão Sing Sing, em Ossining, Nova York... A maioria das pessoas ali cumpre pena de prisão perpétua, e, quando fomos lá, aqueles homens – muitos eram assassinos, estupradores, e assim por diante, todos musculosos por causa do levantamento de peso –, quantos deles não se ajoelhavam e começavam a chorar quando Madre Teresa dava leves toques em sua cabeça e lhes entregava Medalhas Milagrosas.*13*

☦

Para ela, não eram criminosos. Haviam sido feitos à imagem e semelhança de Deus, portanto, ela lhes dava esperança. Ela sempre encontrava a palavra certa ou a ação certa para colocá-los em contato com o Senhor.*14*

☦

A Madre decidiu abrir uma casa para pessoas com aids em Nova York. Foi a primeira casa do tipo, inaugurada em 1985. Em Nova York, a maior parte dos pacientes com aids era de homossexuais ou dependentes de drogas. E na Igreja havia grande controvérsia na época, porque esses grupos de homossexuais eram muito anticatólicos, e a Igreja se pronunciava muito contra o seu estilo de vida. E alguns altos sacerdotes diziam, "Madre, não se envolva com isso. Não mexa com isso. Você será criticada, dirão que você apoia o estilo de vida deles". Na cabeça dela, [aquelas pessoas] eram os leprosos do presente. Ninguém os queria. E ela foi até a prisão, e queria abrir a casa, e todo mundo tinha uma opinião a respeito disso. Bem, demorou cerca de seis meses. A Madre conseguiu a casa para os pacientes com aids. A Madre foi até a Prisão Sing Sing... e deu uma Medalha Milagrosa àqueles homens que sofriam de aids e disse, "Vou vir aqui e recolher vocês". E ela foi ter com o prefeito, procurou o cardeal O'Connor. A Madre estava tremendamente empenhada. Ela havia feito a cirurgia de catarata e precisava usar óculos escuros, mas, mesmo assim, queria abrir a casa na véspera de Natal, então disse, "Eu quero presentear Jesus no Seu aniversário. Vamos trazer esses homens para casa no dia do Seu aniversário".

Véspera de Natal em Nova York – é impossível fazer qualquer coisa. Todo mundo dizia, "Esqueça, Madre". [A Madre insistia,] "Esses homens têm que ser libertados da prisão". A Madre ligou para o governador e disse: "Quero que o senhor me dê um presente de Natal. Quero dar um presente de Natal para o Menino Jesus, e quero que o senhor dê liberdade condicional a esses homens presos para que eu possa levá-los para casa no aniversário de Jesus". E o governador disse, "Madre, se a senhora quer isso, há algo que precisa fazer por mim. Tem que rezar por mim e pela minha família". Ela disse, "Sim". Ela largou o telefone no Bronx, foi imediatamente para a capela e começou a rezar por ele. E o governador continuava ao telefone dizendo, "Alô! Alô!" e eu peguei o telefone e ele dizia, "Onde está a Madre?", eu respondi, "Ela foi até a capela rezar". Ele disse, "Ah, meu Deus". Ele assinou um indulto médico para aqueles homens na mesma hora... E eles vieram de ambulância. Estavam vestidos como astronautas, com muita roupa protetora. Vieram com a ambulância de sirene ligada, e a Madre não hesitou diante da controvérsia...

A Madre manteve nesta casa a mesma regra das demais. De novo, causou muita controvérsia, porque as pessoas diziam, "Você precisa ter uma televisão aqui, precisa ter um rádio. Esses homens precisam disso. Não há nada mais para fazer". A Madre disse, "Não, nada disso. Vamos manter a mesmas regras". E o que aconteceu foi que os homens começaram a falar uns com os outros, e se tornaram amigos. Como uma família. Não demorou e estavam rezando o Rosário. Homens com todo tipo de histórico. Alguns deles haviam matado, outros haviam sido criados na rua desde os 10 anos de idade. Alguns haviam sido dependentes de drogas. Estavam aprendendo o Catecismo. E eram como irmãos.[15]

Extremamente comovidos por ela

Um rapaz, um suposto criminoso bem conhecido do público, estava em uma penitenciária federal havia onze anos, e durante esse período ele teve o benefício da confissão, dos sacramentos, e, em consonância com isso, mandávamos para ele as contas do rosário que as irmãs normalmente faziam. E sei pessoalmente que ele ficava comovido com isso. Dois outros homens, que eram também supostamente figuras do crime organizado, que eu levei para conhecerem a Madre pessoalmente, ficaram extremamente comovidos por ela; e a Madre os abraçou.[16]

Ela ofereceu encorajamento, amor e esperança

Em 1991, fui detido e levado à prisão. Enquanto aguardava julgamento, escrevi uma carta a Madre Teresa explicando o que havia acontecido comigo. Ela respondeu imediatamente me encorajando, oferecendo amor e esperança. Fiquei impressionado com o fato de ela ter se dado ao trabalho de responder nessas circunstâncias. A partir de 1992 até poucas semanas antes de sua morte, em 1997, Madre Teresa escreveu regularmente para mim e respondeu a cada uma de minhas cartas. A primeira vez que lhe escrevi, estava deprimido e sentindo pena de mim. Compartilhei alguns dos meus problemas com ela, e desde o início ela me incentivou a esquecer os problemas do passado e focar no presente e no futuro. Ela sempre me lembrava do ilimitado amor de Deus e sempre me mostrava o caminho para o Seu amor. Ela adorava quando eu lhe contava histórias de outros prisioneiros e dizia para eu compartilhar com eles as cartas que ela me mandava. Fiz isso, e ela sempre gostava de ouvir histórias a respeito deles. Eis alguns trechos das cartas que me enviou:

> *Agradeço por sua carta e agradeço a Deus por todo o bem que Ele está fazendo a você e por meio de você... Vamos agradecer a Deus pela Sua graça, que está atuando em você, e por toda a compaixão que Ele tem despertado em seu coração por aqueles que estão atrás das grades.*

☦

Em Sua Paixão, Jesus nos ensinou a perdoar a partir do amor e a esquecer a partir da humildade. Rezo por você, para que o sofrimento que entrou na sua vida seja um meio de você se aproximar mais de Jesus. Deixe que Ele viva em você, para que você possa espalhar a misericórdia do Seu Coração a todos que estejam em situações similares.

☦

Fico feliz em ouvir que você está livre do passado e fazendo uso do presente para crescer em amor a Deus por meio do amor por aqueles que sofrem à sua volta. Os Evangelhos nos contam que Jesus em Sua agonia rezou muito. Vamos nós também, em tempos de trevas e sofrimento, procurar ficar perto d'Ele na solidão de Seu sofrimento e na intimidade da oração.

‡

Um cristão é um tabernáculo do Deus vivo. Ele criou você; Ele escolheu você; Ele veio morar em você, porque quis você. Agora que você sabe o quanto Deus o ama, é apenas natural que você passe a vida irradiando esse amor.[17]

Nunca mais faça uma coisa dessas
Uma mulher pobre estava conversando com a Madre e chorando. A Madre ficou cheia de compaixão por aquela senhora. A Madre me viu passar, me chamou e disse, "Vá com esta mulher; o marido dela está na prisão em Lalbazar. Ele roubou um carro há dois dias e agora está detido. Vá até o delegado e diga, 'A Madre [disse] para soltá-lo'". Obedeci, cega e prontamente. Não sabia onde ficava Lalbazar, nem o que significava estar preso, ou quem era o delegado. Tudo o que eu sabia era o que a Madre dissera para eu fazer, e lá fui eu com aquela senhora, que ainda chorava. A Madre despediu-se de nós no portão...

Eram onze horas da manhã quando chegamos à delegacia de Lalbazar. Lá nos disseram que o delegado chegaria às três da tarde. Esperamos pacientemente e, quando ele chegou, eu disse, "Há um homem com [este] nome. Ele roubou um carro, e a Madre disse para soltá-lo". Ele perguntou: "Que madre?", e eu disse, "Madre Teresa". Ele questionou, "Quem é ela?". Eu disse, "A Madre" (eu só conhecia a Madre como Madre, não sabia nada além disso). O delegado sorriu, chamou um policial e disse algo a ele. Fomos todos convocados, colocados num jipe da polícia e levados a outro lugar com escolta policial. Ali entramos em outro escritório, e eu disse a mesma coisa ao funcionário de lá. Ele disse, "Mas ele é um ladrão. Não podemos soltá-lo". Eu disse, "Mas a Madre disse que é para o senhor soltá-lo". Ele perguntou, "E se ele roubar de novo?". "Não sei o que dizer a respeito disso; só sei que a Madre disse para soltá-lo." Ele deu algumas ordens, e eu pude ver entre as cortinas aquele homem acorrentado de mãos e pés juntos, sentado, já que não conseguia ficar em pé por causa das correntes. Eles abriram a corrente, e ele foi solto.

No início da noite, chegamos à Mother House. O homem chorava, e a Madre lhe disse, "Faça uma boa confissão e nunca mais faça uma coisa dessas. Deus lhe deu uma linda família. Ame seus filhos, rezem juntos, digam o Rosário toda noite, e Nossa Senhora irá ajudá-los". Ela abençoou-os, e eles foram embora. A Madre deu-lhes comida [para comer lá e para levar para casa]. A partir daquele dia, aquele homem, que tinha sido um grande ladrão desde a infância, mudou de vida, parou de beber, desistiu das más companhias e dos maus hábitos. Os amigos dele vinham tentá-lo, mas ele dizia: "A Madre disse para eu não voltar a fazer isso e eu prometi à Madre". Até hoje aquele homem é... outro homem – pobre, batalhando para sobreviver, mas mantendo sua palavra com a Madre. Tenho certeza de que a Madre rezou por ele.[18]

Mesmo após a morte, Madre Teresa continua "visitando" a prisão
Uma irmã contou a meus pais [um fato extraordinário]: ontem, ela foi a uma loja comprar velas. Lá ela sentiu o olhar de um homem; ela virou-se para ele e disse "Olá"; ele retribuiu e perguntou, "Você ainda está indo à prisão para dar comida aos presos?". Ela respondeu, "Não estamos nesse tipo de serviço pastoral (em San Pedro Sula, as irmãs trabalham apenas com [pacientes com] HIV, idosos e crianças que atravessaram a fronteira)". E ele disse, "Andei observando você porque tem o mesmo tipo de vestido de uma freira que vi em 2004, quando fui preso injustamente, e fiquei dois dias sem comer nada, e ela veio até mim e me deu comida". A irmã perguntou, "Deu apenas ao senhor?". Ele disse, "Não, a todos os presos, isso foi entre as onze da noite e a uma da manhã (não era horário de visita, é claro!)". A irmã perguntou, "Ela era jovem?" O homem disse, "Não, era uma senhora idosa". Então a irmã mostrou-lhe uma pequena foto da Madre Teresa e perguntou, "Era esta aqui?", e o homem começou a chorar e disse, "Sim, com certeza, era ela".

REFLEXÃO

"Estava na prisão, e viestes a mim." (Mateus 25,36)

"Doente e na prisão, [precisando] de amizade, Ele a quer de você... Você fará isso por Ele?"[19]

Qual é a minha atitude para com os presos? Eu penso que eles merecem estar onde estão ou acho que poderia ser eu no lugar deles? Quando vejo ou ouço falar de um preso, eu penso: "O que essa pessoa pode ter feito para estar ali?" Ou eu vejo um filho de Deus, meu irmão, minha irmã?

Existe alguma maneira pela qual eu possa participar dessa obra de misericórdia? Por exemplo, posso aderir a um programa de voluntariado ou ajudar em algum programa de reabilitação, e assim por diante? Se estou "aprisionado" em meus preconceitos, que passos concretos posso dar para aprender a verdade e corrigir meu pensamento equivocado?

Estou aprisionado em meu próprio egoísmo e orgulho? Posso sair de mim mesmo e oferecer uma mão a alguém que está em uma situação mais difícil que a minha? Posso ter algum tipo de atitude positiva em relação a alguém que esteja "aprisionado" pela dependência de drogas? Sou capaz de me aproximar dessas pessoas e, por meio de meu amor compreensivo, dar-lhes paz e alegria?

ORAÇÃO

Ó Glorioso São José,
muito humildemente viemos implorar,
pelo amor e cuidado
que teve para com Jesus e Maria,
que coloque nossos assuntos, espirituais e temporais,
em suas mãos.
Buscai dirigi-los para a glória maior de Deus,
e obter para nós a graça
de fazer a Sua santificada Vontade.
Amém.

– Oração a São José, rezada por Madre Teresa todas as quartas-feiras

SETE

ENTERRAR OS MORTOS

☦

O mesmo tipo de cuidados delicados que Madre Teresa mostrou pelos moribundos foi também expresso em sua atenção para com os mortos. Ela demonstrou grande reverência pela dignidade inata de cada ser humano, independentemente de condição social, raça ou religião, tratando todos com o máximo respeito. Isso ficou particularmente evidente na Casa dos Moribundos (Kalighat), onde, enquanto batalhava pela sobrevivência daqueles que estavam à beira da morte, ela garantia que aqueles que morriam tivessem ritos funerários realizados de acordo com as práticas de suas respectivas religiões. Ela poderia facilmente ter poupado esse esforço, já que talvez fosse visto como exagerado, ou mesmo extravagante, quando havia tanto a fazer pelos doentes. No entanto, ela queria mostrar esse delicado amor mesmo depois que as pessoas tivessem passado para a eternidade. Tudo aquilo que pertencesse à dignidade humana era importante e sagrado, merecendo todo o respeito até o último momento.

Embora hoje o enterro dos mortos tenha uma conotação diferente da que tinha na Idade Média, quando isso muitas vezes significava colocar a própria vida em risco nas cidades devastadas pela peste, esse ato de misericórdia nos convoca a dar o devido respeito ao corpo humano depois que a vida mortal da pessoa termina. Muitos santos morreram em consequência de uma doença contraída enquanto davam assistência às pessoas durante epidemias de vários tipos de peste, enquanto muitos outros enfrentaram corajosamente perigos pessoais para ajudar o próximo em perigo. Em particular, temos o exemplo de Frei Damião, que deu a vida ajudando os leprosos da ilha havaiana de Molokai. De fato, Madre Teresa tinha grande devoção por ele. Talvez não enfrentemos situações que nos convidem a ter atos heroicos como esses, mas com certeza seremos chamados a enfrentar a realidade da morte e a empreender esses atos de caridade que são exigidos por essa obra particular de misericórdia.

SUAS PALAVRAS

Tem certeza de que ele está morto?
Uma vez, trouxeram da rua um homem moribundo. Os hindus têm o costume de rezar postando-se ao redor do corpo, e depois ateiam fogo à boca do morto, que começa a queimar. Eles atearam fogo à boca daquele homem, e ele se levantou! Ele disse, "Quero água!". Eles o levaram até Kalighat. Eu estava lá. Eu não sabia da história. Então fui vê-lo, e ele mal se mexia. E eu disse, "Este aqui já está um degrau acima!". Então lavei o rosto dele... Ele arregalou os olhos, deu um belo sorriso, e morreu. Eu liguei, eles me contaram a história e me perguntaram, "Tem certeza de que ele morreu?"[1]

Aquele amor de Cristo contagiou a todos
Da última vez que estive na Tanzânia, todos os líderes não cristãos das tribos vieram a mim para agradecer pelas irmãs. Disseram que nunca haviam visto o amor de Deus em ação como [quando] viram as irmãs atendendo os refugiados do Burundi. Mais de doze mil pessoas chegaram ao mesmo tempo, e essas pequenas irmãs vieram correndo e enterraram os mortos e carregaram os doentes e tudo mais. Foi simplesmente uma descoberta para toda aquela região, para todo o povo [da Tanzânia]. Eles nunca haviam visto algo como aquilo, tão vivo, tão real, e, no entanto, tão cheio de alegria. As irmãs me contaram que, durante aquele período, até as pessoas das lojas diziam, "Venham, irmãs, peguem o que precisarem, peguem o que precisarem". E elas iam e pegavam das lojas aquilo de que que precisavam para as pessoas, e sem pagar nada. Era muito bonito. Isso mostra que o amor de Cristo naquelas irmãs contagiou a todos. Sem dúvida, ocorreu em meio

a uma coisa terrível, mas foi contagiante a maneira como as irmãs fizeram tudo, como comoveram as pessoas, como carregaram os mortos, o fato de elas terem que enterrá-los.

Elas contaram sobre uma mãe que saiu da Tanzânia com nove filhos, mas quando chegou ao acampamento, restava apenas um; todos os outros tinham morrido. Portanto, tudo o que as irmãs fizeram por aquela mulher e aquelas crianças... é uma coisa que devemos ser capazes de manter... de manter em nossas casas, em nossa própria área, onde quer que a gente esteja. É disso que as pessoas têm fome, é isso o que os jovens de hoje querem.[2]

Simplesmente segure a minha mão

No último domingo... havia um homem morrendo ali, e ele não queria nada. Ele disse, "Simplesmente segure a minha mão, e, com a minha mão na sua mão, estou pronto para ir". Lá ficou, estava deitado todo frio, só seu rosto ainda tinha brilho, mas isso era tudo o que ele queria. Não quis que eu dissesse nada ou fizesse nada, só queria que eu ficasse sentada na cama dele segurando sua mão, e se sentiu pronto para ir. Talvez vocês tenham essa experiência algum dia. É muito bonito ver o quanto as pessoas confiam em nós, o quanto nos amam, e como conseguem se sentir bem conosco desse jeito. Temos essa experiência o tempo todo nesse lugar.[3]

☦

Aqueles que são pobres no sentido material podem ser pessoas muito maravilhosas. Um dia, saímos e recolhemos quatro pessoas da rua, e uma delas estava numa condição muito terrível. Eu disse às irmãs, "Tomem conta dos outros três, eu vou cuidar desta que parece pior". Então fiz por ela tudo o que o meu amor podia fazer. Coloquei-a na cama, e havia um sorriso muito bonito no seu rosto. Ela segurou minha mão e disse apenas uma palavra – "Obrigada" – e morreu. Eu não tive como não examinar minha consciência diante dela, e perguntei a mim mesma o que eu teria dito se estivesse no lugar dela, e minha resposta foi muito simples: eu teria tentado atrair um pouco de atenção para mim. Eu teria dito, "Estou com fome, estou morrendo, estou com frio, estou com dor", ou algo assim, mas ela me deu muito mais. Ela me deu seu amor agradecido e morreu com um sorriso no rosto.[4]

Vou morrer como um anjo

Nunca vou esquecer o homem que recolhi de um esgoto a céu aberto – havia vermes rastejando por todo o seu corpo, exceto no rosto... Havia buracos no seu corpo por toda parte, ele estava sendo comido vivo. Ele deve ter desmaiado e caído no esgoto a céu aberto, e várias pessoas devem ter passado por ali, mas ele estava coberto de terra. Eu vi alguma coisa se movendo e percebi que era um ser humano. Tirei-o de lá, levei-o para a nossa casa, e ele estava quieto. Eu ainda não havia começado a limpá-lo, mas as únicas palavras que ele disse foram: "Eu vivi como um animal na rua, mas vou morrer como um anjo, amado e bem cuidado". Duas horas mais tarde, quando estávamos terminando de limpá-lo, ele morreu. Mas havia uma alegria muito radiante no seu rosto. Nunca vi esse tipo de alegria – real –, a alegria que Jesus veio para nos dar.[5]

SEU EXEMPLO: os testemunhos

Morrer com dignidade

A primeira vez que a Madre teve a ideia de abrir sua casa para os moribundos foi quando viu uma mulher na rua e a levou para o hospital, mas seu atendimento foi recusado. A Madre estava determinada e se recusou a ir embora, até que aquela mulher foi colocada numa maca no chão. Mais tarde, ela morreu. A Madre não conseguia entender como um ser humano, feito à imagem de Deus, podia morrer daquela forma. Foi então que teve a ideia de ajudar pessoas que não eram aceitas em hospitais, especialmente os pobres, para que pudessem morrer com dignidade.[6]

Casos perdidos

Eu estive com a Madre em várias oportunidades em que não encontrávamos nenhum hospital que aceitasse os pobres que estavam morrendo na rua. Procuramos muitos hospitais para conseguir cuidados e tratamento. Eles diziam, "Esses são casos perdidos". E as pessoas morriam em condições desumanas na rua, sem nenhum cuidado. E assim, a preocupação da Madre era dar a elas o melhor, pelo menos dar-lhes uma casa – limpar as pessoas, alimentá-las e fazer com que se sentissem em casa... O propósito da Madre, ao fundar casas para os moribundos, não era fundar um hospital. Quando terminei meu estudo de medicina, ela não quis que eu iniciasse uma instituição médica. Embora fosse esse meu desejo, ela dizia, "Não. Quando eles precisarem de atendimento médico, levamos para o hospital. Temos que fazer nossa parte, que ninguém mais vai fazer: dar banho, limpar, alimentar e depois levar essas pessoas aos médicos, ao hospital mais próximo".[7]

Deus criou você à Sua imagem

Temos que voltar ao tempo em que a Madre criou suas casas em Kalighat, basicamente para dar dignidade às pessoas que morriam pelas ruas de Calcutá. Eram pessoas que estavam sendo descartadas da sociedade, da vida, e que não tinham a dignidade básica de morrer de modo respeitoso. Assim, para ela, não se tratava de abrir hospitais e tentar curar todo mundo. Tratava-se de recolher a pessoa da rua, alguém que as outras pessoas ignoravam, passando por cima ou passando direto, e dizer: "Você é uma criação de Deus. Deus criou você à Sua imagem, portanto, eu vejo Jesus em você e quero lhe dar a dignidade de morrer com respeito". Ela não estava querendo curar todas as doenças e encontrar respostas a todas as maneiras pelas quais as pessoas estavam morrendo. Queria cuidar delas, oferecendo-lhes essa dignidade no último momento de sua vida. Por isso foi criticada, porque esse era o chamado de sua vida, e o mérito é todo dela, por ter dado dignidade e respeito e amor a muitas pessoas que morreram em Calcutá e em muitos outros lugares.[8]

Eles morrem como seres humanos

O tratamento dado em Kalighat [Nirmal Hriday], a Casa dos Moribundos, é muito melhor do que o tratamento dado nos hospitais públicos. Aqueles que chegam a Nirmal Hriday são os piores casos, os que não têm esperança de sobrevivência. Devido à falta de tratamento, essas pessoas chegaram a um estágio tal em que não há esperança de recuperação. E, no entanto, devido ao cuidado e ao tratamento amoroso, muitas delas se recuperam. Algumas também morrem ali, mas morrem como seres humanos, não como animais [na rua].[9]

Que maneira bonita de morrer

Uma irmã e eu estávamos indo com a Madre para Tengra para uma oficina promovida pela CRS [Catholic Relief Services]. A Madre ia dar uma palestra. Estávamos na nossa pequena ambulância. Quando a ambulância chegou perto da Passagem Moulali, todos vimos alguém deitado no acostamento. E a Madre disse, "Acho que temos um paciente deitado ali"... Nosso motorista disse, "Deve ser um louco" e cruzou a estrada para seguir adiante. Mas a Madre disse, "Dê a volta, precisamos dar uma olhada". E ele deu a volta e parou o carro junto à pessoa. A Madre e todos nós descemos e, para nossa surpresa, vimos que era uma mulher jovem, deitada ali, ardendo em febre e deitada sobre os próprios excrementos etc. Imediatamente, pusemos a mulher na maca e a levamos para Tengra. A Madre disse às irmãs que lhe dessem um banho, trocassem suas roupas e a levassem para Kalighat imediatamente. E essa paciente morreu no dia seguinte. A Madre comentou conosco, "Quando a vi deitada ali, alguma coisa dentro de mim deu um clique, e por isso pedi para voltar e ver".[10]

Além da capacidade humana

Nós duas fomos [para Kalighat]. Uma das irmãs chamou a Madre e disse, "Madre, tem uma pessoa aqui perguntando pela senhora". O homem na cama mal conseguia falar. A Madre disse, "O que foi?", então se inclinou e pôs a cabeça dele em seus braços, e foi uma coisa muito maravilhosa ver alguém fazendo isso. É uma coisa além da capacidade humana fazer isso com uma pessoa cheia de feridas, com o corpo cheio de pus, e numa condição tão ruim. Ficávamos com náuseas diante dessa visão. Ele cheirava mal. A Madre o acariciou e perguntou, "O que você quer? Qual é o seu problema?", e ele deu um sorriso lindo para a Madre com seus dentes quebrados. De novo, a Madre perguntou em bengali, "Você quer alguma coisa?". "Sim", ele respondeu, "quero comer um jalebi" (um doce indiano). Então, a Madre disse, "Vão lá pegar um jalebi para ele". Em seguida, minha mãe saiu, e logo na saída havia uma pessoa fazendo esse doce. Ela comprou um. A Madre pegou o jalebi e o colocou na boca do homem. Ele não conseguiu engolir. Estava no seu último suspiro. Mas ele aceitou o jalebi, com um sorriso de orelha a orelha. Tentou comer e logo em seguida morreu. A Madre disse, "Vejam só, que jeito lindo de morrer". Imaginem, se a morte podia ser tão bonita, penso que esse seria um belo lugar para nós, por termos tido a Madre conosco. Esse homem que morreu nos braços dela certamente deve ter ido para o céu. Esses milagres aconteciam todo dia.[11]

O mesmo Jesus

A Madre costumava vir com muita frequência a Kalighat. Um domingo, ela veio para a missa. Uma das noviças ofereceu à Madre um banquinho para ela se sentar. A Madre recusou sentar-se num banquinho, e se sentou na beirada da cama de um paciente que estava morrendo. Durante toda a missa, a mão esquerda da Madre ficou tocando o homem moribundo. A Madre estava com sua atenção em parte nele, e também muito concentrada na missa. Ela continuava acariciando o paciente. Ele estava morrendo e, mesmo durante a hora da consagração, a mão da Madre estava sobre ele. Depois que a Madre recebeu a Comunhão e voltou, ela colocou a mão sobre esse paciente, que então morreu. Consegui entender realmente o que a Madre dizia, "O Jesus que está presente na partilha dos pães é o mesmo Jesus que está presente nos corpos abatidos dos pobres".[12]

Ela estava vendo Jesus

Nossa Madre veio nos visitar em Port-au-Prince em 1980. Fomos com ela até a casa dos moribundos. A Madre falou com todos eles, cada um era importante para ela, mas então ela chegou a uma cama onde havia um jovem morrendo, com terríveis dores (ele tinha tuberculose e desenvolvera uma doença terrível; estava perdendo toda a pele). A Madre parou perto dele. Eu fiquei simplesmente em pé observando, contemplando. Não lembro o que a Madre disse, mas eu sabia que ela estava vendo Jesus. Havia tanta bondade, tanto amor, tanta ternura, tanta sacralidade na atitude da Madre que até hoje não encontro palavras para expressar o que vi. Nunca vi ninguém tocando uma pessoa em sofrimento como a Madre fez naquela hora. Tudo era divino.[13]

Estou a caminho do céu

Eu era voluntário nos MoC, na Gift of Love Home para homens com aids no Greenwich Village, Nova York, e uma noite, eu estava conversando com um dos homens, por volta das dez da noite, um dos residentes que era dependente de drogas. Estávamos falando sobre várias coisas, e ele disse que a melhor coisa que tinha acontecido na vida dele era ter contraído aids. E eu digo: se eu não estivesse sentado naquela hora, talvez eu tivesse caído. Porque eu perguntei a mim mesmo, se essa foi a melhor coisa que aconteceu na vida deste homem, qual teria sido a pior? E eu disse, "Mas por que você acha isso, como é possível que essa tenha sido a melhor coisa?". E ele falou, "Porque, se eu não tivesse pegado aids, teria morrido na rua como dependente de drogas sem ninguém que me amasse". Isso é um milagre.[14]

Solidão, a pior doença de todas

Quantas pessoas, quantas pessoas morreram na Índia e em outras partes do mundo sem ninguém por perto? Quantas pessoas... porque a Madre sempre dizia, "A pior doença do mundo não é o câncer, não é a aids, a pior doença do mundo é a solidão", quando uma pessoa não tem ninguém que se importe com ela. Na Casa dos Moribundos, [...] um dia de Natal, quando eu estava trabalhando como voluntário, eu vinha trazendo um homem morto para ser lavado antes que fosse levado embora pelo carro fúnebre, e no caminho havia uma bela placa que dizia, de modo bem simples, "Estou a caminho do céu". Que simplicidade! A Madre tinha uma rara habilidade, o dom, a santidade, o milagroso dom de reduzir algumas das mais complexas situações da vida a situações muito simples.[15]

Ela saiu num frio congelante

Em 1988, a Madre foi para a Armênia, onde milhares e milhares de pessoas estavam soterradas debaixo de entulho [depois de dois terremotos que tinham ocorrido no mesmo dia]. Ela saiu num frio congelante... Junto com suas irmãs, [a Madre] retirou do entulho as pessoas que ainda estavam vivas... Em Spitak, o nome dela jamais será esquecido pelos armênios.[16]

Enquanto Calcutá fervia de ódio

Em 1963, os tumultos entre hindus e muçulmanos tomavam conta de Calcutá. As pessoas estavam ilhadas em bolsões por toda a cidade. A Madre me chamou até o quarto dela e me falou dos corpos de pacientes muçulmanos que estavam em Kalighat e não podiam ser levados para o local onde enterravam os muçulmanos. Ela precisava da ajuda de meu pai. Meu pai era, na época, coronel do exército. Liguei para ele e lhe expus o problema, e ele veio imediatamente... A Madre e eu fomos até a casa de meus pais em Fort William, onde meu pai colocou seu uniforme do exército e arrumou um contingente de veículos do exército para nos acompanhar até Kalighat. Passamos o dia transportando os corpos dos pacientes muçulmanos para o seu lugar de enterro e os corpos dos pacientes hindus para os locais onde seriam cremados.

Fomos então para o Santuário de Fátima (que na época era uma grande construção de bambu). Ali o Padre Henry estava rezando a missa enquanto as favelas em volta daquela área ardiam em chamas, e as pessoas cristãs que não tinham casa estavam amontoadas no santuário. Lembro-me da Madre correndo até o altar e cochichando para o Padre Henry terminar a missa, enquanto Papai e eu e o resto do pessoal do exército ajudávamos as pessoas cristãs a subirem nos caminhões para serem levadas a um abrigo na Lower Circular Road, que é agora a nova extensão do Shishu Bhavan. Nunca senti tanto medo e tanta animação ao mesmo tempo. Havia fogo por toda a nossa volta. Massas de fogo [coquetéis Molotov] estavam sendo arremessadas pelas ruas, e nós com aquelas centenas de homens, mulheres e crianças tentando sobreviver. Eu era uma moça, noviça, mas via que, enquanto Calcutá fervia de ódio, lá estava Madre Teresa ajudando os muçulmanos, os hindus e os cristãos. Seu amor ao próximo não conhecia limites. A Madre nunca se esqueceu daquele dia, e sempre que ela falava comigo sobre meu pai, se lembrava do horror daquele dia e das vidas que salvamos.[17]

Hoje me tornei um homem

Certo dia, a Madre Teresa e o Padre Gabrić estavam em Kalighat cuidando de um dos pobres moribundos, e o Padre Fallon e um jovem estudante hindu chegaram. Alguns momentos depois, quando estavam em pé ali observando, o homem doente de repente faleceu. Era um muçulmano. Uma maca foi trazida para levar o corpo embora. Enquanto o jovem hindu observava, a Madre Teresa, o Padre Gabrić e o Padre Fallon levantaram o corpo e o colocaram na maca. O Padre Gabrić notou que o jovem hindu estava hesitante. Uma luta estava sendo travada dentro dele. Ele vira o Padre Fallon, que ele admirava muito, e a Madre Teresa, que tinha uma reputação tão elevada, levantarem o corpo do homem morto, e isso obviamente causara profunda impressão nele. Agora eles estavam prestes a levar o corpo embora na maca! [...] Alguma coisa o fez sentir que ele deveria se juntar ao grupo, que deveria se oferecer para ser a quarta pessoa a carregar aquela maca, [...] mas havia nele aquele profundo e entranhado medo de perder a casta... Como é que ele, um brâmane, podia carregar o corpo morto de um muçulmano? [...] O Padre Gabrić entendeu tudo ao olhar para o jovem. E então, de repente, o jovem hindu tomou a decisão e perguntou, "Posso ajudar?", e o Padre Gabrić na mesma hora deu um passo para o lado, deixando que o jovem pegasse a quarta ponta da maca. Então, carregaram o defunto para o local onde os corpos eram mantidos. Quando colocaram a maca no não, o Padre Gabrić ouviu o jovem dar um longo suspiro e dizer: "Aj ami manush hoechi!" [em bengali] – ou seja, "Hoje me tornei um homem!". E com isso ele queria dizer, é claro, um homem livre, um homem que havia superado aquelas barreiras que separam um homem do outro![18]

A Madre tocava cada um com ternura

A Madre [regularmente ia] para [Nirmal Hriday, a Casa dos Moribundos] aos domingos. Ela rezava na entrada conosco, vestia seu avental, pegava a vassoura e começava a limpar e fazer o trabalho humilde. Toda vez que traziam um moribundo, a Madre estava lá para recebê-lo. Ela tocava a pessoa com ternura e dizia-lhe algumas palavras.

Todo dia, a Madre costumava limpar o necrotério, manter os corpos em bom estado. Um dia, vi a Madre e outro homem carregando juntos um defunto enrolado em lençóis brancos, levando-o para o necrotério. Fiquei um pouco assustada, mas corri e peguei-o das mãos do homem. Então a Madre sorriu, colocamos a maca no chão e, com uma reverência gentil e delicada, ela acomodou o corpo na prateleira do necrotério.[19]

A mãe alimentou o filho com o próprio sangue

Para descrever o amor de Deus por nós, Madre Teresa usava o exemplo de como uma mãe armênia amou seu filho a ponto de lhe dar a própria vida. Depois de um terremoto na Armênia em 1988, essa mãe e o filho ficaram presos sob o entulho, sem serem totalmente esmagados. Mas não conseguiam sair de lá e não tinham comida nem água. A mãe fez o possível para evitar que a criança morresse. Ela não viu outra maneira, a não ser fazer um corte no dedo e alimentar o bebê com o sangue dela, e foi o que fez. Quando os bombeiros chegaram para resgatá-los, encontraram-nos numa condição terrível. A mãe estava pior que o filho: seu estado já era crítico. Tentaram salvá-los, mas em seguida a mãe morreu. A criança foi salva. Essa é uma história de amor maternal verdadeiro. Ela preferiu salvar o filho, mesmo perdendo a própria vida.[20]

REFLEXÃO

"Tobit ia diariamente visitar toda a sua parentela, consolava-a e distribuía dos seus bens a cada um, segundo as suas posses. Alimentava os famintos, vestia os nus, e, com uma solicitude toda particular, sepultava os defuntos e os que tinham sido mortos."
(Tobias 1,19-20)

"Deus o criou à Sua imagem, portanto, vejo Jesus em você e quero dar-lhe a dignidade de morrer com respeito."[21]

O que posso fazer para ajudar a família de alguém que morreu? Além de expressar minhas condolências, posso oferecer algum serviço ou ajuda, algo concreto?

Devemos mostrar respeito pelos outros mesmos depois que morrem; às vezes, não podemos fazer pelos mortos nada além de lhes poupar um comentário negativo. A nossa caridade não irá mudar sua condição, mas ajudará a disciplinar nossos pensamentos e palavras, ensinando-nos a preservar o bom nome não apenas dos mortos, mas também dos vivos.

ORAÇÃO

Meu Pai,
Eu me abandono a Ti,
Faz de mim o que Te agradar.
O que fizeres de mim, eu Te agradeço.
Estou pronto para tudo, eu aceito tudo.

Que a Tua vontade se faça em mim
E em tudo o que Tu criaste,
Nada mais quero, meu Deus.

Em Tuas mãos entrego minha alma.
Eu a ofereço a Ti, meu Deus,
Com todo o amor do meu coração,
Porque Te amo, Senhor,

*E para mim é uma necessidade me doar,
Entregar-me nas Tuas mãos sem medida,
E com uma confiança infinita
Porque Tu és meu Pai!
Amém*

– Abençoado Charles de Foucauld, rezada por Madre Teresa às terças-feiras

OITO

INSTRUIR OS IGNORANTES

☦

Madre Teresa passou os primeiros vinte anos de sua vida religiosa como freira professora. Como diretora de escola, professora de geografia e catecismo, ela se mostrou uma professora dotada, fluente em inglês, híndi e bengali, e exerceu forte impacto nas suas alunas. Depois de fundar a própria congregação religiosa dedicada ao serviço dos mais pobres entre os pobres, tornou-se a principal professora de suas irmãs, e suas instruções são ainda hoje um tesouro de riquezas espirituais. Sabendo da oportunidade que a educação proporciona e do benefício que ela pode trazer para a vida dos outros, a Madre mandou suas primeiras irmãs para escolas e universidades. Além disso, esforçou-se seriamente para oferecer a possibilidade de instrução aos desamparados. A primeira escola que abriu era uma "escola de favela", debaixo de uma árvore; sua lousa era o chão, e seu giz, um pedaço de pau com o qual traçava as letras do alfabeto bengali. Embora a instrução fosse bem básica, ela oferecia às crianças pobres uma educação que lhes dava a possibilidade de serem admitidas em escolas convencionais; em seguida, providenciava seu acesso a essas escolas para que tivessem a chance de melhorar suas condições de vida. Sua ideia, como ela dizia, era "descer para fazê-las subir".

No entanto, sua instrução não se limitava a providenciar a educação básica. Ela oferecia instruções religiosas e morais sempre que julgava necessário, especialmente a pessoas que fossem desprovidas delas devido às suas necessidades materiais. Porém o mais interessante na sua maneira de instruir era a habilidade de direcionar as pessoas para a verdade. Ela sabia que "a verdade vos libertará". Instruir ou informar alguém a respeito da verdade pode, às vezes, ser algo desafiador num mundo relativista e materialista. Ela, porém, nunca se eximiu desse seu dever. Sempre que podia, chamava a atenção para o sofrimento dos pobres e oprimidos, indicava verdades morais a serem seguidas, ou falava sobre o respeito à vida e em defesa dos que estão por nascer. Era a mais eloquente professora porque colocava em prática o que ensinava.

SUAS PALAVRAS

A terra usada como lousa
Quando meus pequenos me viram pela primeira vez, ficaram perguntando uns aos outros se eu era uma deusa ou um espírito maligno. Para eles, não há meio-termo. Aquele que se mostra bom com eles, eles admiram como se a pessoa fosse uma de suas divindades; mas se a pessoa se mostra mal-humorada, ficam com medo dela e se restringem a fazer-lhe reverências. Imediatamente arregacei as mangas, mudei de lugar a mobília da sala, peguei água e um escovão e comecei a limpar o chão. Eles ficaram muito surpresos. Ficaram só olhando pra mim, porque nunca tinham visto um professor fazendo aquele tipo de trabalho, especialmente porque se trata do trabalho das castas mais inferiores na Índia. Mas as meninas, ao me verem feliz e contente, começaram a me ajudar, uma por uma, e os garotos começaram a trazer água. Em duas horas, a sala suja virou uma sala de aula; tudo muito limpo. É uma sala comprida, que antes era usada como capela, e agora há cinco classes dentro dela... Quando começamos a ficar mais familiarizados, eles não cabiam em si de tão contentes. Começaram a pular e a cantar à minha volta, até que eu [abençoei-os, colocando] minha mão sobre a cabeça suja de cada uma das crianças. Desse dia em diante, eles me chamavam apenas por um nome, "Ma", que significa mãe. Ah, essas pequenas almas precisam de tão pouco para ficarem superfelizes! [...]. Um dia, um garoto veio até a minha escola... com as roupas rasgadas e sujas. Eu o chamei para fora da sala de aula e ali dei-lhe um bom banho com sabão. Depois de lavá-lo e de pentear seu cabelo, coloquei nele umas roupas velhas que eu

conseguira com os doadores das missões. E mandei-o de volta à sala de aula. E presenciei uma coisa maravilhosa! Ninguém na classe o reconheceu, e todos começaram a gritar: "Ma, ma, aluno novo, aluno novo!"[1]

☦

Motijhil – As crianças já estavam esperando por mim junto à ponte. Eram 41 – muito mais limpas. As que não estavam limpas, eu dei um bom banho no tanque. Tivemos aula de catecismo depois da primeira aula sobre higiene – depois, leitura. Dei boas risadas – já que era a primeira ver que eu dava aula para crianças pequenas. Portanto, o ko kho [as duas primeiras letras do alfabeto bengali] não foram tão bem. Usávamos o chão, em vez de uma lousa. Todo mundo achou ótimo – depois da aula de tricô, fomos visitar os doentes.[2]

Torne suas escolas centros de irradiação de Cristo

Faça de suas escolas centros de irradiação de Cristo. Ensine as crianças, os doentes, os leprosos, os moribundos a amarem Deus em sua pobreza e doença – ensine-os a oferecerem tudo a Deus.[3]

☦

Realmente, devo dizer "Cristo vive em mim". Devo ser capaz de dizer isso. Temos que continuar desejando. O desejo só será satisfeito quando estivermos frente a frente com Deus. Aqui na Terra, devemos ter esse desejo de viver em Cristo com os pobres. Jesus disse, "Eu era ignorante, e vocês Me ensinaram. Vocês Me levaram à igreja para assistir à missa". Isso não tem intenção de estimular a nossa imaginação; nem nossos sentimentos. Jesus realmente disse isso, "Eu". Portanto, Ele é os pobres que encontramos por toda parte.[4]

☦

Eu pedi a uma irmã (que é médica) que desse às nossas irmãs um curso para formar paramédicos, a fim de que elas fossem mais capazes de saber, compreender e praticar os trabalhos médicos da Sociedade. Assim, elas podem oferecer um serviço devotado e voluntário aos doentes com maior dedicação, competência e eficiência.[5]

Conheçam bem sua fé

Conheçam bem sua fé, irmãs. Devemos conhecer a fé, amar a fé e viver a fé: conhecer, amar e viver. É muito importante para nós ensinarmos o catecismo. Preparem bem as aulas. Não se contentem em ensinar qualquer coisa. Assumam o trabalho de realmente dar... Quando era freira de Loreto, eu estava encarregada da escola toda. Ensinava todos os dias religião, geografia, e assim por diante; muita responsabilidade, além de [fazer a] contabilidade, e assim por diante. Todas essas irmãs que estão lecionando também precisam se preparar bem.[6]

✝

Ensinem às pessoas a sua fé. No refeitório, vocês devem reservar pelo menos dez minutos para instruir sobre a fé. Ensinem o Catecismo às crianças, às famílias. Quando as irmãs começaram aqui, costumavam ensinar as crianças nas casas e reunir as famílias delas nessa hora, para que todos aprendessem juntos.[7]

✝

Preparem pequenas orações, instruções, aulas – coloquem isso no papel, escrevam o que irão dizer a eles. Por exemplo, o Padre B há muitos e muitos anos dá-se ao trabalho de preparar a missa todos os dias, gasta uma hora nessa tarefa, apesar de ser muito ocupado. Isso porque, para ele, a missa é extremamente importante e sagrada, e as irmãs também são sagradas. Um exame de consciência: vocês têm a fé de ensiná-las a fazer isso com amor e a fazê-lo com Jesus?[8]

Ensinem a partir da própria experiência

Somos irmãs missionárias; não somos apenas irmãs religiosas. Estamos submetidas ao quarto voto [prestar serviço devotado e voluntário aos mais pobres entre os pobres]. De que modo eu preparo as aulas de catecismo? Agora, na Mother House, é muito bonita essa bela preparação, porque estamos envolvidas conscientemente para ensinar o Catecismo Católico, porque o Santo Padre nos deu ordens estritas sobre como preparar o Catecismo. Esse zelo, essa preparação. Todos se reúnem na tarde de sexta-feira, não é só ir e então dar uma pequena instrução. Uma missionária é uma pessoa portadora do amor de Deus, e vocês não podem ser portadoras desse amor se não derem esse amor.⁹

‡

Devemos amar as almas – ter sede. Eu tenho sede. Temos sede de amor pelas almas. Seja qual for o trabalho que vocês tenham que fazer, as aulas que tenham que acompanhar, as lições que tenham que preparar, coloquem todo o seu coração e sua alma [nisso]. Não se trata de quanto, mas sim de quanto amor vocês colocam [nisso].¹⁰

‡

Ensinem as irmãs a rezar. Vocês não podem ensiná-las apenas a partir dos livros, mas a partir da própria experiência. Quando elas vieram vê-las, perguntem a elas como fizeram sua meditação, como fazem seu exame de consciência. Vocês preparam suas instruções? Já sabem com antecedência o que irão dizer a elas? Façam a conexão com a expressão "tenho sede" em todas as suas aulas e instruções. Quando falarem com elas a respeito dos votos, façam a conexão com o "Tenho sede". Fiquei muito feliz quando o Santo Padre escreveu a respeito dessa sede. Ele escreveu isso para a Igreja inteira. Espero que aos poucos coloquem em cada igreja também "Tenho sede" perto do crucifixo. Ensinem pequenas orações que irão ajudá-las a ficar perto de Jesus. Ensinem também a apreciar o tempo que reservam para oração. Quantas pessoas vêm aqui para passar um pouco de tempo em oração; elas trabalham um pouco mais para poderem vir aqui e fazer trabalho voluntário. Cabe a nós fazer o mesmo trabalho; de que modo o fazemos? O trabalho que vocês têm de cuidar das irmãs, vocês compreendem a importância que ele tem?¹¹

Não corrijam, ensinem
O Santo Padre tem dito, "Não corrijam, ensinem". O que quer que façamos por nossas irmãs e pelas pessoas que abrigamos, a instrução que damos, a comida que preparamos, tudo isso deve ser dedicado a Deus.¹²

‡

Quando jovens vêm nos visitar, eu ensino que devem amar uns aos outros. Jesus disse, "Como eu vos tenho amado, assim também vós deveis amar-vos uns aos outros" (João 13,34). Com frequência, homens jovens vêm até nós para trabalhar com os leprosos. Eu os ensino a amar uns aos outros e a ver Deus por meio desse tipo de amor. Se vocês vierem à Índia, vou ensinar-lhes também. O amor em ação é o amor que me é mais caro. Para esse tipo de amor, nós extraímos força pela oração. Isso é amor real, e nós damos a vida por esse tipo de ação. Não é possível mostrarmos o amor de Deus pelas pessoas sem estarmos em serviço amoroso aos outros.[13]

Professora de amor

Em Londres, na área em que estamos, há meninos e meninas já grandes que ainda não fizeram a Primeira Comunhão. As irmãs têm tentado e tentado reunir a família, os jovens, para prepará-los para a Primeira Comunhão. Então, um dia a mãe de uma das famílias disse, "Irmã, por que você não me ensina? Eu tenho uma boa oportunidade quando eles se reúnem à noite. Meus filhos estão ali, meu marido também, eu posso ensinar a eles". E assim a Irmã ensinou a mãe, e agora até o marido chega mais cedo, para estar presente nas aulas que a esposa está dando às crianças. Agora [a Irmã] já tem mais de vinte dessas mães, a partir dessa simples mulher. Ela tem vinte mães e todo sábado elas vêm. Ela lhes passa as lições para a semana e elas é que dão as aulas.[14]

☥

Nunca vou me esquecer da última vez em que estive na Venezuela – temos nossas irmãs lá, trabalhando na Venezuela, temos cinco casas – e uma família muito rica nos deu terras para construir um lar para crianças. Então fui lá para agradecer. E ali, na família, encontrei a primeira criança, terrivelmente incapacitada. E perguntei à mãe, "Como se chama a criança?", e a mãe respondeu, "Professora de amor. Porque a criança está nos ensinando o tempo inteiro como amar em ação". Havia um belo sorriso no rosto da mãe. A "Professora de amor"! Porque com aquela criança terrivelmente incapacitada – desfigurada – eles estavam aprendendo a amar.[15]

Ensinem a amar uns aos outros

E cabe a vocês, especialmente vocês que têm garotos e garotas em suas escolas, ensinar a eles a dignidade, o respeito, o amor à vida. Ensinem-lhes a pureza, o santificado. Ensinem, não tenham medo. Ensinem a amar uns aos outros. Uma menina a amar um menino e um menino a amar uma menina – é muito bonito, muito bonito! Ensinem que não devem se tocar, para que no dia do casamento possam dar um ao outro um coração virgem, um corpo virgem.[16]

☦

Tenho visto, repetidas vezes, muita gente que vem a Calcutá e ninguém quer trabalhar em nenhum outro lugar a não ser a Casa dos Moribundos. Por quê? Porque as pessoas veem o Cristo em sofrimento e elas recebem e então vêm, muitas delas vêm em adoração, e a maioria delas, a maioria delas, diz a mesma coisa, "Nós vimos esse tipo de sofrimento em nosso país, mas nunca olhamos para ele. Você nos ensinou a ver a procurar e a encontrar Jesus e a fazer alguma coisa".

Essa é a fome dos jovens. Com muita frequência, vemos nossos jovens, de todos os cantos, que vêm aos *ashrams* hindus e ficam tomados ali, e quando saem, se são capazes de vir, eu sempre lhes pergunto, "Jesus não é suficiente para vocês?". "Mas ninguém me deu Jesus desse jeito".

São vocês, os sacerdotes, que devem dar Jesus aos nossos jovens. Há uma tremenda ânsia por Deus. Tenho certeza de que vocês sabem disso melhor do que eu, mas as pessoas com quem estamos lidando, o sofrimento que vemos, vemos os jovens fazendo aqueles trabalhos humildes: limpar, lavar, alimentar, e ali – onde estão morrendo, há muita ternura e amor. Muitos deles, depois de muito tempo, fazem sua confissão e voltam para o Nosso Senhor. Como? Esse contato com a presença de Cristo.

Eles estão ansiosos por aprender, e vocês e eu fomos escolhidos por Jesus. "Eu chamei vocês pelo nome", disse Jesus. "Vocês são meus. A água não irá afogá-los, o fogo não irá queimá-los. Eu darei nações a vocês. Vocês são preciosos para mim, Eu amo vocês". Temos isso nas Escrituras muito claro, a ternura e o amor de Deus por nós, e Ele quer que sejamos essa ternura e esse amor para as pessoas.

Ele quer usar vocês, e é por isso que se tornaram sacerdotes. Vocês não se tornaram sacerdotes para virarem assistentes sociais... Nós... não podemos dar às pessoas o que não temos. Portanto, ensinem-nos a rezar, a sermos santos, e penso que nós e nossas pessoas seremos santos, porque há lugares aonde talvez vocês não possam ir, mas se vocês tiverem nos ensinado, poderemos ensinar a eles.[17]

A alegria de espalhar a Boa-nova

Deus confiou a vocês a alegria de espalhar a Boa-nova de que fomos todos criados para coisas maiores, para amarmos e sermos amados. Portanto, em tudo o que vocês fizerem, em tudo o que escreverem, tenham a certeza de lembrar que são capazes de formar pessoas e também de destruí-las. Vocês podem dar boas notícias e trazer alegria para a vida de muitas pessoas; e podem trazer muito sofrimento a muitas pessoas. Portanto, vamos sempre nos lembrar de que as palavras podem aproximar ou afastar alguém de Deus.

Escrevam sempre a verdade. Porque Jesus Cristo disse, "Eu sou a Verdade, eu sou a Luz, eu sou a Alegria, e sou o Amor. Eu sou a Verdade a ser revelada, e o Amor a ser amado. Eu sou o Caminho a ser trilhado. Sou a Luz a ser acesa. E sou a Paz a ser dada. E sou a Alegria a ser compartilhada". Então, vamos hoje, assim reunidos, tomar uma forte resolução de que vocês, por meio do que escrevem, irão sempre espalhar amor, paz e alegria.[18]

Desafios

Nunca vou esquecer, durante as inundações, tivemos inundações terríveis em Calcutá, e [um grupo de rapazes] estava ocupado em matar e atirar e queimar e fazer todo tipo de coisa. E então, quando isso começou e estávamos todos andando com água até o pescoço, esses jovens vieram, eram uns trinta, e disseram, "Estamos a seu dispor, conte conosco". Costumávamos ficar até umas dez da noite trabalhando, mas eles passaram a madrugada inteira ajudando, carregando pessoas na cabeça, e o governador não conseguia entender que os estudantes universitários que estavam fazendo toda aquela bagunça eram os mesmos que agora estavam como carneirinhos, fazendo o trabalho mais humilde. Isso quer dizer que os jovens têm fome de Cristo, eles estão procurando... desafios.[19]

É bom... mimar os pobres

Uma vez, em um seminário, em nome de todo o grupo, uma freira se levantou e disse, "Madre Teresa, você está mimando demais os pobres, dando-lhes coisas de graça. Eles estão perdendo a dignidade humana. Você deveria cobrar pelo menos dez *naya paisa* por aquilo que lhes dá; então eles sentiriam mais a dignidade humana deles". Quando todos ficaram quietos, eu disse calmamente, "Ninguém está mimando mais do que o Próprio Deus. Veja as coisas maravilhosas que Ele tem nos dado de graça. Nenhum de vocês aqui usa óculos, e no entanto, conseguem ver bem. Digam, se Deus fosse cobrar de vocês pela sua visão, o que aconteceria? Estamos gastando muito dinheiro para comprar oxigênio e salvar vidas, e, no entanto, continuamos respirando e vivendo de oxigênio, sem pagar nada por ele. O que aconteceria se Deus dissesse, 'Você trabalha quatro horas e vai receber luz do sol por duas horas'? Quantos de nós conseguiriam sobreviver?". Depois, eu disse também: "Há muitas congregações que mimam demais os ricos; então é bom haver uma congregação em nome dos pobres, para mimar os pobres". Fez-se um profundo silêncio. Ninguém falou mais nada.[20]

Sem tempo para os pobres?
Onde foi parar aquele zelo ardente, que dá sem ficar contando quanto custa? Onde foi parar aquele amor pelas nossas crianças das favelas, aquele amor que nos faz ter o trabalho de preparar as aulas? Encontrar as crianças para a Primeira Sagrada Comunhão? Onde está aquela disposição [de reunir] as crianças para a missa de domingo?[21]

☦

Onde estamos nós, irmãs – se nós também somos as mais pobres entre os pobres? Será que sabemos o que significa ter fome e estar sozinho? [...] Encontramos essas pessoas, nossos pobres, todo dia. Será que os conhecemos? [Somos] realmente como eles? Minhas irmãs, deve ferir Jesus, do mesmo modo que fere a Madre, se nos tornamos ricas a ponto de não termos mais tempo para os pobres.[22]

SEU EXEMPLO: os testemunhos

Afável e acessível com todos
Embora [St. Mary] fosse uma escola católica, era a única escola bengali de ensino médio para moças. Assim, tanto hindus quanto muçulmanos da alta sociedade, que naturalmente tinham interesse em sua própria cultura e linguagem, queriam matricular as filhas lá... A Madre não fazia distinção ao lidar com elas, e todas vinham para a oração e até para as aulas de catecismo. A Madre era muito afável e acessível com todas, incluindo nas necessidades espirituais e materiais. Ricas ou pobres, todas ajudavam na

limpeza e nos trabalhos domésticos da escola. No que diz respeito a comida e alojamento, não havia diferença entre as internas. Todas se vestiam com o uniforme simples da escola.[23]

Eu estava um pouco nervosa, já que nunca tinha ido à cidade e não sabia o que esperar da nova escola [St. Mary, Loreto]. Todos os meus medos foram embora ao conhecer a Madre. No dia em que entrei na escola, Madre Teresa veio até a recepção, me chamou pelo nome falando um bengali perfeito e me cumprimentou segundo os modos e a língua bengali. Que boas-vindas ela me deu! Quando conheci melhor a Madre no mês seguinte, passei a apreciá-la mais do que como professora ou diretora.[24]

Quem irá trazer-lhes alegria?

Em 1947... na ponte, a Madre apontou para mim a favela Beleghata. Era uma visão terrível: aquelas crianças pobres, nuas, com o corpo coberto de pó preto dos pedaços de carvão que catavam da linha do trem. A Madre apontava para lá dizendo, "Veja só! A pobreza dessas crianças. Elas não têm diversão, a pobreza as obriga a fazer esse trabalho para ganhar a vida. Que vida triste! Quem poderá trazer-lhes alegria? Elas não conhecem Jesus. Não têm consciência da felicidade eterna, por isso nesta vida têm sofrimento, pobreza, infelicidade, e na próxima vida também, que dura para sempre. Quem irá lhes trazer a Boa-nova de que Deus as ama, de que Deus as criou, de que são filhas d'Ele, para que comecem a mudar de vida, largando a infelicidade para uma vida de alegria? Você viria comigo? Mas se formos agora, elas irão se dirigir a mim com as mãos estendidas, pedindo dinheiro, porque estou com trajes de Mem Shaheb [uma senhora rica respeitável]. Então não vamos poder conversar com elas a respeito de Deus ou Jesus. Não seria ótimo se pudéssemos nos vestir com roupas simples, pobres, e viver no meio delas, falar com elas, falar a respeito de Jesus? Ele também era pobre. Ele veio por elas. Você viria? Viria comigo? Não seria ótimo? Poderíamos deixar essas pessoas felizes apresentando Jesus a elas".[25]

☦

A Madre tinha apenas um objetivo: passar a vida proclamando incessantemente o amor de Deus por todos e por toda parte. Para fazer isso, ela não esperou ter um diploma ou algum estudo especial, a não ser alguns meses de um curso de medicina básica em Patna. Ao voltar a Calcutá, foi imediatamente para as favelas. Fundou a escola Motijhil para as crianças da favela, limpando-as e ensinando-as a ler e escrever. O chão serviu como prancheta e como lousa. Claro, os pequenos logo viram nela um verdadeiro anjo de conforto e consolação e começaram a comparecer em grande número, esperando por ela desde manhã bem cedo. Para encontrar alunos para a escola, a Madre ia à casa de todos; íamos com ela e chamávamos todo mundo. Ela convidada criança por criança a estudar.[26]

Dê-lhes alegria
No ano de 1948, a Madre voltou de novo (para Motijhil)... Ela perguntou o nome de nossas seis irmãs e dois irmãos. Quando eu disse que meu nome era Agnes, a Madre me abraçou e me sentou no colo dela. Então a Madre disse à minha mãe que ela viria aqui; aqui há muitos pobres que eu quero ajudar. Depois deste dia, a Madre vinha aqui todo dia... Ela procurava crianças pobres e as trazia para a escola. A Madre vinha andando de Creek Lane até nossa casa todo dia. A Madre chegava às oito da manhã e ficava até meio-dia, voltava às três da tarde e ia embora às seis... Não tínhamos nada. Debaixo da sombra da árvore, ficávamos sentadas escrevendo no chão. Em um mês, a Madre nos trouxe livros, manuscritos, lousas e lápis de algum lugar. As irmãs começaram a nos ensinar. Uma pessoa adoeceu na nossa casa; teve um furúnculo enorme; sofria dores insuportáveis. A Madre pegou-a no colo e a levou para um quarto ao lado do nosso. Desse jeito, e de diferentes lugares, a Madre trouxe cinco pacientes e os manteve naquele quarto. Ela cuidava dessas pessoas doentes, e as irmãs nos ensinavam... A Madre não tirava folga nem aos domingos. Ela levava todas nós até a Igreja Baithakhana às oito da manhã... O domingo era o dia mais feliz para nós... Minha Primeira Comunhão foi quando eu tinha 11 anos de idade, e antes disso eu não sabia de nada, não tinha aprendido nada, nem a ler, nem a rezar; foi tudo a Madre que me ensinou... Eu havia terminado meus estudos em Motijhil. Em Moulali estudei até a oitava série.[27]

‡

Uma tarde de domingo, nós saímos, as quatro: a Madre, a Irmã Agnes, a Irmã Trinita e eu. A Madre deu a cada uma algo para carregar; fomos até Beleghata, uma das áreas muito, mas muito pobres. Fizemos alguns jogos até as quatro da tarde. Todos os homens ficaram por minha conta; Irmã Trinita ficou com os meninos. Irmã Agnes, com as meninas e mulheres, e ficamos em pé junto ao muro, e eles ficaram brincando de corrida. Quem chegasse primeiro entre os homens conseguia o sabonete como primeiro prêmio. As mulheres ganhavam os cobertores; as crianças, os doces; e os rapazes, o giz e as lousas. Na semana seguinte, fizemos a mesma coisa, e dava para ver a alegria no rosto deles. Voltando para casa, a Madre disse, "Você viu o que trouxemos para as crianças? Alegria. Essas pessoas não conhecem Jesus. Nós temos Jesus. Nós vamos à missa. Então a única maneira de darmos Jesus a elas é dando-lhes alegria."[28]

A alegria no rosto da Madre
Escola dominical: a nossa hora de acordar aos domingos era 4h30, e as irmãs preparavam as crianças e os adultos para receberem os sacramentos: a Sagrada Comunhão, a confissão, a confirmação. A Madre queria que todas as irmãs fossem à escola dominical e ensinassem catecismo, na medida do possível. A maior parte das nossas crianças pobres não tinha condições de bancar a roupa comum para a primeira comunhão, então isso foi providenciado. Era muito lindo ver aqueles pequenos "anjos" correndo o caminho todo com as irmãs até a Igreja Baithakhana, para a Sagrada Missa das 6h30 na festa dos Santos Anjos Guardiões, dia 2 de outubro, todo ano... E a alegria no rosto da Madre ao ver mais de mil crianças, muitas delas com idade acima da normal – o fruto do zelo da Madre.[29]

☩

Antes que a Madre partisse para Shkodra pela primeira vez... ela subiu até a Casa das Crianças no primeiro andar. As crianças se juntaram em volta dela, aquelas que eram capazes de andar e que estavam mentalmente bem. Ela imediatamente começou a ensinar-lhes o Pai-nosso em albanês, mas ensinou de uma maneira tão delicada, fez a oração em forma uma espécie de melodia com ritmo, e elas repetiam trecho por trecho, depois da Madre. A Madre repetiu isso várias vezes. Todas as crianças sorriam felizes enquanto aprendiam.[30]

Dor e compaixão no rosto dela
A Madre ia até outras freiras e implorava que aceitassem nossas crianças como alunos de dia. Ela enviou alguns dos meninos aos jesuítas, outros aos salesianos. Fez o maior esforço para que fossem admitidos. Era mais do que aquilo que éramos capazes de dar.[31]

☦

Quando eu estava na Loreto de Entally encarregada da escola de primeiro grau na década de 1960, fiquei com alguns dos órfãos de Shishu Bhavan. Um deles era uma criança muito perturbada, que causou muitos problemas para as inspetoras e o professor. A equipe, depois de ajudar e aceitar a criança da melhor maneira que conseguia, sentiu que ela perturbava demais a seção inteira, então convenceram a superiora a mandá-la de volta para as MoC. Quando encontrei a Madre Teresa um tempo depois, ela se lembrou do caso e lamentou muito que a criança tivesse sido devolvida. Havia muita dor e compaixão no rosto dela quando ela falava da criança.[32]

Dinheiro de sacrifício

As irmãs pegavam as crianças e as levavam para a escola. Como a maioria de nossas crianças era muito pobre e tinha fome, providenciavam pão para elas na Mother House, e as irmãs pegavam sua parte para cada classe de cada escola. A crianças na Inglaterra poupavam seus centavos para permitir que nossas crianças pobres tivessem todo dia uma fatia de pão; e o copo de leite era possível graças ao sacrifício de milhares de crianças dinamarquesas, enquanto as crianças da Alemanha, com seu "dinheiro de sacrifício", davam um comprimido de vitamina diário para as crianças da Índia. Ajudávamos as crianças a tomar banho, pentear o cabelo. Providenciávamos lousas e giz, e para as mais velhas, livros de exercícios e materiais escolares. As roupas delas também eram cuidadas. Depois da reunião e da anotação dos registros, havia aulas sobre os rudimentos da aprendizagem: leitura, escrita, aritmética, canto, jogos. Enquanto isso, iam sendo tomadas providências para colocá-las nas escolas convencionais.[33]

Permitindo que os outros compartilhem a alegria de dar

Shishu Bhavan era uma casa para crianças rejeitadas, abandonadas, inaugurada em 1955. Conforme as crianças cresceram, a Madre iniciou um esquema de assistência à criança, ao permitir que uma generosa senhora hindu... patrocinasse as primeiras dez crianças durante dez anos. Muitas seguiram seu exemplo na Índia e no exterior, e isso incluía um esquema de patrocínio que contribuía com fundos para educação, vestuário etc., para crianças em idade escolar. Quando o trabalho cresceu e ficou grande demais para nós, a Madre transferiu-o para a diocese por meio das paróquias.[34]

Quando eu estava em Amravati, em Maharashtra, um estudante universitário deu-me alguns álbuns de recortes para as crianças que estavam estudando. Quando a Madre veio me ver, eu lhe falei a respeito. A Madre disse, "Fico tão feliz em ver isso. Gostaria de ir ver os alunos". Quando informei a universidade, o professor organizou os alunos para se reunirem e receberem a Madre. Havia uns trezentos universitários ali. A Madre foi e falou com os alunos, e disse a mesma coisa: "Na criança ignorante, Jesus dirá, 'Eu fui aquele que você ensinou'. Então continuem ajudando as irmãs. Estou muito feliz".[35]

Ninguém para ajudá-las

Eu disse à Madre que, quando eu estava em casa, eu trabalhava, e o dinheiro que ganhava ia para a educação da minha irmã mais nova, e agora minhas irmãs não tinham ninguém para ajudá-las... Vendo minha dificuldade, a Madre passou a cuidar de duas das minhas irmãs e providenciou seus estudos, mas mais tarde elas disseram à Madre que queriam ser religiosas, então ambas se juntaram a nós. Por meio de sua bondade e preocupação com minhas irmãs, todas nós ficamos imensamente inspiradas a dar nossas vidas completamente a Deus.[36]

A Madre providenciou seus estudos

Minha irmã teve quatro filhas. Elas estavam estudando no internato e tinham problemas para pagar, não tinham condições para isso. Elas estavam prestes a ser mandadas embora da escola, e, quando contei essa história, a Madre as ajudou para que elas pudessem continuar a estudar.[37]

Debaixo das mangueiras

Em Tabora, a Madre nos viu tendo aula de catecismo debaixo das mangueiras. Toda vez que vinha nos visitar, ela perguntava, "Ainda estão ensinando as crianças debaixo das mangueiras?". A Madre ficava muito feliz ao ver crianças reunidas e aprendendo sobre a fé. Ela também nos disse, "Antes de começar o atendimento médico, rezem com as pessoas. Não basta dar-lhes remédios. Deem-lhes Deus."[38]

Não cuidava apenas das necessidades materiais dos pobres
A Madre não cuidava apenas das necessidades materiais dos pobres, também organizava escolas dominicais para as crianças católicas pobres: catecismo ensinado a católicos que estudavam em escolas públicas, programas após as aulas para ajudar as crianças nos estudos, dias de acampamentos de verão para crianças dos bairros pobres, dias de oração e retiro em centros para casais, homens e mulheres sem teto residindo em nossas casas, e outras atividades que reuniam as pessoas, melhoravam relacionamentos, derrubavam obstáculos ao amor, abriam as pessoas à amizade e aliviavam suas dores e sua solidão.

Ela consagrava casas, especialmente no mês de junho, ao Sagrado Coração de Jesus. Insistia para que as famílias rezassem o Rosário, para que os padres de paróquia reservassem horas semanais de Adoração com as pessoas em suas paróquias, com a oportunidade de receber o sacramento da reconciliação... Ela repetia muitas vezes que a obra dos Missionários da Caridade não era uma obra social, mas uma obra de Deus, e que tudo o que fazíamos a Jesus.[39]

Ela sentia muito orgulho de cada criança
Eu fiquei em estreita colaboração com ela enquanto trabalhei com as crianças de Shishu Bhavan, especialmente no Natal e na Páscoa. Foi nessa época que as maravilhosas ações da Madre me foram reveladas. Ela reunia as crianças em volta dela do jeito que um pastor reúne seu rebanho. Sentia muito orgulho de cada criança e das realizações delas. Uma vez, depois que as crianças fizeram o exercício com o Aro para ela, com todas as cores da bandeira, ela ficou tão impressionada que nem esperou que viessem até ela para serem abençoadas: foi até elas e as abençoou. Ao fazer isso, os cinco dedos de sua mão simbolizaram a expressão "Fiz isso [por] vocês". Ela tornou cada gesto significativo e fez com que as crianças entendessem que tudo o que haviam feito tinha um propósito e que esse propósito era Jesus.[40]

Se uma mãe é capaz de matar o próprio filho, o que irá impedir que você e eu matemos um ao outro?
Em setembro de 1994, a Madre enviou uma mensagem à Conferência das Nações Unidas no Cairo, dizendo abertamente, "Falo hoje a vocês do fundo do meu coração, para cada pessoa de todas as nações do mundo, para as pessoas que têm poder de tomar grandes decisões, assim como a todas as mães, pais e crianças nas cidades, aldeias e vilas... Se uma mãe é

capaz de matar o próprio filho, o que irá impedir que você e eu matemos um ao outro? O único que tem o direito de tirar a vida é Aquele que a criou. Ninguém mais tem esse direito; nem mãe, nem pai, nem médico, nenhuma instituição, nenhuma conferência, nenhum governo". Foi preciso ter muita coragem para dizer isso, o que é comprovado pelas críticas que as palavras da Madre desencadearam.[41]

REFLEXÃO

"Naquela mesma hora, Jesus exultou de alegria no Espírito Santo e disse: 'Pai, Senhor do céu e da terra, eu te dou graças porque escondeste essas coisas aos sábios e inteligentes e as revelaste aos pequeninos. Sim, Pai, bendigo-te porque assim foi do teu agrado. Todas as coisas me foram entregues por meu Pai. Ninguém conhece quem é o Filho senão o Pai, nem quem é o Pai senão o Filho, e aquele a quem o Filho o quiser revelar'." (Lucas 10,21-22)

"Ajude uma criança que tem dificuldades com a lição de casa. Compartilhe com os outros o que você sabe."[42]

Será que existem áreas da minha vida, especialmente da minha vida espiritual, em que eu precise entender e reconhecer minha ignorância e tomar medidas para aprender, especialmente a sabedoria das "pequenas almas"? Será que não estou obstinado com minha atitude de superioridade e minha falta de disposição para aprender e melhorar? Será que tenho a coragem de defender aquilo que eu sei que é certo e verdadeiro, apesar das opiniões contrárias à minha volta? A minha teimosia e inacessibilidade impedem a difusão das verdades e dos valores do Evangelho? Eu deveria ensinar não apenas com minhas palavras, mas com meu exemplo, com o espírito de fazer o bem aos outros?

ORAÇÃO

Ó Misericordioso Pai, que o Seu divino Espírito possa iluminar, inflamar e limpar nossos corações, que Ele possa nos penetrar com Seu celestial orvalho e nos tornar frutíferos para boas obras, por meio de Jesus Cristo, Nosso Senhor.
Amém.
– Oração de encerramento da Ladainha do Espírito Santo, rezada por Madre Teresa às segundas-feiras

NOVE

ACONSELHAR OS HESITANTES

☦

Madre Teresa recebeu assistência crucial em sua vida espiritual por meio de vários conselheiros que Deus colocou em seu caminho, especialmente quando ela se viu enfrentando trevas interiores excruciantes que se estenderam por décadas. Ela estava imersa em uma profunda provação interior, como atesta um de seus guias:

> *Em nossos encontros, Madre Teresa começou a falar sobre as provações de sua vida interior e sobre sua incapacidade de revelá-las a qualquer um... Fiquei profundamente impressionado com a honestidade e a simplicidade de seu relato, e com a profunda ansiedade que ela vivia em suas absolutas trevas: será que ela estava no caminho certo, ou havia se tornado vítima de uma rede de ilusões? Por que Deus a abandonara totalmente? Por que essa escuridão, sendo que em sua vida anterior ela estivera tão perto de Deus? Ela precisava liderar suas irmãs, iniciá-las no amor a Deus e em uma vida de oração, mas isso havia sido varrido de sua vida, já que ela vivia num vazio completo: Teria ela se tornado uma vergonhosa hipócrita que falava aos outros sobre os mistérios divinos quando estes haviam se extinguido totalmente de seu coração?[1]*

Ao mesmo tempo em que agonizava à mercê dessa longa e dolorosa provação interior, a Madre se sentia imensamente grata pelo conselho e apoio que recebia de alguns poucos diretores espirituais com quem era capaz de partilhar seu sofrimento. Tendo experimentado em primeira mão o alívio que um bom aconselhamento pode trazer a uma alma esgotada, ela ficava ávida por aconselhar quem quer que precisasse de ajuda.

Madre Teresa tinha um notável dom de conseguir pacificar uma "mente inquieta e perturbada". Seu método era simples: primeiro, ela ouvia. Ela ouvia com muita atenção o relato que lhe era apresentado, mas, mais ainda, buscava ouvir a dor e a confusão que acompanhavam esse relato. Às vezes, diziam que ela era capaz de "ler corações". Ela podia, com certeza, demonstrar uma notável compreensão e compaixão, que indicava que seu coração estava aberto a partilhar o sofrimento de outra pessoa. Constantemente ciente da própria fragilidade, em especial de suas trevas interiores, ela assumia uma postura humilde e despretensiosa em relação a tudo. Essa atitude ajudou muitos a se abrirem totalmente com ela e experimentarem sua compaixão. Nesse intercâmbio de coração para coração, ela era capaz de ouvir sem preconceitos e sem julgamentos, dando conselhos de uma maneira que com frequência era inesperada. Com sua "visão de fé", era capaz de olhar para os problemas em questão a partir da "perspectiva de Deus" e então colocar a pessoa na direção certa.

Ao ouvir ou aconselhar os outros, Madre Teresa não se prendia a uma agenda pessoal nem a uma solução preconcebida. Ficava aberta a aprender com cada situação, procurando uma maneira de resolver as questões conforme as circunstâncias se desenrolavam. Mesmo quando a solução para as dificuldades ou situações das pessoas não era imediata, as pessoas encontravam consolo em seus conselhos e orientação. Embora ela não proclamasse ter uma solução instantânea, esta com frequência era, de certa forma, "instantânea", pois a Madre era capaz de encaminhar o problema a Deus em oração, confiando que Ele iria resolvê-lo.

SUAS PALAVRAS

Só posso dar o que tenho
No fundo de cada coração humano, há o conhecimento de Deus. E no fundo de cada coração humano, há o desejo de se comunicar com Ele. E, portanto, a palavra que eu profiro... é verdadeira, porque sou católica, e sou uma irmã totalmente [consagrada] em votos a Deus. Naturalmente, só posso

dar o que tenho. Mas acho que todos... sabem bem no fundo de seus corações que Deus existe, e que fomos criados para amar e sermos amados; que não fomos criados simplesmente para ser mais um número no mundo. Fomos criados com algum propósito, e esse propósito é ser amor, ser compaixão, ser bondade, ser alegria, servir.

Vejam que na vida animal [mesmo nela], existe amor entre os animais, existe o amor da mãe pelo seu pequeno filhote, o pequeno animal que ela deu à luz; está gravado em nós esse amor. Então, não acho que seja difícil para vocês; podemos expressar isso com palavras; mas sabemos muito bem que as... pessoas... sabem que Deus É amor, e que Deus as ama, caso contrário, elas não seriam, elas não existiriam; e que Deus quer que nós nos amemos uns aos outros como Ele nos ama. Todos sabemos disso! Todo mundo sabe – que Deus nos ama. Cada um de nós sabe. Porque, do contrário, não poderíamos existir. A prova de nossa existência é que Deus – alguém que é mais elevado, alguém que é maior – está nos segurando, nos protegendo.

Vida é vida, e a mais bela dádiva de Deus a uma família humana, a uma nação e ao mundo inteiro [é] a criança. Portanto, se a criança nasce com uma deficiência, não podemos destruí-la. Não podemos destruir a criança que ainda não nasceu; não podemos destruir a criança que já nasceu. Se seus pais não quisessem você, você não estaria aqui hoje. Se minha mãe não me quisesse, não haveria Madre Teresa. Então acho que é bom que nossos pais tenham desejado nossa existência. E cabe a nós ajudar as pessoas. Se uma mãe não tem condições de cuidar desse filho abandonado, cabe a mim e a vocês ajudar a cuidar desse filho. Essa é a dádiva de Deus a essa família.[2]

Nosso Pai do Céu proverá

Malcolm Muggeridge, um jornalista e escritor britânico, fez um documentário sobre Madre Teresa e sua obra. Ele tinha muitas questões a respeito da fé, mas acabou sendo recebido na Igreja Católica aos 79 anos de idade. A seguir, uma carta que Madre Teresa lhe escreveu.

Deus, nosso Pai Celestial que cuida dos lírios do campo e dos pássaros no ar – nós somos muito mais importantes para Ele do que os pássaros e as flores do campo –, tem provido abundantemente todos esses anos, está provendo e proverá. Você se lembra de nossa conversa na tevê, que nem você nem eu nunca falamos de dinheiro ou pedimos, e veja o que Deus fez.[3]

A não ser que você se torne uma criança pequena
Acho que agora entendo você melhor. Receio que eu não tenha sido capaz de [dar] uma resposta ao seu profundo sofrimento... Não sei por que, mas você para mim é como Nicodemo [João 3,1], e tenho certeza de que a resposta é a mesma – "se não vos transformardes e vos tornardes como criancinhas" [Mateus 18,3]. Tenho certeza de que você irá compreender tudo magnificamente – é só você "se tornar" uma criança nas mãos de Deus.

Sua ânsia de Deus é tão profunda, e, no entanto, Ele se mantém distante de você. Ele deve estar se forçando a fazer isso, porque Ele ama muito você, a ponto de dar Jesus para que morresse por você e por mim – Cristo anseia por ser seu alimento. Rodeado por plenitude de alimento vivo, você se permite passar fome. O amor pessoal que Cristo tem por você é infinito. A pequena dificuldade que você tem em relação à Sua Igreja é finita. Supere o finito com o infinito. Cristo criou você porque quis você. Sei o que você sente – uma terrível ânsia, com uma escuridão vazia –, e, no entanto, Ele é que tem Amor por você.[4]

Deixe que tudo seja por Ele
Acho que agora, mais do que nunca, você deve usar a bela dádiva que Deus lhe deu para a Sua maior glória. Tudo o que você tem e tudo o que você é – e tudo o que você pode ser e fazer –, deixe que tudo isso seja para Ele e para Ele apenas. Aquilo que está acontecendo hoje na superfície da Igreja vai passar. Para Cristo, a Igreja é a mesma – hoje, ontem e amanhã. Os apóstolos passaram pelos mesmos sentimentos de medo e falta de confiança, fracasso e deslealdade, no entanto, Cristo não os repreendeu – apenas disse "pequenas crianças – de pouca fé –, o que temem?" Gostaria que pudéssemos amar como Ele fez – *agora!*[5]

Sua casa deve vir em primeiro lugar
Uma vez você me pediu para deixar os companheiros de trabalho [porque] isso o afastava de [sua esposa] e filhos. Eles vêm primeiro. Vou sentir sua falta, mas sua casa deve vir em primeiro lugar. Você poderia continuar sendo companheiro de trabalho sem ter o encargo de diretor, pois já tem muita coisa a fazer na Ordem da Caridade. Eu continuo a rezar por isso, mas sua casa vem primeiro. Você e [sua esposa] devem decidir. A felicidade de vocês e seu amor um pelo outro é a única coisa que quero para vocês

– esteja você ou não com os companheiros de trabalho. [Você e sua esposa] serão sempre os mesmos para mim.⁶

Simplesmente aferre-se ao Cristo vivo

Seu sobrinho, como muitos nestes tempos difíceis e tristes de luta pela fé, está passando por sua purificação. Se ele simplesmente se aferrar ao Cristo vivo – a Eucaristia –, ele sairá de sua escuridão radiante, com nova luz: Cristo.⁷

Respeito cada um como filho de Deus

Respeitar cada pessoa como filho de Deus – meu irmão, minha irmã. Sei o quanto isso pode ser desafiador às vezes. Se você achar difícil ver Jesus em Seu aflitivo disfarce de alguém, veja essa pessoa no Coração de Jesus. Ele ama essa pessoa com o mesmo amor que ama você. Isso irá ajudá-lo a ter um amor maior, especialmente por aquela pessoa que mais estiver precisando. Você está na minha oração diária, pois fez muito por Jesus nos companheiros de trabalho. Que Maria, a Mãe de Jesus, possa ser uma Mãe para você.⁸

Não brinque com fogo

Conselhos de Madre Teresa a um sacerdote que enfrentava dificuldades.

É perfeitamente verdadeiro que você é livre para decidir, mas lembre-se: na paróquia, você estava muito feliz e de fato atuou muito bem, tudo por Jesus. E você tinha o grande amor de seus pais e do cardeal e do seu povo – e, no entanto, depois de muita oração, você abriu mão deliberadamente disso para ser um MoC. Conscientemente [você] escolheu ser o Mais Pobre entre os Pobres – escolheu ser um MoC e, portanto, pertencer a uma comunidade. Tenho suas cartas [antigas]; elas estão cheias do espírito e da alegria dos MoC.

Tenho toda a certeza de que o demônio está fazendo o que pode para invadir e destruir a pequena comunidade. Não permita que ele use você como arma. Esta é a sua oportunidade de uma Total Rendição. Dê a Jesus a liberdade de fazer com você o que Ele quiser, um verdadeiro MoC. Você sabe do amor da Madre por você. Todos esses anos você tem ansiado por isso – e agora que é seu, por favor, não o perca. Essa provação é uma dádiva de Jesus para que você se aproxime mais d'Ele de modo a poder partilhar

Sua Paixão com Ele. Lembre-se, Ele desposou-o em ternura e amor e, para tornar essa união mais viva, [Ele] fez de você Seu sacerdote – Sua Eucaristia. Você tem tanta vocação para ser um MoC quanto eu – para ser um Sacerdote dos MoC dos Mais Pobres entre os Pobres. Não brinque com fogo – o fogo queima e destrói.

Reze com frequência durante o dia: Jesus, no meu coração eu acredito em Seu terno amor por mim, eu O amo, e simplesmente quero ser tudo para Você por meio de Maria como um MoC. Vamos rezar.[9]

Sorria
Conselho da Madre a uma estudante.

Sorria. Sempre que encontrar alguém, cumprimente-o com um sorriso. A utilidade de sorrir é que você sempre será agradável a todos. Ao mesmo tempo, fará com que você, seu rosto, pareça bonito. Se você está sempre irritada, tente dar um sorriso, mesmo forçado, e logo verá que consegue esquecer sua raiva, sorrindo para todos.[10]

Jesus, esteja nesta pessoa
Ao falar, olhe para a pessoa que está diante de você. Diga esta oração mentalmente: Jesus, esteja agora nesta pessoa quando eu falar com ela e me ajude a vê-Lo nela. Abençoe-me, para que eu possa falar com ela com toda sinceridade, como falaria com o Senhor. Olhe para mim através dos olhos dela e me ajude a ajudá-la. Se eu falhar em satisfazer o Senhor nesta pessoa, dê-me coragem para que eu possa suportar a dor docilmente e com alegria.[11]

SEU EXEMPLO: os testemunhos

Chegavam de mau humor e iam embora radiantes
Embora a Madre tivesse que lidar com muitas pessoas toda vez que comparecia a algum evento, ela sempre concedia muito tempo, atenção e interesse a cada uma delas. Muitas vezes, eu ficava maravilhada com a sua incansável energia, sua calma e seus sorrisos encantadores, que pareciam ter um efeito mais forte do que analgésicos. Vi pessoas indo até ela com

problemas pessoais, com rostos carrancudos e de mau humor e, pouco depois, iam embora radiantes. Ela tinha o dom de tocar os corações com paz, de ungi-los com o óleo da satisfação e da alegria. Ela escreveu a nós, "Deus fez coisas tão grandes para todos nós, especialmente para vocês... Deveríamos deixá-Lo fazer, Ele faz isso tão lindamente. Com alguma ajuda, tenho certeza de que vocês irão transformar este lugar numa verdadeira Nazaré, aonde Jesus poderá vir e descansar um pouco com vocês. Estou realmente feliz por vocês... A luz do sol elimina qualquer escuridão, mesmo a escuridão espiritual. Já consigo ver os rostos de vocês cheios de sorrisos, graças a Deus."[12]

O que posso fazer por você?

Quando [alguém] vinha até ela, ela não perguntava se a pessoa era pecadora ou se era uma boa pessoa... Estava sempre disponível, com um sorriso ou uma palavra ou uma medalha, uma mensagem ou algo assim. "O que posso fazer por você?"

A Madre tinha uma grande capacidade de ouvir as pessoas, e de ouvir o que elas realmente estavam dizendo, mesmo por trás de suas palavras. Ela era sábia e sempre acolhedora.[13]

O que Jesus faria?

Enquanto eu subia os degraus, ela me chamou de lado. "Padre, preciso falar com o senhor imediatamente"... [Ela] disse, "Padre, recebi hoje cedo uma chamada do governador...". "O que ele queria, Madre?" "Ele queria saber se devia assinar a ordem de execução deste homem... que assassinou duas pessoas a sangue-frio, e estavam exigindo que ele fosse morto, e o governador queria saber o que fazer – se devia dar ao homem prisão perpétua ou sentença de morte. Não sei por que ele devia me perguntar, Padre, eu simplesmente não entendo a situação. Então eu disse ao governador que iria rezar a respeito disso. Falei, 'Por favor, ligue mais tarde'. Então ele insistiu que iria ligar às 8h30." "Sabe, Madre, eu entendo que ele é um político. Se ele aprovar a sentença de morte, vai favorecer um grupo: se optar pela prisão perpétua, favorecerá outro grupo. Ele quer que a senhora o livre do apuro." "Ah, Padre, agora estou entendendo." Alguns dias depois, recebi um bilhete, tenho uma cópia aqui. Dizia, "Quando o governador ligou, eu disse a ele: 'você deve fazer o que Jesus faria se você estivesse no lugar d'Ele'".[14]

A Madre não constrangeu a mulher

Em 1997, uma mulher bem de vida veio procurar a Madre pedindo ajuda. Ela tinha um problema sério com bebida e fracassara em seus vários esforços para controlar o hábito... A mulher caiu de joelhos ao lado da cadeira de rodas da Madre, aos prantos. A Madre não constrangeu a mulher. Com sua grande bondade e gentileza, disse a ela que passasse um tempo diante de Jesus no tabernáculo e expusesse seu problema a Ele como um amigo faria. Nesse curto tempo, foi possível perceber a graça em ação. Aquela mulher passou uma hora em profunda oração diante do Abençoado Sacramento. A Madre voltou para o seu quarto após a oração e ficou quieta e pensativa, mas não mencionou nada sobre a batalha da mulher. O bonito foi que eu vi aquela mulher voltar no dia seguinte e fazer sua confissão. Nunca vou esquecer a paz radiante no rosto dela. Ela prometeu deixar o salário dela nas mãos das irmãs, para não cair em tentação de novo. Havia feito o firme propósito de abandonar a bebida.[15]

Minha resposta é o "Silêncio"

Catorze mulheres haviam se reunido diante [da Madre]. Uma moça jovem se adiantou e perguntou o que poderia fazer quando seu marido discutisse com ela, fazendo caretas e falando palavrões com frequência. "A gente deve brigar e revidar? O que devemos fazer, Madre?", as mulheres perguntavam. [A Madre] permaneceu em silêncio. O silêncio então começou a congelar também do outro lado: uma situação desconfortável. Mas então, a Madre sorriu e disse, "Minha resposta é o 'silêncio'. Vocês devem ficar em silêncio. Em silêncio, não por medo ou opressão, não por falta de coragem ou por receio de serem colocadas para fora de casa. Mas silêncio para mostrar seu profundo desgosto, sua reprovação em relação a grosserias e maus modos. Lembrem-se, existe Deus em vocês e existe Deus na pessoa que vocês encaram em casa; essa pessoa também é Jesus! Deus quer que mostremos nossa força mental, nossa obediência à verdade e à beleza, nossa calma e nossa força mental, porque acreditamos n'Ele. Não devemos fazer coisas que possam deixar Deus triste. Ter fé n'Ele é ter fé em nós mesmas, na nossa mente, no nosso Deus interior, que mora no nosso coração. Quando digo 'Amem uns aos outros como Ele ama vocês!', não podemos nos esquecer de que Deus nos deu Seu melhor amor. Ele também colocou a essência de Seu amor no nosso coração, de modo que pudéssemos dar esse amor aos outros. Deem seu amor mesmo àqueles que parecem rudes com vocês, para não cometerem o mesmo erro que eles cometem com vocês. Silenciosamente, com a sua atitude, façam com que eles entendam que estão realmente perdendo algo em sua vida – perdendo a oportunidade de amar vocês. Estão cultivando algo feio, a ira e o ódio, o egoísmo, um comportamento ruim por si mesmo. Deus os fez belos também, mas eles estão destruindo a própria beleza. Eles compreenderão isso algum dia. Mas não se ponham a cultivar a mesma coisa que eles. Vamos lembrar, o fogo não apaga o fogo. Precisamos de água. A água aniquila o fogo. Da mesma forma, vamos lançar mão da beleza contra a feiura. Da bondade contra a grosseria. De boas palavras contra palavras rudes. Mesmo que vocês peçam a separação, façam isso com amor e amizade, sem hostilidade".

Também foram feitas várias perguntas à Madre quanto a divórcio, separação, violência contra as mulheres etc. Respondendo a outra pergunta, a Madre disse, "Vamos nos unir em uma família, em vez de nos separarmos. Não vamos esquecer que, se pedirmos o divórcio, estaremos também escolhendo dor para nossos filhos com essa cruel decisão. Vamos rezar desde o primeiro dia de nossa vida conjugal, para que possamos viver juntos. A família que reza unida continua unida. Vamos fazer da oração um hábito diário. Rezem, mas não para murmurar umas quantas palavras e gastar algum tempo nisso, mas rezem com o coração e um ardente desejo, uma oração que venha de dentro. Nós não unimos (um marido e uma mulher) para separar, mas para enfrentarmos juntos os desafios da vida".[16]

Enquanto Mumbai ardia

Durante os distúrbios de 1992-93, enquanto Mumbai ardia, muitos cidadãos correram para auxiliar a cidade. Dois deles apresentaram uma ideia singular. Não havia ninguém que pudesse trazer a mensagem de paz de modo mais eficiente do que Madre Teresa. Infelizmente, a saúde da Madre estava muito fragilizada. Teria sido impossível para ela fazer a jornada até a cidade. [Eles] então encontraram uma solução. Uma equipe de cinema iria voar até Calcutá e filmar uma mensagem da Madre. A mensagem seria transmitida por todos os principais canais de TV, e também por TV a cabo. [Eles] entraram em contato com a Madre Teresa, que concordou imediatamente. Quando a equipe chegou à Mother House em Calcutá, viram que as freiras não estavam se mostrando receptivas. Madre Teresa havia passado mal na noite anterior, mas mesmo assim insistira em sair cedo naquela manhã para visitar as vítimas das revoltas em Calcutá. A equipe decidiu então esperar a volta de Madre Teresa. No fim da tarde, ela estava de volta. Parecia exausta. No entanto, quando viu o doutor P, abriu um sorriso. Disse que estava pronta para começar a filmar imediatamente. Mas, antes, ela sentiu que a equipe deveria comer alguma coisa. "Eles devem estar com fome", disse ela a uma das freiras, "fizeram uma longa viagem". A equipe recebeu uma refeição simples de pão e manteiga, bananas e chá. Todos concordaram que aquela havia sido uma das melhores refeições que jamais haviam feito.

Nas horas seguintes, Madre Teresa trabalhou com a equipe de filmagem. Era um trabalho que exigia bastante, mas ela não vacilou. Mesmo quando lhe pediam para fazer mais uma tomada após alguma falha ou problema técnico, ela nunca se queixava. A sua mensagem aos cidadãos de Mumbai foi, como sempre, simples, mas efetiva. Ela pediu que as pessoas se amassem como irmãos, que fossem umas para as outras, que cuidassem umas das outras.

Na manhã seguinte, a equipe precisou sair de Calcutá às cinco da manhã. Madre Teresa estava lá no portão para se despedir deles. Descalça, com um rosário na mão, fez uma curta oração para todos eles. Quando saíram, ela colocou algumas medalhas de Nossa Senhora nas mãos deles. Até hoje, seis anos mais tarde, todos guardam essas medalhas. Em tempos de estresse e dificuldade, essas medalhas abençoadas por Madre Teresa trazem-lhes consolo e paz. A mensagem de Madre Teresa foi transmitida na semana seguinte por todos os grandes canais. Ninguém que a assistisse conseguiria ficar indiferente. Era uma mensagem de amor e paz de uma mensageira escolhida por Deus.[17]

A melhor professora é Nossa Senhora

Eu assumi a promessa da superiora apenas com a Madre. Após a promessa, a Madre me deu uma pequena instrução. Ela disse para eu colocar minha mão na mão de Maria e dar cada passo junto com Maria. Também perguntei à Madre como rezar melhor. A Madre me disse, "A melhor professora é Nossa Senhora" e que pedisse [a Nossa Senhora] que me ensinasse a rezar do jeito que Ela ensinara Jesus. Também me disse para realizar cada ação com uma oração e fazer tudo por Deus, e não para que qualquer outra pessoa visse. Olhe para Nossa Senhora; Ela ponderava as palavras d'Ele no coração. Se eu quiser ser uma verdadeira MoC, devo aprender este silêncio que me permite ponderar Suas palavras em meu coração e, assim, crescer em amor. "Fique receptiva a Nossa Senhora", disse a Madre, "como uma criança fica receptiva à sua mãe. Conte a Ela tudo o que passa pela sua cabeça. Ela está ali para ajudá-la em suas necessidades diárias. Reze o Rosário todos os dias e com devoção, e coloque-se com Maria em cada um de seus mistérios". Durante esses preciosos momentos, eu sentia que a Madre estava ali só por mim. Toda a sua preocupação em relação a mim era que eu fosse uma verdadeira MoC, como a Madre sempre deseja que sejamos... Foi uma verdadeira mãe para mim.[18]

Como eu era orgulhosa

Fui designada superiora. Achei que eu fosse pequena demais, uma pessoa inexperiente etc. Portanto, escrevi à Madre a respeito disso, como eu poderia ser capaz de assumir essa grande responsabilidade? Eu era muito jovem, 31 anos de idade. Sou uma pessoa [tão] insignificante; eu tinha medo: uma grande comunidade, com um centro de formação, um apostolado como o de Shishu Bhavan, Nirmal Hriday, dispensários médicos, trabalho com leprosos, remessas, os companheiros de trabalho de Madre Teresa etc. Achei que tivesse escrito uma carta muito humilde. Em resposta, recebi uma carta gentil dizendo como eu era orgulhosa, que queria fazer todo o trabalho eu mesma, em vez de deixar que Jesus fizesse o trabalho por meu intermédio. Nunca imaginei que receberia uma carta nesses termos, mas ela abriu meus olhos, ensinou-me a me render, e graças a Deus minha missão... foi um sucesso. Deus seja louvado.[19]

O diabo só quer perturbá-la

Em Londres, certa noite, eu estava de plantão em nossa casa para mulheres sem teto. Um grande incêndio irrompeu, e, antes mesmo que eu percebesse que havia um incêndio, dez mulheres haviam perdido a vida por causa disso. Durante o terciado, o diabo começou a me tentar, dizendo que o incêndio e as mortes haviam sido culpa minha. Isso se tornou um mantra, que eu podia ouvir na minha cabeça e no meu coração. Tentei afastar isso com a razão, por causa de todos os anos de paz que eu havia experimentado, mas o "mantra" não ia embora. A Madre veio a Roma para receber nossos votos, e eu tive uma longa conversa com ela, mas não mencionei essa tentação. Eu tinha uma sensação persistente de que deveria falar com a Madre, mas tentava justificar, argumentando comigo mesma que a Madre estava ocupada demais e que talvez isso não fosse realmente necessário.

Por fim, chegou o dia da profissão religiosa, e já era quase hora de sair para ir à Igreja. Tomei a decisão de mencionar isso à Madre. Fui até o quarto dela, e ela estava sozinha. Comecei a dizer: "Madre, por favor, posso falar com a senhora só por um minuto a respeito do incêndio em Londres?". A Madre interrompeu-me erguendo sua mão bem alto e dizendo, "Você não teve nada a ver com o incêndio. Não pode ser culpada por isso. Deus permitiu que isso acontecesse para nos tornar mais humildes". Então contei à Madre que nunca havia me culpado por isso antes; estivera sempre em paz até aquele ano. A Madre disse, "O diabo só quer perturbá-la porque você está fazendo os votos finais. Ele não quer que você faça seus votos e não conseguiu atingir você de outro jeito, então está tentando com isso. Pode ir agora e fique em paz". Com essas palavras, a Madre me abençoou. A partir daquele momento, a tentação do diabo parou e nunca mais voltou.[20]

Esta irmã não deveria continuar como MoC

Falei com a Madre a respeito de uma irmã que finalmente havia feito a profissão religiosa na comunidade e que, na minha observação, tinha um problema muito sério. Eu acreditava que, por causa disso, ela não deveria continuar como MoC. Não contei à Madre o nome da irmã. Quando terminei de falar, a Madre deu um sorriso muito amoroso. A compreensão estava estampada na fisionomia da Madre, que delicadamente afastou o olhar e disse, "Ela não teve o amor de uma mãe". Isso era absolutamente verdadeiro. A mãe daquela irmã havia morrido quando ela era [muito pequena]. A Madre sabia que eu não tinha como ajudar essa irmã, então me disse que ela mesma iria fazê-la mudar. A mudança ocorreu apenas seis meses mais tarde. A Madre não estava de forma alguma tão preocupada quanto eu, e tampouco achava que a irmã deveria ser dispensada de seus votos.[21]

Falem também coisas bonitas

Na comunidade, havia um problema entre as irmãs. E com bastante frequência, eu descobria que a superiora tinha chorado. Eu costumava observar que com grande frequência muitas irmãs veteranas estavam indo até a Mother House. Uma bela manhã, a Madre chegou à comunidade. Ela reuniu todas nós e nos deu uma instrução. A Madre disse, "Estou muito feliz por algumas de vocês terem vindo me ver e me informar o que está acontecendo na sua comunidade, mas lembrem-se, irmãs, a Madre não é uma lata de lixo. Não venham me contar apenas as coisas feias. A Madre também gosta de ouvir coisas bonitas a respeito das irmãs. Venham e falem também das coisas bonitas que estão acontecendo. Sua superiora é uma bela pessoa. Falem também coisas bonitas a respeito dela". A Madre incentivou todas nós a descobrir todas as coisas bonitas da nossa superiora e contar-lhe da próxima vez que viesse.[22]

Aproximar-se amorosamente

Uma mulher rica veio procurar a Madre e pedir que trouxesse paz entre ela e a filha. A Madre aconselhou a mãe a fazer pequenos atos de amor pela filha, sem dizer que era ela que fazia isso (por exemplo, colocar na mesa da filha uma flor de que ela gostasse, preparar aquela refeição que ela adorava etc.). E deu certo. A filha ficou comovida com o esforço que a mãe estava fazendo de se aproximar dela com amor.[23]

Procure sorrir

Uma vez, eu estava visitando a Madre, e ela percebeu que eu simplesmente não estava sendo eu mesmo. Eu contei a ela que havia tido uma divergência de opinião, um desentendimento com minha superiora. Eu estava me sentindo muito deprimido por causa disso. Ela pegou minha mão e me deu alguns conselhos práticos maternais. Disse que eu deveria buscar algum pretexto para me encontrar com minha superiora o mais cedo possível e procurar sorrir o tempo inteiro enquanto [estivesse] com [ela]. A Madre disse que fazia isso toda vez que enfrentava um momento difícil com uma de suas irmãs.[24]

Eu faço isso por você

"Eu não devia fazer isso. Ele não é boa pessoa. Eu não trabalho para gente ruim." Eu estava com muita raiva. A pessoa em pé na minha frente era Madre Teresa, ouvindo todas as minhas palavras raivosas. "Se você está com problemas", disse a Madre, "e é obrigada a fazer algo por uma pessoa de quem não gosta, faça desse jeito". Então, abrindo a palma da mão direita na frente do meu rosto, ela tocou o dedo mindinho da mão direita com o polegar da esquerda e disse, "Eu faço isso por você", começando com "Eu" no mindinho, e terminando com o "você" no polegar direito. Ela tocou cada dedo para uma palavra. "Dedique seu trabalho a Deus e diga a você mesma, 'Deus, eu não estou fazendo esse trabalho para essa pessoa lamentável. Estou fazendo pelo Senhor'. E faça por Deus. Deixe sua mente ser um instrumento da Sua vontade e que suas mãos façam o trabalho d'Ele. Se praticar isso, vai descobrir que muitos dos trabalhos de que não gostamos acabam sendo feitos naturalmente, sem nos causar incômodos". Considero esse um método simples, mas eficaz, de fazer muitos trabalhos que às vezes são essenciais e, no entanto, muito desagradáveis para nós.[25]

Vá em frente, irmã!

Outro dia, estávamos indo para a Rua Otis [por ocasião de] uma profissão religiosa final na basílica. Nesse dia, a Irmã M. estava colocando o lixo para fora, e ela usou o caminho mais curto dos fundos para não ter que cruzar com os visitantes. Ela vinha carregando um grande saco de plástico preto cheio de lixo. A Madre saiu decidida de um dos quartos dos fundos, quase correndo; ela conseguiu desviar de mim, mas bateu em cheio no saco de lixo na mão da assustada Irmã M., que ficou imóvel e não sabia o que dizer. A Madre simplesmente riu e, em vez de ficar chateada porque o saco de lixo estava começando a pingar, pegou o saco da mão da irmã e esperou até que ela se recompusesse, e então devolveu o saco para a irmã de novo. "Vá em frente, irmã!"[26]

REFLEXÃO

"Vinde a mim, vós todos que estais aflitos sob o fardo, e eu vos aliviarei. Tomai meu jugo sobre vós e recebei minha doutrina, porque eu sou manso e humilde de coração e achareis o repouso para as vossas almas. Porque meu jugo é suave e meu peso é leve." (Mateus 11,28-30)

"Cristo, que sendo rico se tornou pobre e se esvaziou para operar nossa Redenção, nos chama a testemunhar a verdadeira face de Jesus, pobre, humilde e amigo dos pecadores, dos fracos e dos desprezados."[27]

Será que estou suficientemente aberto para procurar e aceitar o conselho de outros quando estou em dúvida, confuso, nas trevas? Será que acabo agindo impulsivamente em uma situação na qual me falta clareza, ou eu realmente procuro o conselho dos outros? Sou humilde o suficiente para aceitar ouvir o conselho dos outros e levá-lo em conta?

Eu me disponho a ouvir os outros? Dedico um tempo a ouvir? Tenho paciência com outras pessoas que estão em dúvida e nas trevas? O conselho que eu dou é fruto de minha oração, de minha reflexão e de minha intenção de fazer o melhor pela pessoa que precisa? O meu conselho tem a ver com as minhas motivações ou reflete uma falta de interesse autêntico?

ORAÇÃO

Respirai em mim, ó Espírito Santo,
para que seja santo o meu pensar.
Impeli-me, ó Espírito Santo,
para que seja santo o meu agir.
Atraí-me, ó Espírito Santo,
para que eu ame o que é santo.
Fortalecei-me, ó Espírito Santo,
para que eu proteja o que é santo.
Protegei-me, ó Espírito Santo,
para que jamais eu perca o que é santo.

– Oração de Santo Agostinho ao Espírito Santo, rezada todos os dias por Madre Teresa

DEZ

ADVERTIR OS PECADORES

☩

Advertir os pecadores foi uma das obras de misericórdia que Madre Teresa praticou com maior tato. Ela sabia que era uma pecadora (portanto, não se via melhor que os outros), por isso conseguia demonstrar compreensão e simpatia, mesmo ao corrigir as pessoas. O sacramento da reconciliação (confissão) era uma das suas maneiras favoritas de acertar as coisas com Deus e com os demais, e ela tinha grande apreciação por ele. Ela nunca perdia a própria confissão semanal e recomendava aos outros esse encontro com a misericórdia de Deus como fonte de perdão, cura, paz interior e reconciliação.

"Odeie o pecado, ame o pecador" era um princípio muito arraigado na maneira de Madre Teresa lidar com as pessoas. Ela sabia muito bem como separar o pecado do pecador, o erro do malfeitor, sempre respeitando a dignidade da pessoa, apesar da falta cometida. Essa capacidade incomum era às vezes mal compreendida e vista como leniência ou falta de coragem. No entanto, ela não perdia a oportunidade de corrigir o que achasse errado. Mas fazia isso sem condenar o malfeitor; ao contrário, encorajava a pessoa, incitava-a a se arrepender e a mudar de vida. Não corrigia os outros porque seus erros a incomodavam ou afetavam de algum modo, mas por amor a Deus e ao próprio pecador, pois com aquele pecado ele estava prejudicando sua relação com Deus, com os outros e consigo. Ela fazia o possível para ajudar a pessoa a se reconciliar com Deus e encontrar a paz interior. Corrigia as pessoas não para diminuí-las, menosprezá-las, mas para aprimorá-las; em última instância, porque, como ela dizia, "quero que você seja santo".

Com suas irmãs, Madre Teresa podia se mostrar dura e exigente. No entanto, elas nunca se afastavam da Madre, ao contrário, iam procurá-la sempre que faziam algo errado. "Vocês, minhas irmãs, eu não vou ficar satisfeita em vê-las apenas como boas religiosas. Quero ser capaz de oferecer a Deus um sacrifício perfeito. Só a santidade torna perfeita essa doação". Esse era o seu padrão, embora as irmãs soubessem que não precisavam esconder suas falhas dela e que poderiam se aproximar dela com todos os seus erros e incertezas, pois as palavras da Madre traziam alívio, conforto e cura. Ela era uma verdadeira mãe e consoladora.

SUAS PALAVRAS

Sou uma pecadora
Durante as Estações, quando você está diante da Paixão de Cristo, olhe para a Cruz. Eu consigo achar meus pecados na Cruz... Podemos ser pecadores com pecado e podemos ser pecadores sem pecado. Você está realmente em amor a Cristo? É capaz de enfrentar o mundo? Está de fato convencida de que nada nos poderá separar do amor de Deus? (Romanos 8,39) Corte-me em pedaços e cada pedaço será seu.[1]

☩

Veja, aquele Filho Pródigo só pôde voltar para o seu pai quando disse, "Vou me levantar, irei até meu pai e lhe direi que sou um pecador, que eu sinto muito" (ver Lucas 15,18-19). Ele só conseguiu dizer ao seu pai "Eu sinto muito" quando deu esse passo, "irei até meu pai". Ele sabia que na sua casa havia amor, havia bondade – que seu pai o amava. Nossa Senhora nos ajudará a fazer isso. Vamos fazer isso hoje: vamos nos levantar e ir até o Pai, e dizer a Ele que não somos dignos de estar aqui, de sermos d'Ele.[2]

☩

Como somos diferentes [de Jesus]. Como é pequeno nosso amor, nossa compaixão, como são pequenos nosso perdão, nossa bondade; não somos dignos de estar tão perto d'Ele – de entrar em Seu Coração. Pois Seu Coração ainda está aberto para nos acolher. Sua cabeça ainda está coroada de espinhos, suas mãos, pregadas à Cruz hoje. Vamos descobrir, "Os pregos são meus? Aquela cusparada em Seu rosto é minha? Que parte de Seu corpo, de Sua mente, sofreu por minha causa?". Não com ansiedade ou medo, mas com uma coração submisso e humilde, vamos descobrir que parte de Seu corpo [sofreu], [quais são] as feridas infligidas pelo meu pecado. Não nos deixe seguir sozinhos, mas coloque minha mão na d'Ele. Ele está presente para perdoar setenta vezes sete, pois sei que meu Pai me ama, Ele me chamou de uma maneira especial, deu-me um nome, eu pertenço a Ele com toda a minha aflição, meu pecado, minha fraqueza, minha bondade... Eu sou d'Ele.[3]

O sacramento da misericórdia

Como é grande e terno o amor do Pai por ter dado o sacramento da misericórdia, para o qual vamos como pecadores com pecado e do qual voltamos como pecadores sem pecado. Ah, a ternura do amor de Deus! Se ao menos permitíssemos que Ele nos amasse. "Nada temas, pois eu te resgato, eu te chamo pelo nome, és meu" (Isaías 43,1-2); A água (pecado) não te afogará, o fogo (paixões) não te queimará. Tu és precioso para mim. Eu te amo. Nas palmas da minha mão te gravei. És meu (ver Isaías 49,16).[4]

☨

A santidade começa com uma boa confissão. Somos todos pecadores. Existe santidade sem pecado, pois devemos nos tornar pecadores sem pecado. Nossa Senhora não precisou dizer, "Rogai por nós pecadores". Sou um pecador com pecado. Quando faço uma boa confissão, torno-me um pecador sem pecado. Quando é que me torno um pecador sem pecado? Quando deliberadamente digo aquela palavra, embora algo em mim indique "não diga". É por isso que temos confissão. Espero que façam bom uso da confissão toda semana.[5]

☨

A confissão é tão importante para Jesus quanto para nós. É uma ação conjunta: Jesus e eu. Do mesmo modo que na Sagrada Comunhão: Jesus e eu. Não posso ser perdoado sem Jesus. Jesus não pode me perdoar se eu não contar [meus pecados]. Mais importante do que a instrução da Madre ou a instrução da irmã é *uma boa confissão*. "Vou me levantar e irei até meu Pai."[6]

Eu faço uma boa confissão?

Eu faço uma boa confissão? Examine suas confissões. Você se confessa com um desejo verdadeiro, uma sinceridade autêntica de dizer as coisas como são, ou diz as coisas "pela metade", disfarçando ou omitindo algo? O diabo é muito inteligente. Jesus disse, "Nada temas". Se alguma coisa está preocupando você, coloque isso na confissão e, depois, não se preocupe mais, porque às vezes o diabo fica meses nos perseguindo até que acaba com o nosso amor pela confissão. E a confissão não deve ser uma tortura.[7]

☥

A confissão é Jesus e eu, e ninguém mais. A confissão é um belo ato de grande amor... Não medimos nosso amor por pecados mortais ou leves, mas quando caímos, a confissão está lá para nos purificar. Mesmo que tenha havido uma grande falha, não se envergonhem, continuem como crianças.[8]

☥

A confissão é apenas isto, reconhecer o pecado. Nunca adiem a confissão quando tiverem cometido um ato deliberado... Que dádiva maravilhosa. É por isso que a confissão não deve ser usada como bisbilhotice, mas para reconhecer o próprio pecado: propositalmente eu respondi mal, propositalmente dei coisas sem permissão. Como uma criança pequena, como aquele Filho Pródigo, sigam e digam isso em confissão; nunca escondam, caso contrário, isso irá corroer vocês pelo resto da vida.[9]

☥

Toda vez que vocês caírem, vão se confessar e digam, "perdoe-me". Deus é um Pai misericordioso e irá perdoá-las. O diabo não consegue me tirar do lugar ou me tocar mesmo de leve, a não ser que eu diga "Sim". Portanto, você não precisa ter medo dele.[10]

☥

Vocês não devem se envergonhar e ficar pensando, "Ah, o que o Pai irá pensar disso?". O Pai está ali para tirar seus pecados de vocês. Contamos nossos pecados a Deus e obtemos perdão de Deus. Deus elimina nossos pecados. Devemos ser simples como uma criança: "Devo me levantar e ir até meu Pai". E o que Deus faz? "Trazei-me depressa a melhor veste e vesti-lha, e ponde-lhe um anel no dedo e calçado nos pés. Trazei também um novilho gordo". Por quê? Porque "Meu filho estava morto, e reviveu" (Lucas 15,22-24). O mesmo vale para nós; mas devemos ter essa simplicidade de uma criança e ir para a confissão.[11]

☩

Não crie escrúpulos em sua mente... Se, por um equívoco, você aceitar esse prazer, confesse-se, e lembre-se de que a misericórdia de Deus é muito, muito grande... Veja a grandeza do amor de Deus – Maria Madalena, Margarete de Cortona, São Pedro, Santo Agostinho. A São Pedro, Jesus disse, "Você Me ama?" (João 21,15 e seguintes). É essa a condição. Nunca diga, "Amanhã"; não brinque com a castidade. O diabo irá lhe dizer, "Ah, não se preocupe [com isso]. A Madre lhe falou todas aquelas coisas. A Madre não sabe das coisas. Eu sei. Você é um ser humano, você sente esse prazer". Apesar da tentação, diga de bom grado: "Eu não quero". Veja Maria Goretti, "Morrer sim, pecar não". Santa Agnes, "Morrer sim, pecar não".[12]

☩

Mesmo que tenhamos caído e cometido um pecado de impureza, devemos ter a coragem de nos confessar. Santa Margarete de Cortona era como uma prostituta, uma grande pecadora, mas para provar que Deus de fato a perdoou, todo ano, no seu dia, seu corpo se torna íntegro e completo. Façam uma boa confissão e encerrem o assunto. Nunca, nunca, nunca mais pensem a respeito! Exceto para dizer, "Por esses e todos os pecados da minha vida, especialmente os pecados de impureza, peço perdão", como um ato de humildade.[13]

Nossa Senhora irá ajudá-la
Nossa Senhora irá ajudá-la a permanecer pura. Se leio algo assim, posso concordar. Você precisa ter coragem de se proteger. Por que temos cães? Para nos avisarem de que alguém está chegando – é só o cachorro latir e sabemos

que tem alguém à nossa porta. O diabo é um cão que late. Você se sente inclinada por ele, alguém que irá dividir seu amor por Cristo, ou então você quer dar coisas sem permissão. Você não pode ser toda de Jesus se não for para a confissão.[14]

☦

Nossa Senhora tinha um coração puro, portanto, podia ver Deus. Tinha um coração humilde. Nós também poderemos ver Deus se tivermos um coração realmente puro. É por isso que precisamos da confissão, não para ir lá e ficar falando, mas para entrar como pecador com pecado e sair como pecador sem pecado. Se tivermos esse amor entre nós, poderemos dá-lo. Se nosso interior estiver perturbado, não poderemos dar amor – podemos continuar fingindo, mas simplesmente não haverá amor nenhum.[15]

☦

Tão puro quanto o Coração Imaculado, tão puro quando o brilho do sol – nada vai se interpor entre mim e Jesus. Faça uso da confissão. "Sei que eu não deveria ter feito isso" – algo que seja uma recusa deliberada. Algo dentro do coração me diz "Não", mas eu faço. Vá se confessar... Você tem se mostrado impaciente com as pessoas que vão ao dispensário médico, faça as pazes com isso.[16]

Jesus limpa nossos pecados

Por que você faz uma confissão geral? Não é porque esteja duvidando, mas para fazer essa conexão, para compreender o quanto o Senhor Deus tem sido bom com você – a bondade de Deus... Fazemos nossa sincera e humilde confissão não ao padre, mas a Jesus.[17]

☦

O quanto o padre precisa ser puro para verter o Precioso Sangue em mim, para limpar meus pecados? O quanto é grande este sacerdote para poder dizer, "Este é meu Corpo"? Vocês nunca devem duvidar dessas palavras, "Eu a absolvo, eu a liberto". Mesmo que o sacerdote seja um mau sacerdote, ele tem o poder de perdoá-las, de torná-las livres.[18]

☩

No momento em que o Padre diz "Eu absolvo você", Jesus vem e limpa nossos pecados. O Precioso Sangue de Jesus [é] vertido em nós para nos purificar e limpar nossas almas.[19]

Diante de Jesus como aquela mulher pecadora

Antes de ir dormir... você de fato olha para a Cruz? Não na sua imaginação. Pegue a Cruz nas suas mãos e medite... Nós vemos nossas irmãs brigando por causa de um balde d'água. Será que sou como aquele passarinho, tentando tirar aquele pequeno espinho? Será que tenho compaixão? Jesus teve compaixão dos pecadores. Aquela mulher pecadora diante de Jesus, ele não a condenou (João 8,11). Isso é a confissão. Eu também preciso ser perdoada. A confissão nada mais é do que ficar diante de Jesus como aquela mulher pecadora, porque eu me peguei em pecado.[20]

As confissões devem ser um verdadeiro prazer

Santo Inácio tinha em mente, como regra, a confissão – uma expressão de nossa necessidade de perdão, não um desencorajamento. A confissão não foi instituída na Sexta-Feira Santa, mas no Domingo da Ressurreição, portanto é um veículo de alegria. Não foi estabelecida como uma tortura, mas como um veículo de alegria.[21]

☩

Um sacerdote que é também autor de livros faz confissão todos os dias. Eu lhe perguntei, "Mas o que você diz?". Ele diz que, depois de escrever, relê e corrige [o que escreveu], mas às vezes lê aquilo por prazer ou vaidade. Então vai e se confessa. O Cardeal Sin de Manila – um homem muito santo – me contou: "Eu me confesso quase todos os dias. Na casa do arcebispo há muitos sacerdotes, então eu escolho qualquer um deles". Vejam, irmãs, a confissão tem que ser um verdadeiro prazer. Não devo negligenciar a confissão. A negligência é algo que devemos confessar. Eu devo ir para a confissão com amor, porque tenho a oportunidade de limpar minha alma, de me tornar pura. A confissão é ficar cara a cara com Deus. Quando eu morrer, terei que ficar cara a cara com Deus, mas agora tenho a chance de ir até Ele com pecado e voltar sem pecado.[22]

Devemos reconhecer nossa condição de pecadores

Aquele homem, Zaqueu (Lucas 19,1-10), ele queria ver Jesus e tentou de várias maneiras. Ele não conseguia vê-Lo, até que aceitou que era baixinho – essa aceitação levou-o ao passo seguinte, de aceitar a humilhação de subir em uma árvore e com isso deixar que todos soubessem que era muito baixinho. As pessoas ficaram surpresas ao ver que um homem tão importante precisava subir em uma árvore para ver Jesus. Zaqueu era pequeno de corpo, mas, para nós, é nossa condição de pecadores que corresponde à baixa estatura. Devemos reconhecê-la por meio da confissão – como pecadores com pecado – e então sairemos dela como pecadores sem pecado.[23]

Quando surge a tentação

Faça com que sua pureza seja de fato pura. Não importa o que tenha acontecido, quero que vocês vão à confissão. Quero que sua pureza seja pura, que sua castidade seja casta, que sua virgindade seja virgem. Não ocupe sua mente consigo mesma. A tentação chega a todos nós; seu sentido é ser uma maravilhosa forma de crescimento. As tentações contra a nossa vocação irão surgir, mas sejam como a Pequena Flor [Santa Terezinha do Menino Jesus]: "Pertenço a Jesus e ninguém nem nada vai nos separar". A tentação se apresentou a São Paulo, e devemos ser capazes de dizer o que São Paulo disse, "Eu pertenço a Cristo". Então as pessoas virão e verão apenas Jesus, porque seremos verdadeiros portadores do amor de Deus.[24]

☦

Quando a tentação surgir, lembrem-se das três coisas:
1. "Eu não a quero." Então o diabo não poderá tocar você. Você está segura.
2. Fique ocupada – desde que você saiba e diga "Eu não a quero", você estará bem.
3. Volte-se para Maria. Isso para ela é algo muito precioso para dar a Jesus.[25]

Procurando pecadores

Com a vinda de Jesus, Ele mostrou em Si próprio aquele terno amor, aquela compaixão... exceto quando viu a insensibilidade e a falta de fé dos fariseus. Afora isso, Ele era gentil e dócil, e qualquer um que O aceitasse tinha um lugar no Coração de Jesus. Foram esse terno amor e essa compaixão que o fizeram sentir pena das multidões, curar os doentes e procurar os pecadores.[26]

✝

Somos todos muito pequenos, pecadores, miseráveis e assim por diante, mas Deus se agacha diante de cada um de nós e nos pergunta, "Você virá?". Ele não nos força. Essa é a maravilhosa e terna liberdade que Deus nos dá. Vocês podem crescer no amor de seus votos tão plenamente a ponto de se tornarem santas em vida. [27]

✝

Penso mais em Nossa Senhora quando encaro a nós mesmas como pecadoras. Quando rezamos a Ave-Maria, aquela parte, "rogai por nós pecadores", vamos dizê-la de todo coração e com toda a alma. É Maria que vai obter para nós um coração puro. Foi ela que viu que não havia mais vinho (João 2,3). Vamos pedir a ela que veja em nós essa condição de pecadores – nenhuma santidade – e que conte isso a Jesus. E ela nos dirá, "Fazei o que Ele vos disser" (João 2,5) – para obedecer.[28]

Não matem a pequena criança

É verdade; algumas de vocês fizeram a coisa errada ao matarem no seu útero a criança que ainda não havia nascido, fazendo um aborto. Mas voltem-se para Deus e digam, "Meu Deus, eu sinto muito por ter matado uma criança não nascida. Por favor, me perdoe. Nunca mais farei isso". E Deus, sendo nosso amoroso Pai, irá perdoá-las. Nunca mais façam isso – e acreditem em mim, Deus perdoou vocês. Lembrem-se também de que a sua ação não causou dano à criança. O seu pequeno está com Deus por toda a eternidade. Não existe isso [de] a criança [punir] você ou sua família. A criança está com Deus. Seu filho a ama, perdoou você, e reza por você. Está com Deus, portanto, não pode lhe fazer nenhum mal, apenas amá-la.[29]

✝

A presença de armas nucleares no mundo criou medo e desconfiança entre as nações, já [que são] mais uma arma de destruição da vida humana, da bela presença de Deus no mundo. Do mesmo modo que o aborto é usado para matar a criança não nascida, esta nova arma irá se tornar um meio de eliminar os pobres do mundo – nossos irmãos e irmãs, que Jesus Cristo nos ensinou a amar como Ele tem amado cada um de nós.[30]

☩

Erros estão sendo cometidos ao redor do mundo. Este erro de não manter um coração puro, um corpo puro, que possamos dar a Deus, que possamos dar uns aos outros. E não é errado que uma mulher jovem e um homem jovem se amem. Mas hoje esse aspecto de bela pureza tem sido mais ou menos negligenciado, e erros vêm sendo cometidos. Mas eu peço a vocês, *ajudem* os pais, *ajudem* seus filhos a *aceitarem* esse pequeno, a *não matarem* a pequena criança. A aceitá-la. Todos nós cometemos erros, e os erros podem ser perdoados. Mas matar uma criança inocente é um pecado muito grande.[31]

Sem tempo para que as crianças sejam amadas

Não tínhamos essas dificuldades antes porque a família estava sempre unida. Os filhos conheciam seus pais, e os pais conheciam seus filhos. Mas agora os pais conhecem seus filhos cada vez menos, porque não têm tempo. Ou então ficam horas sentados na frente da televisão e nunca conversam com as crianças. E eu acho que a televisão é uma coisa boa, se usada de modo adequado. Mas a televisão também tem sido um meio de separar os pais de seus filhos. Não há mais tempo para a família trocar amor, para que as crianças sejam beijadas, amadas; elas precisam disso. Porque essa fome de amor está ali, no coração de cada criança, a criança sai à procura disso. Isso trouxe muita solidão à vida das crianças. Para acabar com essa solidão, elas fazem todo tipo de coisa.[32]

Corrija-se

Uma mãe foi com seu filho procurar um homem santo, pois a criança tinha o péssimo hábito de comer [entre as refeições], e o homem disse a ela, "Traga o menino de novo daqui a uma semana", pois compreendeu que ele próprio também tinha esse mau hábito e não poderia falar com o menino com um coração limpo, sincero, a não ser que ele mesmo se corrigisse.[33]

☩

Devemos compreender nossas falhas e corrigir-nos. Por que me tornei desse jeito? Porque sou orgulhoso.³⁴

✝

Você precisa se conhecer; se não for sincero consigo, não corrigirá os erros. Agora é a hora de você corrigir seus erros. Se você realmente ama Jesus, ficará feliz em se conhecer e se corrigir; caso contrário, os erros continuarão com você indefinidamente.³⁵

✝

Não faz sentido você demonstrar irritação quando é corrigido. Porque não há sentido em fazer parte de uma entidade religiosa se você não quer se santificar. Devemos examinar nossos estados de ânimo bem de perto e analisá-los assim que se instalam. Quando descobrimos que estamos propensos a ficar de mau-humor e histéricos, temos que observar, observar, observar. As mulheres são inclinadas a isso – nós vivemos de nossos sentimentos, mas como religiosas não podemos agir assim. Não pensem que por eu estar muito emotiva hoje eu [estarei emotiva amanhã]; não sou aquilo que meus sentimentos fazem comigo, mas sou o que sou diante de Deus. Peço a vocês, irmãs, que se observem bem desde o início. É melhor que sejam rigorosas com vocês agora do que mais tarde, quando será muito mais difícil. Não há problema se eu for propensa a ficar alterada, mas não devo ceder a essa inclinação.³⁶

Nunca corrija alguém em público

Não seja dura no seu tom de voz quando tiver que corrigir alguém. Nunca corrija alguém em público. Sempre que tiver que corrigir algo em uma irmã [fale a respeito] primeiro com Jesus, e pergunte a si mesma, "De que maneira a Madre me corrigiria se eu fosse culpada da mesma falha?".³⁷

✝

Corrigir não é gritar e simplesmente dizer o que lhe vem à cabeça na hora. Corrigir é um sinal de amor. Você faz isso porque ama a irmã.³⁸

✝

Não se permita que saiam da sua boca comentários duros, não caridosos, quando corrigir suas irmãs. Muitos corações foram magoados por palavras ofensivas, ríspidas... Não sei por que vocês têm que fazer isso sendo que nunca fiz isso com vocês. Nenhuma irmã na Sociedade, desde o início dela até hoje, pode dizer que eu magoei alguma de vocês com minhas palavras; quem sabe alguma vez, quando tinham dificuldades para serem obedientes, vocês tenham achado que a Madre foi dura com vocês. Não era eu; eram vocês que estavam sendo duras com vocês mesmas ao não aceitarem obedecer.[39]

O silêncio não pode ser corrigido
Se nos mantivermos em silêncio, o silêncio não pode ser corrigido; se falarmos, se respondermos de volta, cometeremos erros.[40]

☦

Com muita frequência, eu tenho uma resposta, mas evito dá-la. Eu espero um pouco e sou sempre grata a Deus por ter me dado essa oportunidade, porque o silêncio não pode ser corrigido. Maria podia ter contado a José que a criança que ela estava esperando era o Filho de Deus. Aquele pequeno menino não nascido (João Batista) sabia que Jesus havia vindo. José, em pé ali, não sabia (Lucas 1,39-41). Maria soube que José iria fugir. Vamos tomar essa maravilhosa decisão. Vamos controlar nossa língua, evitar que se suje. Vou amar Jesus com um amor completo ao amar minhas irmãs e os pobres como Ele fez. Minha língua deve ser limpa; amanhã Jesus virá na minha língua.[41]

☦

Lembro da minha mãe. Dizem que ela era muito santa. Um dia, três de nós estávamos [dizendo] coisas não muito agradáveis a respeito de um professor. Era de noite. [Minha mãe] levantou-se e [desligou] a chave geral. Ela disse, "Sou uma viúva... não posso gastar dinheiro com eletricidade para vocês ficarem falando mal dos outros". E tivemos que fazer nossas coisas no escuro – subir e descer, tomar banho, ir para a cama.

Minha irmã era costureira. Tínhamos uma placa na parede: "Nesta casa, ninguém fala mal dos outros". Um dia uma senhora muito rica veio fazer uma encomenda à minha irmã. Ela começou a falar mal de alguém. Minha mãe disse àquela mulher, "Leia o que está escrito ali". [A mulher] levantou-se e foi embora. Minha mãe disse, "Prefiro mendigar na rua a aguentar gente sem compaixão na minha casa". Vocês têm essa coragem, irmãs?[42]

Continuem fiéis

Têm ocorrido muitas perturbações na vida religiosa das irmãs, por causa de conselhos e atitudes equivocados. Algo da unidade com Jesus e da unidade com a Sua Igreja se perdeu. Há agora mais amor à liberdade de ação e de modo de vida. Como ocorre com muitas mulheres não religiosas, também entre as religiosas a ambição de ser iguais aos homens em todas as coisas, mesmo no sacerdócio, levou embora aquela paz e alegria de ser uma com Jesus e com Sua Igreja. Eu ficaria muito grata se vocês nos ajudassem a amar, a obedecer e a permanecer fiéis à Igreja e ao Vicário de Cristo e, assim, retornar à nossa total consagração vivendo a verdadeira vida de esposas de Jesus Crucificado.[43]

SEU EXEMPLO: os testemunhos

Jesus quer que você seja um santo

Se falava com alguém que estivesse em pecado profundo, ela nunca dizia, "Você é um pecador". Dizia, "Jesus quer que você seja um santo" e explicava o que estava errado. Ela tentava fazer a pessoa entender o chamado de Deus para ela. Não julgava. Ela lembrava a todos o quanto eram especiais para Deus. E era isso que costumava comover as pessoas. Não era "mude para que Deus possa aceitá-lo e amá-lo", e sim que "Deus aceita e ama você do jeito que você é, mesmo com seus pecados, mas Ele ama você demais para abandoná-lo como é". Ela aprendera com Jesus que fazer as pessoas se sentirem amadas iria [desafiá-las] a reagir em amor.[44]

Elas nos deixou cientes de que estava decepcionada

Uma vez aconteceu de faltarmos com o respeito à Madre Cenacle. Ela se queixou de nós à Madre. A Madre nos deixou cientes de que estava decepcionada e magoada com o nosso comportamento. Ela não nos repreendeu, mas na hora da refeição ficou andando em volta do refeitório dizendo o

Rosário, em vez de entrar e ficar conosco. Todas nos sentimos muito mal. Fomos pedir desculpas à Madre Cenacle. Isso nos fez compreender o amor e respeito [que a Madre] tinha pela autoridade. Ela demonstrava muita preocupação, amor compassivo, disponibilidade e acessibilidade. A palavra *Madre* estava não apenas nos nossos lábios, mas também em nosso coração. Ela conseguia lidar conosco, por mais "rebeldes" que fôssemos.[45]

Não esperava isso de você, meu próprio filho

A Madre conhecia o temperamento e as necessidades de cada um de nós e, portanto, nos tratava de acordo. Se tentássemos dizer algo que fosse indelicado, ela colocava a mão na nossa boca para [fazer a gente] parar de falar. Havia ocasiões em que nos comportávamos mal e dizíamos coisas à Madre que não eram agradáveis. A Madre aceitava dizendo, "não esperava isso de você, meu próprio filho. Isso é bom pra mim. Obrigada". Ela então rezava e esperava que a gente se acalmasse e voltasse a ela para pedir desculpas. Se não voltássemos até o entardecer, elas nos chamava para que fizéssemos as pazes com ela. Depois disso, não voltava mais a mencionar o episódio. Havia vezes em que a Madre era muito rigorosa comigo e não me poupava quando eu costumava ser teimoso. Mas fazia isso com amor e para o meu bem. Depois de me corrigir, fazia questão de me chamar ou de me dar alguma coisa, para que eu não continuasse a me sentir magoado.[46]

Tal qual Eva depois de comer a maçã proibida

Era a estação chuvosa, e tínhamos que carregar nosso guarda-chuva. Eu me sentia incomodada de ter que carregar aquele guarda-chuva grande nos bondes lotados, porque era um guarda-chuva de homem, o maior deles... Antes que eu conseguisse passar do portão, veja só, a Madre já estava lá em pé. Ela perguntou por que eu estava saindo sem guarda-chuva. Respondi que o meu estava quebrado... A Madre pediu que eu subisse e olhasse no quarto dela, que lá havia um guarda-chuva, que eu podia pegar e usar. Eu subi e vi que era um guarda-chuva novinho... e do tamanho do meu. Não pude recusar. Levei-o para a Escola Dominical... Não sei o que me fez pensar em voltar no ônibus de dois andares... Para mim, era algo maravilhoso viajar nele... Subi ao segundo andar do ônibus e me sentei junto à janela e curti a vista.

Logo que atravessamos a Ponte Howrah, um pensamento surgiu de repente na minha mente: se descermos em frente à Mother House, ela ou qualquer outra das irmãs poderia nos ver. O medo então entrou no meu coração. Então, planejamos descer perto de Sealdah. Dali fomos andando até a Mother House... Tal qual Adão e Eva depois de comerem o fruto proibido experimentaram o temor a Deus, assim foi também conosco... Quando chegou a hora de descer do ônibus, não chovia mais, e eu esqueci de pegar o guarda-chuva, que ficou no ônibus. Meu corpo todo ficou gelado. Felizmente, estávamos atrasadas para o almoço comunitário... Minha consciência insistia para que eu fosse contar à Madre... Não tinha coragem... A Madre me chamou... Ela sabia do meu medo porque, quando fui ter com ela, o guarda-chuva já estava lá. Não sei quando nem por quem ele havia sido trazido... De qualquer forma, a Madre me fez ajoelhar e me perguntou os detalhes. De início, fui contando uma mentira atrás da outra... Eu disse a ela que havia perdido o guarda-chuva no bonde. A Madre perguntou o número do bonde que eu havia tomado, porque sabia que não tínhamos voltado de bonde. Ela me fez contar a verdade... Fiz isso depois de muita pressão da parte dela. Depois que ficou sabendo da verdade toda, ela me fez relatar minhas falhas, uma por uma... Não disse muita coisa. Lembro-me só da Madre dizendo, "Nunca mais faça isso". Veja só quanta compaixão e amor da Madre por mim. Paciente e bondosa.[47]

☦

A Madre não me repreendia pelo erro cometido, mas me chamava de lado e dizia docemente, "Você tem sido tão boa, o que aconteceu com você agora?". Então, ela me dava uma bênção com ambas as mãos. Era esse o jeito que a Madre usava para me corrigir nos seus últimos anos.[48]

Só podemos mudá-los com nosso amor

Algumas de nossas crianças órfãs eram muito travessas, e um dia eu decidi puni-las: não servi o almoço a elas, e disse à mesa que não lhes daria comida. A Madre me fez deixar meu prato e servir-lhes o almoço. Ela disse: "Só podemos mudá-los com nosso amor, não com nossa punição".[49]

Com muita paciência ela corrigia

Em Shkodra, na Albânia, a Madre dava comida para as crianças; como elas eram espásticas e tinham graves deficiências, ficavam com o rosto todo sujo a cada colherada que a Madre lhes dava. Ela nunca deixava as crianças sujas, e limpava a boca delas a cada colherada. Com muita paciência, corrigia as aspirantes e mostrava-lhes como limpar a boca das crianças. O amor com que ela fazia isso dizia mais do que as suas correções. Lembro especialmente de um menino que tinha o corpo muito desfigurado. Ele estava repleto de medo, gritava muito, e gritava mais ainda quando alguém chegava perto dele. A Madre dava atenção especial a esse menino, e passou a ser capaz de segurar a mão dele etc., e depois de alguns dias, ele sorria toda vez que via a Madre. Então a Madre nos chamou até a cama dele e assim nos "apresentou" a ele como amigas dela, para que ele nos aceitasse também.[50]

Esse não é o jeito de lidarmos com Cristo
Quando era um jovem religioso, fui alocado em um hospital de leprosos. Uma vez, um casal idoso e bastante incapacitado teve uma pequena dificuldade no hospital e foi trazido à Mother House. Eles queriam conhecer a Madre. Por alguma razão, ela não pôde recebê-los, então eles passaram a ir todo dia à Mother House, incomodando as irmãs. Um dia, as irmãs ligaram para mim e disseram, "Um casal de pacientes fica sentado aqui perturbando a casa inteira. Por que não faz alguma coisa?". Quando ouvi isso, fiquei com raiva, e naquele estado de raiva, fui até lá correndo. Assim que parei na frente da Mother House, pude ver o casal: o homem, com uma perna artificial e muito deformado, uma pessoa muito frágil. Eu, tomado pela raiva, ergui-o e o coloquei dentro da ambulância. Depois de um tempo, vi que a Madre estava descendo. Ela disse, "Irmão, você fez um quarto voto. Qual é o seu quarto voto? Serviço voluntário dedicado de coração aos mais pobres entre os pobres. Fez esse voto, não?". "Sim, Madre, de fato fiz esse voto". "O que você acabou de fazer aqui agora?" Ela disse isso de maneira muito educada, sem muitas palavras. Pude sentir o jeito maternal de me corrigir, e a Madre falou, "Esse não é o jeito de lidarmos com Cristo. O pobre homem é Cristo. Ele é o Cristo, em sua aflição. Tudo o que este pobre homem está nos mostrando é o Cristo na Cruz que nós conhecemos. Não devemos fugir". A maneira como a Madre me fez essa correção influenciou profundamente minha vida. Até hoje me lembro disso... com muito carinho.[51]

Um tratamento de choque
Da primeira vez que fui como postulante trabalhar num leprosário, tinha medo de pegar a doença. Depois de uma semana, procurei a Madre para lhe dizer que eu tinha visto uma mancha no meu braço. A Madre acreditou em mim e pediu que o doutor S. me examinasse, e ele disse que não havia

nada, nem mesmo um ponto. Então, a Madre me chamou e disse, "Vou mudar seu local de trabalho. Acho que você não merece servir aos leprosos". Isso foi como um tratamento de choque para mim. A partir desse dia, rezei para superar meu medo da doença, e para que, quando surgisse outra oportunidade, eu pudesse voltar para eles.[52]

Dizer a verdade em caridade

Quando um primeiro-ministro da Índia introduziu a esterilização de adultos para fazer cair o número de nascimentos, [a Madre] escreveu para essa [pessoa] e disse claramente, "Você não tem medo de morrer e ter que responder por esse terrível pecado?". Ela permitiu que a carta chegasse à imprensa e fosse publicada nos jornais, pois achava que era uma questão muito grave. Ela não recuou. Disse a verdade em caridade.[53]

Falar a verdade

Em 1979, Madre Teresa recebeu o Prêmio Nobel da Paz... Passando por Roma em sua volta à Índia, veio até o nosso seminário e se pronunciou... Ao que parece, no dia seguinte ao evento da premiação, um padre veio para a missa no convento onde a Madre estava hospedada, já que as MoC ainda não estavam na Noruega. Após a missa, o padre disse à Madre que ele ouvira a transmissão do discurso dela na noite anterior e que havia ficado muito preocupado. A Madre havia se pronunciado abertamente contra o aborto pela primeira vez, e dito com todas as letras que o aborto nada mais era que um assassinato, questionando como era possível que uma jovem mulher cometesse um assassinato dessa maneira. O padre disse que, ao falar desse jeito, ela apenas afastaria as jovens. A Madre disse a nós, "Eu simplesmente olhei para o Padre e falei: 'Padre, Jesus disse, Eu sou a Verdade (João 14,6), e o senhor e eu temos que falar a verdade. Aí cabe a quem escuta aceitá-la ou rejeitá-la'". A Madre acreditava no radicalismo da mensagem do Evangelho e amava as almas demais para ser influenciada por questões de respeito humano.[54]

Vocês precisam voltar ao seu primeiro amor

Um cardeal... trouxe um grupo de teólogos. Ele disse à Madre, "Gostaria que você dissesse o que está de fato no seu coração em relação a eles". Ela virou-se para os teólogos e disse, "Quando abrimos os Evangelhos e lemos a passagem em que Jesus censura os líderes religiosos daquele tempo, vocês seriam capazes de afirmar com toda a sinceridade que não estão numa posição em que poderiam ser igualmente censurados hoje?". E então ela continuou, "Vocês precisam voltar ao seu primeiro amor".[55]

Prefiro ver o que há de bom
Um dia [a senhorita X] começou a se queixar da corrupção nos serviços do governo. Para tudo era necessário dar propina. Na realidade, ela queria que a Madre intercedesse em favor de alguém [que] não conseguia obter uma autorização da prefeitura sem ter que desembolsar uma grande quantia em dinheiro. [Ela] disse, "Madre, você poderia ajudar, porque [esta cidade] é muito corrupta. Não conseguimos nada a não ser que paguemos algo por fora". A Madre imediatamente disse, "Você sabe que o nosso povo é muito bonito". E ela começou a contar quantos presentes as pessoas traziam na época de Natal. E a mulher disse, "Sim, Madre, isso é muito bonito, mas vamos encarar os fatos. A grande maioria está simplesmente atrás de dinheiro". Da segunda vez, a Madre introduziu um raio de esperança: "Você sabe que [eles] têm um costume belíssimo. Eles pegam um punhado de arroz e reservam para os pobres". E ela começou a contar a história de uma família que compartilhava o arroz. Frustrada, a mulher ficou irritada e gritou, "Madre, acorde, por favor! [Esta cidade] é um inferno de corrupção!". Um grande silêncio se fez entre nós. Era embaraçoso ouvir a mulher falar daquele jeito. E de novo a Madre se mostrou muito calma. Ela olhou para a mulher, bem nos olhos, e disse, "Eu sei muito bem que há corrupção... mas sei também que há coisas boas! E prefiro ver o que há de bom".[56]

Há muita coisa boa
Uma vez eu disse à Madre, "Madre, há muito mal neste mundo". Ela ficou quieta um momento, olhou bem para mim e disse, "Irmã, há muita coisa *boa* neste mundo".[57]

Juntando as mãos, ela implorou que pusessem um fim à briga
Em 1992, quando eclodiram as revoltas entre hindus e muçulmanos em Calcutá, a Madre e algumas irmãs, com crianças que aguardavam adoção, estavam indo de ambulância para o aeroporto. No caminho, depararam-se

com um conflito violento entre muçulmanos e hindus. A Madre desceu da ambulância e, no meio daquele perigo, ergueu as mãos, fazendo sinais para que parassem. Juntando as mãos, ela implorou que pusessem um fim à briga e lembrou-lhes de que eram todos irmãos.[58]

Advertiu-o com delicadeza

Um dia, quando eu era noviça, um garoto [pobre] de uns 14 anos de idade entrou na Mother House, pulando o muro, e quebrou a tranca do [depósito] e levou algumas caixas de sabão, pratos etc. Aconteceu de manhã, enquanto estávamos em oração. Ele ficou aguardando que a porteira abrisse a porta para poder levar embora seu saque. A irmã [porteira] gritou, "Ladrão, ladrão". Fomos todas correndo até o local. O garoto, morrendo de medo, se escondeu em um dos nossos banheiros. Contamos à Madre e ficamos esperando, animadas, para ver que punição seria dada ao culpado. Para nossa total perplexidade, a Madre pegou o garoto pela mão e o levou com grande compaixão para perto do portão. Ela mesma abriu a porta, advertiu-o com delicadeza: "Não faça isso de novo", e o deixou ir embora como se nada tivesse acontecido.[59]

Podia acontecer com você e comigo

Dois dos homens no abrigo foram vistos pelas pessoas da vizinhança se masturbando na janela. Então, essas pessoas ficaram compreensivelmente incomodadas... Pasmem, nessa hora, a Madre chegou à cidade. [Um companheiro de trabalho] perguntou à Madre, "O que devemos fazer?". E a Madre disse, "Vocês sabem que isso é muito, muito, muito ruim, esses homens devem ir se confessar". Preciso ser honesto, àquela altura eu estava esperando que ela dissesse para colocá-los para fora de lá, certo? Ela disse, "É muito, muito ruim, esses homens devem se confessar, mas isso poderia acontecer comigo e com você amanhã". Não sei, mas para mim, na minha vida, essa declaração foi como uma daquelas bolas de ferro de demolição me atingindo na parte de trás da cabeça, e é algo que não vou esquecer nunca, até o dia em que eu morrer... Quer dizer, eu fiquei impressionado com aquela declaração e, depois que a Madre morreu, isso não só significou muito em termos de sua santidade, mas o mais espantoso, e que só compreendi há pouco tempo, [é que] ela realmente falava sério.[60]

Nunca duvide da misericórdia de Deus

Uma vez, eu vim a Calcutá para um retiro. Eu estava muito preocupada com um pecado que eu havia cometido. Então fui ver a Madre. Escrevi todos os meus erros e especialmente meu pecado, que estava me perturbando, e dei para a Madre ler. Ela leu tudo. Então rasgou o papel em pedaços e disse pra mim, "Estou colocando tudo isso no Coração de Jesus, e nunca, nunca duvide da misericórdia de Deus. Agora que confessou seu pecado, lembre-se de que Deus a perdoou e que Ele esqueceu tudo". E a Madre me explicou a respeito do grande amor, do perdão e da misericórdia de Deus. Depois pegou uma imagem do Imaculado Coração de Maria, escreveu nela "Seja uma Mãe para mim" e "Deus a abençoe, Mãe", e no verso da imagem escreveu "Proíbo você de se preocupar com o passado, confie em Nossa Senhora", e me deu. E aquele meu pecado, em vez de me afastar de Deus, foi um instrumento para me tornar humilde, para me trazer mais perto dele e aumentar minha devoção pelo Misericordioso Coração de Jesus. Graças à Madre.[61]

REFLEXÃO

"A palavra de Cristo permaneça entre vós em toda a sua riqueza, de sorte que com toda a sabedoria vos possais instruir e exortar mutuamente. Sob a inspiração da graça, cantai a Deus de todo o coração salmos, hinos e cânticos espirituais." (Colossenses 3,16)

"Somos todos pobres, pois somos todos pecadores."[62]

"Não somos imaculados, mas devemos ser pecadores sem pecado."[63]

Reconheço que sou um pecador com muitos pecados? Disponho-me a reconhecer meus erros e pecados e aceitar que os outros me corrijam? Sinto-me ofendido se alguém aponta meus erros? Como eu poderia reagir de modo mais agradável àqueles que apontam meus erros?

Eu me permito tomar o caminho da menor resistência possível e evito assumir a posição de defender o que é verdadeiro e bom? Será que me falta a coragem para fazer ou dizer o que é certo, por temer a opinião dos outros?

Será que faço bom uso do sacramento da misericórdia, da reconciliação?

De que maneiras eu poderia ajudar alguém a compreender que aquilo que ele está fazendo não é certo, ou de que maneira eu poderia incentivar a pessoa a fazer melhor? Existe uma maneira de mostrar com o meu exemplo o caminho da verdade e do bem?

ORAÇÃO

ATO DE PENITÊNCIA
Ó Deus, eu Te amo com todo o meu coração e acima de todas as coisas. Perdoa-me por ter-Te ofendido, porque és muito bom. Tomo a firme resolução, com o auxílio de Tua graça, de não mais ofender-Te. E farei tudo o que me pedires.
Amém.

ONZE

SUPORTAR COM PACIÊNCIA OS ERROS

☦

Paciência, serenidade e constância de caráter eram qualidades que aqueles que estavam em volta de Madre Teresa podiam observar nela. Sua calma característica era um sinal de uma pessoa bem equilibrada e mortificada, capaz de colocar as coisas numa perspectiva adequada e aceitar os desafios como parte da vida. Ela demonstrava essa admirável tranquilidade de espírito, especialmente quando era tratada de maneira injusta pelos outros. Mesmo quando era mal interpretada, menosprezada ou incompreendida, mostrava-se paciente; sabia que essas eram expressões de seres humanos pobres, fracos e pecadores, como ela, e, assim, conseguia ser tolerante e até agradável.

Em uma visão que ela teve já no nascimento dos Missionários da Caridade, Madre Teresa havia visto Cristo Crucificado suportando todos os possíveis erros pacientemente, em virtude de Seu amor por ela e por todos. Ela, portanto, estava ansiosa para agir do mesmo jeito, imitando-O e mostrando o amor dela por Ele. "Se sou a esposa de Jesus Crucificado, então devo ter alguma semelhança com Ele – partilhar um pouco da identidade com Ele para mostrar que a Ele pertenço". Assim, praticar a tolerância foi uma oportunidade para ela saciar a sede d'Ele de amor. Ao mesmo tempo, estaria unida aos mais pobres entre os pobres, que diariamente sofrem muitos males e injustiças. É muito natural esforçar-se para aceitar e perseverar em suportar o que se faz de errado conosco. Nossa primeira reação poderia ser evitar certas situações, e essa talvez seja a coisa certa a fazer.

No entanto, sempre haverá situações das quais é impossível se esquivar, então será preciso enfrentar o mal que nos é dirigido, seja ele intencional ou não. Madre Teresa nunca esperou receber tratamento especial nem exigiu privilégios especiais, mas mesmo quando era tratada pior que os outros, era capaz de reagir de maneira generosa. Às vezes, era uma questão de se dispor a ser vítima das limitações, do egoísmo ou da falta de consideração dos outros, mas ela aceitava o comportamento dos demais sem deixar que os outros percebessem que havia sido maltratada.

Em última instância, via esses desafios ou ofensas como sendo permitidos por Deus por razões que ela nem sempre seria capaz de compreender, mas sabia que Ele podia extrair algo de bom deles, como São Paulo afirma em Romanos 8,28 ("Aliás, sabemos que todas as coisas concorrem para o bem daqueles que amam a Deus"). Ela então aceitava de bom grado essas provações e sofrimentos, e, unindo-os à Cruz de Cristo, oferecia-os para a sua própria purificação e para a salvação e santificação das almas.

Quando a situação se invertia e era ela que havia tratado alguém mal, fazia questão de ser a primeira a pedir desculpas. Mas, indo além, ela seria a primeira a buscar a reconciliação, mesmo quando não houvesse sido ela que tivesse agido mal.

SUAS PALAVRAS

A volta para casa

Lembro-me de minha mãe e de meu pai; eles podiam ter uma divergência de opinião, mas depois minha mãe costumava olhar para o relógio, pois sabia a que horas meu pai voltava para casa, e [ela então] corria para o andar de cima para se arrumar, todo dia. Costumávamos pregar peças nela. Era muito bonito. Eles podiam discordar, mas sempre faziam as pazes como se nada tivesse acontecido, dia após dia. Vejam, isso é algo que temos que aprender com nossos pais, eles cuidam um do outro.[1]

Compartilhemos a paixão

É muito natural, pois somos seres humanos e nosso Senhor deve ter se sentido assim às vezes, chegando a chorar, Ele se sentiu muito solitário, e... quando estava morrendo, disse, "Por que me abandonaste?" (Marcos 15,34).

O grande sofrimento de Jesus foi Sua solidão, Sua rejeição no Getsêmani. Sinto que a Paixão de Cristo no Getsêmani foi muito, muito, muito mais difícil para Ele aceitar do que a Paixão da Crucificação, porque o próprio coração de Cristo foi crucificado quando Ele foi rejeitado, excluído, indesejado, desprezado, deixado de lado – simplesmente abandonado. E penso que nós, se realmente pertencemos a Jesus, devemos então experimentar essa solidão; devemos ter essa experiência, essa sensação de sermos indesejados até mesmo por Ele às vezes. Ele deve ter essa liberdade. Se Ele assim escolhe, tudo bem, [...] então devemos dizer a Jesus, "Tudo certo". Se ele quer que compartilhemos aquela Paixão do Getsêmani, será apenas a sua reencenação, e se de fato pertencemos a Jesus, devemos experimentar essa Paixão de Cristo. Ter essa experiência. E [é] às vezes um longo tempo, às vezes um breve tempo, talvez – depende; Ele é o Mestre, Ele pode escolher. Ele pode vir a nós em Sua Paixão, Ele pode vir a nós em Sua ressurreição, Ele pode vir a nós como uma criança, um padre, na forma que Ele quiser.[2]

☩

É muito difícil lidar com as pessoas, mas Jesus disse que, quando baterem na nossa face direita, devemos oferecer-lhe também a outra (Mateus 5,39). Às vezes, as pessoas nos magoam. Fique feliz, compartilhe a Paixão de Cristo. Enfatize esse ponto, olhe para o alto e veja-O. Se formos humildes como Maria e santos como Jesus, eles verão Jesus em nós, e nós veremos Jesus neles.[3]

☩

Por que Jesus foi humilhado e crucificado? Pelo nosso bem. Foi uma terrível humilhação, difícil aceitar a Crucificação – Ele transpirava sangue. Também na nossa vida temos que enfrentar muitas situações – muito dolorosas. Para Jesus, não houve "Ah, mas...", não havia condições. Foi uma terrível humilhação para Jesus, e nós afirmamos ser as esposas de Jesus Crucificado. Façam um exame interior: de que maneira vocês aceitam [a humilhação]? Vocês cresceram nesse terno amor?[4]

☩

Então O vemos na Cruz. Ele poderia ter descido quando eles pediram a Ele que o fizesse. Poderia ter feito isso com muita facilidade. Todos teriam ficado muito assustados e teriam fugido dali. Ele poderia ter feito isso no Getsêmani, mas por amor a vocês e a mim, continuou na Cruz. Não tentemos fugir da Cruz ou da humilhação; em vez disso, vamos agarrar a oportunidade de ser como Ele, de viver a Sua Paixão em nós. Um portador de amor significa um portador da Cruz. Se quero ser uma verdadeira MoC, devo ser uma verdadeira portadora da Cruz. Talvez, carregando a Cruz possamos cair ao longo do caminho. É muito bonito fazer as Estações da Via Sacra, vendo Nossa Senhora encontrar Jesus no caminho, ou pedindo a Simão para ajudá-la a carregar [a Cruz] quando se cai durante o caminho. Havia muitas pessoas no caminho até o Calvário – Nossa Senhora, Simão, Verônica, as mulheres. Somos Verônica para nossas irmãs na comunidade? Somos Simão para os nossos superiores? Somos uma mãe para os nossos pobres como Maria foi para Jesus na Quarta Estação [da Cruz]? Peçam a Jesus para que aprofunde o amor de vocês.[5]

Lembrem-se do que fizemos para magoar Nosso Senhor
Ficamos surpresos com o quanto as pessoas magoaram Jesus: eles O estapearam, cuspiram n'Ele. Aquilo que atiramos ao esgoto estamos atirando em Jesus. E Jesus não diz uma palavra. Toda vez que dizemos coisas feias, palavras desprovidas de compaixão, estamos fazendo a mesma coisa a Jesus – "A mim o fizestes". Terrível... atirar coisas, cuspir – foi quando Verônica interveio e limpou Sua face. Cuspir em Nosso Senhor – "A mim o fizestes". Quando? Agora. Pensamos que não somos responsáveis por aquilo que eles fizeram; mas é exatamente o que fizeram a Ele que estamos fazendo agora. Hoje quero que vocês se coloquem diante do Abençoado Sacramento; [voltem e examinem] na minha própria família, como aspirante, postulante – olhem diretamente para Jesus. Aquilo que vocês fizeram àquela irmã, àquela pobre pessoa: "Estou cuspindo n'Ele". Tomem isso para vocês e verão como sua atitude irá mudar por completo. Hoje mesmo pela manhã eu estive com Jesus. Em vez de palavras de amor, eu dou sujeira; pecado é sujeira, é ruim assim. Jesus nos dá uma palavra de amor. Se você quiser saber se seu coração está bem, [examine] suas palavras; minhas mãos estão agindo, meus pés estão agindo, minha língua está agindo por meio da minha fala.[6]

☩

Hoje, veja se você é capaz de olhar para a Cruz e dizer: "Por meus pecados"; "Vou me levantar e irei até meu Pai"... Lembrem-se das coisas que fizemos para ofender Nosso Senhor. Por que somos nós – e não [as outras irmãs] – que estamos aqui hoje? Talvez as outras tenham feito [algo errado] apenas uma vez e não estejam aqui. Esse é o mistério de Deus. É por isso que agora estamos dizendo o Rosário em reparação pelos pecados cometidos por cada uma de nós, aqui dentro de nossa própria Sociedade. Vamos pedir que Nossa Senhora seja a Causa de Nossa Alegria abrindo nossos olhos, para que possamos enxergar o pecado em nossa vida.[7]

☩

Talvez [alguém] tenha dito uma palavra que me magoou, e essa mágoa esteja impedindo que eu tenha um coração limpo, e me impedindo de ver Jesus. Eu não serei capaz sequer de rezar, porque é apenas no silêncio do coração que Deus fala. E se não estou à vontade para falar com Deus, devo examinar se meu coração é puro. Não digo impureza, mas algo que me impede [de ver, de ouvir]. Da plenitude do meu coração, eu falo com Deus, e Deus ouve. Precisamos de um coração puro se queremos de fato rezar, servir aos pobres.[8]

Vocês serão capazes de enfrentar qualquer ofensa

Quero que vocês passem seu tempo ficando a sós com Jesus. O que significa estar a sós com Jesus? Não significa se sentar sozinha com seus pensamentos. Não, mas mesmo no meio do trabalho e das pessoas, você saber da *Sua presença*. Significa que você sabe que Ele está junto de você, que Ele a ama, que você é preciosa para Ele, que Ele está apaixonado por você. Ele chamou você, e você pertence a Ele. Se você souber disso, estará bem em qualquer lugar, sob qualquer superior; será capaz de enfrentar qualquer fracasso, qualquer humilhação, qualquer sofrimento, se você compreender o amor pessoal de Jesus por você e o seu por Ele. Nada e ninguém! [Romanos 8,39]. Caso contrário, você estará tão preocupada com coisas sem importância que aos poucos se tornará uma irmã fraca.[9]

Estar pronta a pagar o preço que Ele pagou pelas almas

Jesus diz, "Em verdade vos digo: se o grão de trigo, caído na terra, não morrer, fica só; se morrer, produz muito fruto" (João 12,24). A missionária deve morrer todo dia se quiser trazer almas para Deus. Ela deve estar pronta a pagar o preço que Ele pagou pelas almas, a trilhar o caminho que Ele trilhou em busca de almas.*10*

☦

Com que frequência mal-entendidos muito pequenos – repetidos – tornam-se a causa de grande sofrimento? Em nome de Jesus e por amor a Jesus, aceitem essas pequenas dádivas d'Ele. Olhem para a pequena mágoa e vejam nela apenas a dádiva de Jesus. Ele... aceitou muito sofrimento e humilhações porque amou você. Você não irá aceitar uma pequena correção ou mágoa por amor a Ele?*11*

☦

Você escreve "minha vocação"; sim, a sua e de seu marido é deixar que Deus faça com vocês o que Ele quiser. Dê a Ele seus olhos, para que Ele possa ver; sua língua, para que Ele possa falar; seu Coração, para que Ele possa amar; todo o seu ser, para que as pessoas possam olhar e ver apenas Jesus. Você, ao viver para Jesus, está me ajudando muito mais agora do que todos os meus discursos juntos. Todos os sacrifícios que você teve que oferecer quando o Bispo repreendeu suas Companheiras de Trabalho – e o resultado disso tudo, a grande dádiva que a Santa Sé tem dado às suas Missionárias da Caridade, o "Decreto de Louvor".* Você teve que pagar por ele.*12*

☦

Vocês são as esposas de Jesus Crucificado. Sejam a alegria, a paz, aonde quer que forem. Seja qual for o trabalho que lhes for dado, façam-no com alegria. Vivam de coração, de alma e de mente, apenas para Jesus. Se viverem todas para Ele, não terão o que temer. O maior sofrimento, a maior humilhação será a maior dádiva para vocês.*13*

☦

Um coração puro é capaz de ver Deus. "Tive fome, e me destes de comer; estava nu, e me vestistes". O que isso significa, "A mim o fizestes"? Será que

---

* Reconhecimento pontifical por meio do qual a Congregação das MoC foi colocada diretamente sob a autoridade do papa, em 1º de fevereiro de 1965.

seus corações são tão puros [que vocês consigam] ver Jesus em suas irmãs, mesmo naquela que ofendeu você? Nunca, nunca, pronuncie uma palavra desprovida de compaixão.[14]

Agarre a oportunidade

Quando a superior corrigir você, quando ela a culpar, mesmo sem você ter cometido um erro, olhe para dentro de você por um minuto [e examine]. Se concluir que é culpada, peça desculpas. Se não for culpada, agarre a oportunidade, ofereça-a à sua comunidade, à Madre, às suas intenções... Agarre a oportunidade, porque essa humilhação vai fazer de você uma bela irmã. Eu poderia ficar falando com vocês sobre humildade o dia inteiro e vocês não iriam melhorar. Mas ao aceitar as humilhações, vocês se tornarão irmãs mais humildes. E todas as temos – teremos humilhações por toda a nossa vida.[15]

☨

Qual é a sua reação ao ser censurada ou corrigida? Examine isso. Se sua reação é resmungar, então você não está usando os olhos da fé. Observe seus pensamentos, suas palavras, suas ações quando lhe for chamada a atenção.[16]

☨

Se sou de fato humilde, vou responder, "Sim, obrigada". O orgulho fala de modo pesado, e destrói em seu caminho tudo o que é amoroso e bonito. A palavra que você profere quando está com raiva devido a essa repreensão – por exemplo, "Ah, ela está sendo parcial" – fica circulando, e na hora em que volta a você, já é algo diferente. Exatamente como no pecado de Adão e Eva. Eles deram talvez uma única mordida na maçã, e, no entanto, esse ato afetará a humanidade até o final dos tempos. Se formos de fato humildes, seremos de verdade como Cristo, faremos coisas que são do Seu agrado. Então estaremos no caminho da verdadeira santidade. Nada nos tornará santas, a não ser que tenhamos iniciado por esse caminho. A não ser que tenhamos aprendido a aceitar humilhações, nada mais, nem inúmeros trabalhos em prol dos pobres, terá qualquer valor.[17]

☨

O que é melhor, ser culpado por algo que você fez ou por algo que você não fez? Se você aprender a fazer isso, se aprender a aceitar tudo o que Deus lhe der e encarar com um grande sorriso tudo o que Ele lhe tirar, terá aprendido a ser humilde. Aquela oração que eu ensinei irá ajudar: "Em união com todas as missas sendo oferecidas ao redor do mundo, eu ofereço ao Senhor meu coração. Torne-o dócil e humilde como o Seu coração."[18]

☦

Mesmo que a superiora de vocês não as entenda ou diga coisas que as magoem, essa pequena mágoa não deve se interpor entre vocês e Jesus. Essa humilhação irá aproximá-las de Jesus. Nunca reaja a essa humilhação. O sofrimento tem que vir, a humilhação e a solidão [têm que vir], porque você está para se tornar a esposa de Cristo Crucificado. Não lhe será dada uma grinalda, não lhe será dada uma coroa, o que lhe será dado é uma Cruz. "Você é minha esposa, compartilhe comigo."[19]

☦

Se você está determinada a se tornar santa, agarre [cada humilhação] como uma oportunidade; não deixe que ela desça até seu coração – [deixe que ela passe] direto, entrando por um ouvido e saindo pelo outro. Essas pequenas humilhações são dádivas de Deus.[20]

☦

Na vida de todo mundo ocorrem continuamente essas lindas dádivas – oportunidades de demonstrar nosso amor por Jesus nas pequenas coisas, nessas pequenas humilhações. E se formos humildes, se tivermos um coração puro, então veremos a face de Deus em oração e, desse modo, seremos capazes de ver Deus uns nos outros. É um círculo completo, irmãs. Tudo está interligado. O fruto de nossa oração é esse amor por Jesus – comprovado quando aceitamos com alegria pequenas humilhações.[21]

☦

É muito fácil reclamar. Nunca façam isso. Vocês vieram para cá por causa de seu amor a Jesus. Hoje terão que demonstrar seu amor por meio da aceitação. Hoje vocês são repreendidas, e isso magoa. Nunca respondam.

A não ser que lhes peçam, se ela [a superiora] perguntar, "Foi você que fez isso?", então vocês podem dizer "sim" ou "não". Se ela não perguntar, se ela só colocar a culpa em vocês, mesmo que grite com vocês, [perguntem a si mesmas] "Isso é verdade?". Essa é a única pergunta que vocês precisam se fazer. Se seu coração for puro, digam: "Sinto muito, não farei mais isso". Se não for, aceitar isso ensinará vocês a se tornarem irmãs humildes. Aceitem. Nunca, nunca – após uma repreensão –, nunca fiquem irritadas com isso. A irritação é fruto do orgulho. É uma vingança: "Você me magoou. E eu não tenho meios para magoar você. Então fico irritada". Agarrem a oportunidade. Isso é uma humilhação que ensinará vocês a se tornar uma irmã humilde. Um coração puro irá lhes trazer alegria.[22]

✝

Nunca deixem que a amargura se instale em vocês se quiserem ser felizes. Se vocês realmente se entregam a Deus, a humilhação, o fracasso, o sucesso, o desgosto, a dor estão nesse "sim". Quando nos esquecemos desse "sim", [...] a amargura entra em nosso coração.[23]

✝

Não desperdicem tempo. Não se preocupem com o que ela disse ou se ela magoou vocês, ocupem-se com as almas. Sintam que vocês têm muito a fazer e muita coisa pela qual rezar.[24]

✝

Quando as pessoas elogiarem vocês, deixem que seja pela glória de Deus. Quando as pessoas as menosprezarem, não deixem que isso lhes traga mágoas. Quando forem elogiadas, não permitam que isso lhes encha de orgulho. Deixem que entre por um ouvido e saia pelo outro. Nunca deixem que isso chegue ao seu coração... As pessoas sempre dizem muitas coisas diferentes.[25]

✝

Seja sempre a primeira a pedir desculpas. Nunca deixe que saia da sua boca aquilo que você ouve dos outros. Nunca dê sequência. Se você se sentir magoada, não revide [não tente se vingar]. A alegria de nossa vida é justamente esta [perdoar]. Aquela irmã que a magoou, que não foi delicada com você, ela é o mais pobre entre os pobres. Se você não se preocupa em sorrir ou perdoar, está rejeitando Jesus.[26]

‡

As épocas de dificuldades – são as épocas de rendição, e nelas vocês nunca devem faltar com a sinceridade, nunca devem exagerar ou pensar uma coisa e escrever outra. Nunca escrevam mais do que o necessário; nunca escrevam quando estiverem magoadas ou quando uma irmã tiver deixado vocês chateadas. Quando se sentirem livres, só então escrevam. Os erros que vocês cometerem, não se eximam deles nem os escondam, ao contrário, sejam as primeiras a assumi-los diante dos outros antes que os outros os revelem. Vocês estão recebendo o que Jesus quer que vocês recebam. Se forem sinceras, santas, humildes, receberão exatamente o que devem receber, nada mais, nada menos.[27]

‡

Lembrem-se de Nazaré, o lugar onde Ele próprio nasceu. Lá, queriam apedrejá-lo quando Ele explicou as Escrituras (Lucas 4,28-29). Vocês precisam sofrer pela verdade. Terão que dizê-la, mas não a digam sem orar: "Deixe-me dizê-la pela glória de Seu Filho". Sejam inteiramente para Jesus por meio de Maria. Vivam isso. Eles O chamaram de mentiroso, Belzebu, Ele nunca respondeu; exceto quando O estapearam, "Por que me feres?" (João 18,23). É uma grande humilhação para um homem ser estapeado em público. Aceitem as humilhações. Sem humildade, vocês não poderão ser como Jesus e Maria; aceitem.[28]

Jesus, por amor a vocês

No mosteiro Carmelita, onde estava a Pequena Flor, eles abrigavam uma freira idosa a quem ninguém conseguia agradar ou satisfazer. Ela estava sempre reclamando, por isso, ninguém queria cuidar dela, mas a Pequena Flor, por amor a Jesus, ofereceu-se para cuidar da velha freira. Então todo dia a ladainha começava, "Ah, mas você é lenta demais [ou apressada demais], você vai me matar desse jeito", ou "O que você está fazendo, não dá para ir mais rápido?" – reclamando de todas as maneiras possíveis. A Pequena Flor obedecia à freira todas as vezes e fazia isso porque queria ser toda para

Jesus, seu Esposo crucificado. Coisa estúpida talvez, mas para Deus nada é estúpido a partir do momento em que dizemos "Jesus, por amor a vocês".[29]

☩

Como eu gostaria de estar com você estes dias – apenas estar aí –, eu sei e posso imaginar a ferida causada pela ação do Bispo. Mas o que dizer da terrível ferida no Coração de Jesus, que o amou primeiro? Todas nos sentimos muito mal, e isso está apenas nos nossos sentimentos, mas a ferida do Nosso Senhor é profunda e dolorosa, porque a ferida foi causada por aquele que Ele ama tanto. Devemos rezar para que ele volte a Jesus, e tenho certeza de que Ele não desprezará um bambu quebrado. Não permita que a dor e o desgosto – não importa quão profundos – preocupem você, pois Cristo quer seu amor agora. Você pode amá-Lo por todos aqueles que não O amam. Ele deve receber todo o amor que Ele anseia de vocês dois. Jesus deve amar muito o seu lar.[30]

☩

Pobre Jesus – tanto sofrimento para Ele, e, no entanto, a Cruz, Nazaré, Belém, foi Seu primeiro amor. Ele, sendo rico, tornou-se pobre por amor a nós. Não deixem que nada separe vocês do amor a Cristo, mesmo amigos como o Bispo – [ao contrário] levem a mente de vocês a pensar de modo diferente. Atenham-se a Cristo. Ele é o mesmo Amor que amou vocês primeiro. Não vamos julgar. Ninguém... Não permitam que qualquer tipo de pensamentos e boatos perturbe vocês. Fixem os olhos no Cristo. Ele é o mesmo, ontem, hoje, amanhã: um amor que irá arder sempre, uma força que nunca irá falhar, uma alegria que sempre nutre... Mantenham-se próximos de Jesus com um sorriso no rosto.[31]

Fiquei muito tempo sem notícias de vocês, e então recebi a triste notícia da universidade. Esta é nossa oportunidade de demonstrar nosso amor pela Igreja. Ela precisa agora de nós, mais do que nunca. Vamos ser todos generosos e ficar junto a Cristo em Sua Paixão. Sinto como se ouvisse Jesus dizer nesta confusão, "Vocês também irão embora?". Ele é o Amor que vale a pena amar, a Vida que vale a pena viver, a Luz que vale a pena arder, o Caminho que vale a pena seguir. Lembrem-se de Pilatos e Caifás, e, no entanto, Jesus obedeceu a eles porque eles tinham "poder advindo de cima". O bom bispo tem "poder advindo de cima", portanto, todos nós devemos obedecer – Cristo irá falar a nós somente por meio dele –, Jesus não parou de nos amar pelo fato de Caifás, o alto sacerdote, ter sido tão cruel e ter cometido erros terríveis. Vamos ficar muito, muito próximos de nossa Mãe, a Igreja, por meio de nosso bispo, em total submissão, confiança amorosa e alegria.[32]

☩

Minha irmã pode não ter larvas [como aquele sem-teto na rua], mas veja essa aspereza. Ela está me magoando muito. Então eu revido... Se essa irmã disse isso a você, é algo ruim, mas por que ela fez isso? Você não sabe. Não julgue. Vocês terão paz na comunidade se não julgarem.[33]

Sentindo o sofrimento dos nossos pobres

Vejam, nossos pobres têm que sofrer muito; somos as únicas que podem ajudá-los. Ofereçam sua dor a Jesus por eles. Sintam a Sua dor, Sua humilhação, Sua Paixão. Nunca ninguém passou por mais dor e humilhações do que Jesus, tudo por vocês. Agora temos a oportunidade de aceitar tudo isso por amor a Ele.[34]

Pensem simplesmente em quanto Maria ama Jesus. Ela sempre esteve perto d'Ele: em Suas humilhações, quando queriam apedrejá-Lo e quando o chamaram de Belzebu; a caminho do Calvário, quando ele estava na Cruz, quando bateram n'Ele, quando O pregaram, cuspiram n'Ele, fizeram-no morrer como um criminoso – e Maria não se sentiu envergonhada por ser Sua Mãe em todas as ocasiões, como o único amor d'Ela, como tudo que Ela tinha. Ela ficou ao lado d'Ele. E nós? Ficamos ao lado dos nossos pobres em seus sofrimentos e humilhações?[35]

Por que eles e não eu ou você?

O abade Pierre[36] veio uma vez a Nirmal Hriday. Acho que aquilo o afetou muito, ele não parava de dizer, "Por que eles e não eu?". Quando ele voltou à França, escreveu um belo artigo intitulado, "Por que eles e não eu ou você?". Quando visito os pobres, fico magoada, isso deve magoá-las também, se vocês são de fato esposas de Jesus Crucificado. Trata-se de Cristo Crucificado, do Calvário revivido, e é por isso que precisamos de penitências, porque queremos partilhar da Paixão de Jesus.[37]

SEU EXEMPLO: os testemunhos

Quando alguém se mostrava difícil ou trazia problemas para a Madre, ela fazia o possível para se mostrar mais amorosa com essa pessoa.

Tudo por Jesus

Muitos pacientes moribundos eram enviados pela Ambulância Municipal de Calcutá a Nirmal Hriday, e as irmãs MoC também os recolhiam das ruas de Calcutá. Na maioria das vezes, eram pacientes que estavam morrendo. Um grupo de pessoas escrevia no jornal que a Madre estava tirando sangue dos pacientes e que, por causa disso... muitos pacientes morriam. Pedi que a Madre protestasse contra isso, mas ela se manteve silenciosa e calma. Ela disse, "Isso é tudo o que Deus quer. Um dia essas pessoas irão compreender seu erro e lamentar-se por isso". A palavra da Madre revelou-se verdadeira. Uma daquelas pessoas estava sofrendo. Naquele momento, ninguém quis cuidar dela, mas a universal Madre esteve sempre ali por ela. Deu-lhe amor, e aquelas pessoas então compreenderam a Madre.[38]

☩

"Deixem que as pessoas nos critiquem, dizendo que a Madre tem um monte de dinheiro, mas não construiu hospitais e abrigos e coisas do tipo." A Madre estava acima disso tudo. Não dava muita atenção a nada dessas coisas, nem permitia que nos ocupássemos com elas. Sempre fazia o sinal da Cruz na sua boca e dizia, "Tudo por Jesus". Eram essas as palavras em sua boca: Tudo por Jesus.[39]

A Madre perdoou o paciente, reabilitou-o e ajudou a família dele

Um de nossos pacientes leprosos em Calcutá mostrou-se violento com a Madre no portão da Mother House... Um dos garotos vizinhos viu a cena da sua janela. Ele foi até lá, segurou o homem e o ameaçou, e o homem fugiu correndo na hora. A Madre perdoou o paciente, reabilitou-o e ajudou a família dele.[40]

Uma boa lição sobre como sermos bondosas
Havia [um menino órfão] que quase sempre dava infindáveis dores de cabeça às irmãs da Mother House. O menino também só queria dinheiro, e quando a Madre recusava, ele ia até a recepção e quebrava todas as cadeiras. A Madre ia até ele e apenas o olhava. Ele parava e pedia perdão. Mas em outra ocasião, ele veio numa tarde, quando a casa toda descansava. Começou a criar problemas, depois correu e se escondeu no banheiro, na ala das noviças. Uma irmã decidiu chamar a polícia, que chegou rapidamente e ficou por ali um tempo. A campainha tocou e nos acordou, e, como todas nós, a Madre estava a caminho da capela. Ela viu a polícia e perguntou do que se tratava. Quando lhe disseram que era o menino órfão, a Madre ficou muito alterada. "Por que vocês não me acordaram, em vez de chamar a polícia?". Ela foi até os policiais, chamou-os de lado e falou com eles. "Ele é um dos nossos meninos, é meu filho. Ele não vai mais fazer isso, podem soltá-lo". E então, virando-se para ele, a Madre perguntou, "Não é mesmo?", e ele moveu a cabeça para dizer "Sim". A polícia o levou para fora do portão e o soltou. Mas nós, irmãs, após tomar nosso chá, recebemos uma boa lição sobre como sermos bondosas e perdoar, mesmo quando nossas crianças e pacientes criam problemas.

Uma carta muito feia contra a Madre nos jornais
Em uma cidade da Índia, quando as irmãs abriram um dispensário para atender às necessidades dos pobres, um certo médico começou a perder alguns de seus pacientes e ficou com muita raiva das irmãs. Com raiva, escreveu uma carta muito feia contra a Madre e mandou publicar nos jornais. A Madre foi até o dispensário e, ouvindo das irmãs o que havia ocasionado o artigo, foi até a residência do médico e bateu à porta. Que choque foi para o médico ver a Madre na porta de entrada! Com muita doçura, ela disse, "Doutor, sou a Madre Teresa. Vim para lhe contar uma série de coisas que o senhor não sabe a meu respeito". Ele a convidou para entrar, completamente atarantado. A Madre não contou o que mais ela lhe disse, mas ele se tornou um companheiro de trabalho e começou a ajudar as irmãs em nosso dispensário.[41]

Não se preocupe comigo
Quando Christopher Hitchens publicou seu horrível documentário sobre a Madre, com o título de *Hell's Angel* [Anjo do Inferno], fiquei muito furiosa... Liguei para a Madre e disse "Lamentamos muito que uma coisa dessas tenha

acontecido", e eu fervia de ódio, amargura, vontade de revidar. Como era possível que alguém permitisse que sua própria motivação egoísta chegasse a ponto de fazê-lo difamar uma pessoa que fazia tanta coisa em nome do Senhor; e, no entanto, sendo humano, ele fez isso. E eu me preocupava com Madre Teresa: "Ah! Como ela deve estar se sentindo!". A preocupação dela era "Mas o que há de errado com você? Você deveria estar rezando por ele; não se preocupe comigo. Temos que amá-lo; temos que rezar por ele". Não sei, mas isso foi uma coisa que ficou muito pública, e a atitude geral da Madre era a de que nós tínhamos que amá-lo. Que tínhamos que rezar por ele. Portanto, a vida dela era uma vida de amor, não só por aqueles que estavam próximos dela, mas até por aqueles que eram seus inimigos... [Mais tarde] quando encontrei a Madre em Calcutá, ela me perguntou se eles ainda estavam falando mal dela. Eu disse, "Ah, não, Madre, isso tudo já passou", e a Madre disse para mim, "Se fizeram todo tipo de coisa com Jesus e o chamaram de Belzebu, então onde estamos nós? Todos por Jesus por meio de Maria", e apertou minhas mãos com força. Nunca vou me esquecer disso.[42]

☦

Toda vez que eu comentava com ela, "Madre, estão dizendo tal coisa a seu respeito", ela dizia, "Está tudo nas mãos de Jesus. Não há com o que se preocupar".[43]

Não julguem

A Madre não menosprezava ninguém, nunca acusava ninguém e nunca culpava ninguém. Ao contrário, sempre desculpava. Costumava dizer, "Não sabemos a intenção ou a situação que faz as pessoas errarem. Não podemos julgar". Ela escreveu, "Um dos pecados que eu nunca tive que confessar: duvidar das ações de qualquer pessoa, incluindo vocês. É comum eu ver que algo de errado está sendo feito, e não posso dizer que é certo, mas por que aquela pessoa age ou fala daquela maneira eu não sei. Isso me mantém livre de fazer julgamentos, que é o que Jesus disse" (Mateus 7,1).

Vamos rezar por eles

Conversas pouco compassivas eram algo que ela detestava. Se alguma irmã começava a se queixar a respeito de alguém, a Madre imediatamente passava os dedos sobre a boca [o sinal da Cruz], para lembrar a irmã de que devia manter silêncio. Quando alguém vinha lhe contar que ela estava sendo criticada ou difamada, ela dizia, "Vamos rezar por eles", e às vezes até encarava isso com um humor humilde, rindo de si mesma. Às vezes comentava conosco, "Vamos aprender com isso e nos corrigir nos pontos em que tivermos errado".[44]

Uma vez, duas irmãs tiveram um conflito terrível. A Madre tentou fazer com que vissem uma à outra de forma mais positiva, mas a que estava em falha mais grave despejou sua raiva sobre a Madre com palavrões. Virou as costas disposta a sair pela porta da frente. A Madre foi rápida e a conteve de modo muito amoroso enquanto tentava fazê-la entender. Estou convencida de que a irmã ainda está conosco, como uma MoC boa, trabalhadora e leal, por causa da Madre.[45]

Eu estava muito alterada

Lembro-me de uma vez em que eu estava muito alterada e a Madre notou. Ela me chamou até o quarto dela e perguntou, "O que aconteceu? O sol se pôs antes da hora? São só três da tarde". Quando eu lhe expliquei, ela me deu uma lição preciosa para praticar. Disse, "Veja, Jesus está ardendo de amor em seu coração. Você O ama, e Ele a ama. Esse amor ardente está ali, mas está faltando alguma coisa. Ele precisa de um pouco de incenso para completar a glória de Deus. Hoje de manhã, você rezou, 'Ajude-me a espalhar Sua fragrância', e então Ele proveu o incenso. Agora cabe a você pegá-lo e oferecê-lo a Ele em gratidão. Dê o incenso a Ele com todo o seu amor, e sentirá a fragrância d'Ele em seu coração. Custa a Jesus amá-la. Você também deve pagar parte do preço para salvar almas com seu amor por Jesus".[46]

Madre, um dos bebês está morrendo

Eu olhei meu relógio e disse a ela, "Sabe, Madre, se a senhora quer pegar esse avião, precisamos ir". E ela disse, "Sim, você tem razão, estou indo". Então ela ficou em pé e fez menção de sair, mas as irmãs precisavam ser abençoadas de novo! Eu sentia minha irritação crescendo; eu ficava dizendo, "Por favor, por favor, vamos andando!". Continuei tentando conduzir a Madre até o carro, mas aí alguém mais dizia outra coisa e a dispersava de novo. Finalmente, chegamos ao carro e eu segurei a porta para ela entrar e senti até um forte impulso de empurrá-la para dentro, quando, de repente, a superiora disse, "Madre, um dos bebês está morrendo". A Madre parou de repente e disse, "Tragam a criança para mim".

A essa altura, eu já estava no meu limite, digamos, e expressava uma atitude do tipo "não temos tempo para bebês que estão morrendo. A senhora tem um avião no qual embarcar". Sério mesmo! ... De qualquer modo, eu não disse nada, mas minha linguagem corporal, minha cara de desaprovação, meus suspiros já diziam tudo. A Madre não disse para mim, "Você está sendo muito rude e impaciente. Pare com isso. Preste atenção no que está fazendo. Estou falando de um bebê que está à morte. O que está acontecendo com você?". E ela tampouco me mandou embora dizendo, "Então desista, já que está tão incomodada. Vou pegar o avião no meu tempo". Ela não reclamou de mim nem apontou meu comportamento horrível. Ela simplesmente, de modo muito amoroso, colocou sua mão em meu braço e disse, "Eu irei, mas preciso ver essa criança". Com todas as minhas falhas, naquele momento, ela cuidou também de mim.

A Madre deve ter visto Jesus no aflitivo disfarce das pessoas de maus modos, porque ter maus modos também é uma forma de pobreza. Sabe, ela não apontou o quanto eu estava sendo rude; ela me acolheu e me apoiou mesmo com a minha aspereza, e o resultado foi que eu derreti, simplesmente derreti. O pequeno bebê agonizante foi trazido para ela. A Madre deve ter visto milhares de crianças naquela condição e, no entanto, teve tempo de rezar e de enfiar uma Medalhinha Milagrosa na roupa do bebê antes de entrar no carro. Foi um incidente peculiar, e eu tive o privilégio de testemunhá-lo e de ser parte dele. Não foi um ato representado para o meu benefício – esse era o jeito da Madre; portanto, quantos outros atos simples e peculiares de amor ela deve ter realizado em sua vida? É fascinante pensar nisso.[47]

Uma irmã difícil

Tivemos uma irmã que era difícil... Um dia, no almoço, essa irmã disse à mesa que não queria comer a comida; disse que perdera o apetite só de olhar para a comida. Todas ficamos constrangidas, mas a Madre não; ela agiu como uma verdadeira mãe. Arregalou os olhos e pediu que uma irmã fosse pegar outro alimento para a tal freira. Então a Madre retomou a conversa. Quando a irmã chegou com a comida, a Madre sorriu e permaneceu na mesa com a irmã, enquanto nós tivemos que nos levantar e ir, pois já era nossa hora. A Madre não disse àquela irmã que fizesse o sacrifício de comer ou que fizesse o que o restante de nós fazia etc. Vi isso muitas vezes, que a Madre amava as irmãs incondicionalmente, [...] confiava nas irmãs, e alimentava grandes esperanças em relação a cada uma de nós, mesmo as "mais pobres entre as pobres".[48]

Preocupada apenas em ajudá-la

Em uma ocasião, uma irmã estava com problemas. A Madre arrumou um jeito de levá-la para ver o padre. Enquanto a irmã estava com o Padre, a Madre ficou andando para cima e para baixo na varanda, rosário na mão, obviamente rezando por aquela irmã, sem se preocupar com a ofensa ou o sofrimento que a irmã havia causado à Madre, mas preocupada apenas em ajudá-la.[49]

Você não pode mostrar sua boa reputação a Jesus?

Uma vez, magoada e chateada porque uma irmã estava falando mal de mim, contei à Madre que não estava mais conseguindo lidar com aquilo. Achei que ela iria me dar algum apoio ou perguntar: "Como? Quem? O quê?" etc. A resposta da Madre foi uma surpresa. Ela olhou firme para mim e disse, "Mas você não pode mostrar sua boa reputação a Jesus?", então compreendi, um pouco, o nível em que a Madre funcionava. Ela não punha o foco nas dificuldades, incidentes, pessoas – tudo era Jesus. O que Ele está me dizendo, me pedindo, me dando? Ou seja, a Madre procurava a verdade profunda na situação – a Verdade do Amor – e respondia a partir dessa Verdade. Por isso, quando alguém perguntava à Madre como fazer para se tornar realmente santo, a resposta era invariavelmente a mesma: "Pegue o que Ele dá e dê o que Ele toma com um grande sorriso". Ao que parece, era assim que ela conseguia estar 24 horas por dia com Jesus – em amor – e tornar sua vida algo bonito para Deus. Viver assim exigia uma *fé heroica* consistente.[50]

Só a sua bondade irá ajudar

Um padre estava criando problemas para nós na missão. Quando a Madre chegou para nos visitar, contamos a ela sobre ele. A Madre disse, "Deus o colocou aqui para que vocês possam amá-lo e ser bondosas com ele. Tomem cuidado para não falar dele de maneira não compassiva, ajudem-no e sejam boas com ele. Neste momento, ele é o mais pobre entre os pobres". Nunca ouvi a Madre falar de alguém ou contra alguém, mesmo quando fosse verdade. Eu falei com a Madre sobre uma pessoa, e ela imediatamente me fez parar. Ela dizia, "Seja bondosa com ela. Só a sua bondade poderá ajudá-la".⁵¹

O garoto deu um jeito de tirar o dinheiro da minha mochila

[Na época de] Natal, enquanto eu estava no mercado, encontrei ali um garoto muito miserável e malnutrido. Fiquei muito feliz [ao ver que ele seria] o nosso presente de Natal, e decidi levá-lo para casa. Enquanto eu andava, o menino ia me seguindo. Uma hora em que eu estava tentando escolher o peixe, o garoto deu um jeito de tirar o dinheiro da minha mochila, um envelope com 960 rúpias. Eu o vi sair correndo, e mal pude acreditar que aquilo havia sido feito pelo mesmo garoto. Vendo minha aflição, as pessoas fizeram uma busca por todo o mercado, mas não encontraram o garoto. Fiquei muito triste, cancelei a compra, fui para casa e pedi desculpas à minha comunidade... Imaginei que, como compensação, eu teria que carregar muitos baldes de água da caixa d'água principal até a caixa d'água do banheiro... Enquanto isso, escrevi à Madre explicando tudo. Em fevereiro, houve um retiro na Mother House. Tremendo de medo, fui até a Madre, narrei uma vez mais todo o episódio. A Madre me ouviu de uma maneira muito bonita e disse uma frase que estava além das minhas expectativas: "Não importa, irmã, aquele garoto devia estar precisando muito daquele dinheiro". Nenhuma palavra de julgamento ou de censura àquele garoto, ou para indicar alguma falha no meu jeito desatento.⁵²

O poder do amor da Madre

Havia muitos problemas em Calcutá devido às revoltas entre hindus e muçulmanos. Ao meio-dia, eu e a Madre estávamos indo para a Park Street. Antes de chegarmos ao Park Circus, vimos um grupo grande de pessoas, com pedras e pedaços de pau, facas e espadas... Estavam tentando destruir muitas casas. De longe, a Madre veio com ambas as mãos erguidas e pediu que o motorista tocasse a buzina. As pessoas perceberam que a Madre estava dentro do veículo. Todos largaram as pedras etc. e vieram correndo até o carro. Conforme se aproximavam, a Madre juntou as mãos. Ela não disse uma palavra. Fez um sinal com as mãos para que se afastassem. Todos eles tocaram os pés da Madre, tomaram sua bênção e voltaram como carneirinhos. A Madre esperou até que todas as pessoas fossem embora. Aquele dia, compreendi o poder do amor da Madre, que traz paz a corações perturbados. Fiquei pensando em por que a

Madre não disse uma palavra sequer a eles. Então compreendi a frase que ela costumava dizer, "Se eu falar, terei que apoiar um lado, e não ambos, e então ficarei empacada com política e paro de amar". A Madre era muito sábia; sabia quando falar e quando não falar, e sua ação naquele momento foi aceita como sinal de seu amor e como uma defesa da paz.[53]

Venha conhecer nosso pessoal na casa

O governo de Assam estava dando à Madre um grande terreno para pacientes com aids. O ministro-chefe insistiu que a Madre viesse para aceitar o terreno. À tarde, quando a Madre chegou, uma multidão havia se formado para ver a Madre e tomar sua bênção etc. Uma senhora bem-vestida chegou, começou a falar todo tipo de coisas contra o trabalho, contra os pobres, como se tudo o que a gente estivesse fazendo fosse inútil. A Madre deu umas gentis palmadinhas no braço da mulher e disse, "Não tenho nada a lhe dizer, mas gostaria muito que viesse conhecer nossas pessoas na Casa, e depois eu me encontraria com a senhora". Depois de algum tempo, aquela senhora voltou. Ela chorava profusamente e disse à Madre, "Eu cheguei aqui com o coração vazio, e estou indo embora com o coração cheio de satisfação. Madre, minhas mãos estão vazias; eu não tenho nada para contribuir com a sua obra". Então, ela quebrou a grossa corrente de ouro que trazia no pescoço, removeu o medalhão que era o símbolo de seu casamento, guardou-o, e colocou a corrente nas mãos da Madre, dizendo, "Madre, por favor não me rejeite; aceite isto". A Madre aceitou de bom grado a corrente. E levou-a até a recepção, ficando algum tempo com ela. Aquela senhora já era uma pessoa totalmente transformada. A vida dela havia mudado graças ao convite da Madre para que visitasse a Casa antes que dissesse mais alguma coisa.[54]

Meu filho

Havia um paciente do leprosário que estava dando muito trabalho às irmãs. Durante três dias, ele ficou deitado perto do portão, impedindo nosso veículo e nossas irmãs de saírem. Ele ficava atirando pedras e quebrou a janela do veículo, e assim por diante... Estava muito insatisfeito, e não podíamos ceder às suas exigências insensatas. Enquanto estávamos nessa situação desesperadora, a Madre chegou ali, com alguns visitantes de Calcutá. Assim que a Madre chegou, os nossos demais pacientes foram contar tudo à Madre. A Madre desceu da ambulância e falou gentilmente com o paciente do leprosário. Ela disse, "Meu filho, eu vou levá-lo comigo para Calcutá, e vou instalá-lo em Titagarh com os irmãos". O homem se levantou imediatamente, tocou os pés da Madre, tomou suas bênçãos e ficou pronto para ir com a Madre, sem dizer mais nenhuma palavra. A Madre levou os visitantes para conhecer o local, passou um tempo com as irmãs e voltou a Calcutá, e nosso paciente também entrou no carro com a Madre e a acompanhou como um cordeirinho. Todas nós ficamos boquiabertas com a maneira como a Madre lidou com a situação.[55]

Saia do recinto VIP

O Santo Padre veio à Índia. Para a Missa do Santo Padre, a Madre estava na área VIP na primeira fileira. Então, o secretário do bispo chegou e disse à Madre que saísse do recinto VIP. Todas as irmãs que estavam sentadas com ela se sentiram muito mal. Mas a Madre imediatamente se levantou dali e foi se sentar mais atrás. Haviam sido o pronúncio e os cardeais que a haviam levado até o recinto VIP, embora o bispo não lhe houvesse dado um crachá VIP. Quando o Santo Padre chegou ao palco, notou que a Madre não estava na primeira fileira e pediu a ela que fosse até lá. E a Madre voltou ao lugar original. Todas as irmãs ficamos muito irritadas com o bispo, porque sentimos que ele tivera a intenção de humilhar a Madre, que não ficou minimamente afetada por isso. Quando chegou o aniversário do bispo, a Madre foi com todas as irmãs desejar-lhe um feliz aniversário. Ela nos deu a todas uma oportunidade de fazer as pazes com ele.[56]

A Madre pediu desculpas

Uma vez, a Irmã A. e eu fomos buscar a Madre no aeroporto. A Irmã trouxe um novo livro. No carro, na volta, eu vim lendo o livro. A Madre me disse delicadamente, "Não leia esse livro sem permissão". A Irmã A. disse, "Madre, ela pediu permissão". Na casa, eu estava em pé sozinha e a Madre aproveitou a oportunidade e me pediu desculpas por ter me corrigido sem perguntar primeiro. Fiquei realmente impressionada.[57]

REFLEXÃO

"Portanto, como eleitos de Deus, santos e queridos, revesti-vos de entranhada misericórdia, de bondade, humildade, doçura,

paciência. Suportai-vos uns aos outros e perdoai-vos mutuamente, toda vez que tiverdes queixa contra outrem. Como o Senhor vos perdoou, assim perdoai também vós." (Colossenses 3,12-13)

"Aceitem o que Ele dá – deem o que Ele toma – com um grande sorriso."[58]

Eu faço conexões entre as ofensas que suporto e as ofensas que Jesus suportou por mim na Cruz?

Levo em conta as imensas ofensas feitas aos pobres, as humilhações e privações? O que são as ofensas que me são feitas em comparação com as ofensas que eles sofrem?

Estou ciente de que posso estar fazendo algo que seja um aborrecimento ou incômodo para os outros? Sou capaz de compreender que pode estar faltando em mim consideração pelos outros, que posso estar sendo irritante para eles (por exemplo, falando alto quando alguém está tentando trabalhar ou estudar, fazendo muito barulho quando há alguém tentando descansar)? Será que estou tão ocupado com as minhas coisas que nem consigo pensar nas necessidades dos outros?

Como reajo quando os outros mostram falta de consideração por mim?

Que ofensas sou capaz de suportar pacientemente, incluindo aquelas pequenas ofensas, que Santa Teresa de Lisieux chamava de "alfinetadas", que se restringem a produzir um desconforto pessoal ou uma inconveniência para mim?

Consigo aceitar que estou sendo negligenciado? Que não estou recebendo a devida consideração?

ORAÇÃO

Senhor! Fazei de mim um instrumento da Vossa paz.
Onde houver ódio, que eu leve o amor.
Onde houver ofensa, que eu leve o perdão.
Onde houver discórdia, que eu leve a união.
Onde houver dúvidas, que eu leve a fé.
Onde houver erro, que eu leve a verdade.
Onde houver desespero, que eu leve a esperança.

Onde houver tristeza, que eu leve a alegria.
Onde houver trevas, que eu leve a luz.
Ó Mestre, fazei que eu procure mais:
consolar, que ser consolado;
compreender, que ser compreendido;
amar, que ser amado.
Pois é dando que se recebe.
É perdoando que se é perdoado.
E é morrendo que se vive para a vida eterna.
Amém.

– Oração de São Francisco de Assis, rezada por Madre Teresa todos os dias após a Sagrada Comunhão

DOZE

PERDOAR DE BOM GRADO AS OFENSAS

☦

A capacidade que Madre Teresa tinha de perdoar era uma de suas qualidades que impressionavam mesmo aqueles que não compartilhavam de suas convicções religiosas. Procedente de uma cultura albanesa na qual eram tradicionais os "feudos de sangue", as vinganças sangrentas, ela sabia exatamente o quanto pode ser terrivelmente difícil perdoar e conhecia os efeitos devastadores de deixar de perdoar. Dizia-se que ela tinha uma "fé bíblica"; essa fé dava-lhe a motivação e a força para perdoar aqueles que a ofendiam de alguma forma, fosse uma ofensa grave ou leve.

Uma das principais razões dessa sua propensão a perdoar era que ela sabia da própria inclinação para o pecado e da necessidade de contar com a misericórdia e o perdão de Deus. Ela também sabia que podia magoar os outros sem intenção, e que, nesse caso, ficaria feliz em receber o perdão.

Quer a ofensa fosse leve ou grave, Madre Teresa se dispunha a relevá-la, em vez de procurar revidar ou se distanciar do ofensor; do mesmo modo, ela se recusava a abrigar ressentimento ou rancor. Ia além disso: ela se preocupava com quem a ofendia, pelo bem-estar emocional e espiritual dessa pessoa, que havia ficado comprometido pela ofensa que cometera.

"Seja a primeira a pedir desculpas", ela aconselhava às irmãs, e geralmente era ela quem tomava a iniciativa da reconciliação, mesmo quando ela própria tivesse sido ofendida. E se a outra parte persistisse em sua má vontade (como foi o caso, por exemplo, com alguns de seus mais obstinadamente injustos detratores), ela perdoava e rezava pela pessoa.

"Tenha amor para perdoar e humildade para esquecer" era seu conselho quando alguém enfrentava alguma ofensa. Há ofensas que a pessoa não é capaz de esquecer literalmente, mas o desejo de "esquecer" era a expressão de seu desejo de "limpar" aquilo da sua mente, deixando o resto por conta de Deus. Em seguida, ela passava a agir como se nada tivesse acontecido com aquela pessoa e demonstrava uma gentileza ainda maior.

Sabemos que há ofensas que exigem justiça e reparação, mas geralmente lidamos com "alfinetadas", pequenas ofensas que infligimos uns aos outros devido ao nosso egoísmo, orgulho ou atitudes impensadas. Madre Teresa queria evitar o exagero nessas pequenas ofensas que são parte da vida diária, porque elas podem facilmente se expandir e se tornar problemas maiores, levando-nos a ficar ressentidos e alimentar rancores. Mesmo pequenas coisas podem arruinar relacionamentos.

SUAS PALAVRAS

A misericórdia de Deus é muito maior

Mesmo na Cruz, Ele não tem nada a dizer a não ser palavras de perdão, "Pai, perdoa-lhes; porque não sabem o que fazem".[1] *A Paixão de Cristo* é a prova mais segura da humildade de Deus.[2]

☦

Se algo acontece, e acabamos caindo, temos que lembrar que o Pai é um Pai misericordioso. Ele sempre vai perdoar.[3]

☦

Devemos rezar para que o erro não seja cometido. Mas quando um erro é cometido, a misericórdia de Deus é maior do que o erro. Deus vai perdoar.[4]

☦

Penso no que significa que Deus não vai destruir os pecadores – todo pecador é um caniço rachado – e Deus não irá destruí-los (Isaías 42,3), porque a misericórdia de Deus é muito maior do que todos os caniços rachados. E penso, sempre encaro isso vendo-nos como pecadores diante de Deus, mas sabendo que Ele nunca vai nos destruir; Ele sempre terá essa tremenda e terna misericórdia por cada um de nós.[5]

☦

Temos que implorar a Deus que perdoe os pecados: tanto os nossos quanto os dos outros. Devemos oferecer tudo pela conversão dos pecadores. O valor do Precioso Sangue é infinito. Vamos nos unir a Ele em nosso trabalho. Cada gota do Precioso Sangue pode cobrir tudo em nossa vida diária; então oferecemos [tudo] a Cristo, Nosso Senhor.[6]

Para sermos capazes de rezar, precisamos perdoar

Para sermos capazes de rezar, precisamos perdoar. Só então nossos corações estarão livres para rezar. E realmente precisamos orar e fazer muitos sacrifícios para criar paz em nossa própria casa primeiro. Não podemos trabalhar pela paz, nem oferecer paz, se não temos essa paz em nossos corações. É por isso que muitas coisas acabam destruindo a vida; é porque a paz foi destruída em nossos corações. Assim como temos amor em ação, também temos a destruição em ação.[7]

☦

O sofrimento torna importante que, antes de mais nada, rezemos, porque precisamos de coragem para perdoar. E para sermos capazes de perdoar, precisamos de muito amor em nossos corações. Perdoem! E temos que saber também que precisamos ser perdoados. E para isso, precisamos de um coração humilde. Assim, a humildade e o amor nos ajudarão a perdoar uns aos outros; e em vez de ofender uns aos outros, começaremos a nos amar e a ver o que é bonito em cada um de nós. Cada pessoa tem algo bonito. Se simplesmente fizermos o esforço de enxergar isso, seremos capazes de amar aquela pessoa – mesmo uma pessoa que nos ofenda muito. Se tivermos um coração livre, seremos capazes de perdoar essa pessoa.[8]

☦

Quando alguém briga com você, você deve sempre perdoar; e se é você quem está brigando com alguém, há uma hora em que você pode pedir desculpas. E se alguém briga com você, você deve perdoar essa pessoa, e não deve alimentar nenhum rancor contra ela. Foi isso o que Jesus nos disse, para amarmos uns aos outros.[9]

☩

Faça de sua família algo bonito para Deus, em amor, paz, união e alegria. Mesmo que vocês rezem apenas dez minutos juntos, vale a pena. Vale a pena. Reúnam-se, sempre juntos, sempre juntos, mesmo quando tiverem desentendimentos, reúnam-se. Perdoem e esqueçam, e serão realmente preenchidos pelo amor de Deus, terão de fato a paz de Deus em seus corações. Isso é muito, muito importante, especialmente hoje em dia, quando há tanto tumulto no mundo, no mundo todo, no mundo todo, por toda parte – tanta dor, tanto sofrimento.[10]

Peçam desculpas uns aos outros

Antes de mais nada, acho que precisamos pedir desculpas uns aos outros, perdoar-nos, pedir perdão e perdoar. A não ser que estejamos livres de tudo o que nos prejudica, não poderemos ser livres para amar. Amor é liberdade, e devemos amar até que nos doa. E só podemos fazer isso se rezarmos, pois a oração vai nos dar um coração limpo, e um coração limpo é capaz de ver a face de Deus. Quando conseguirmos ver a face de Deus uns nos outros, seremos capazes de viver em paz e felizes, para o que fomos criados, isto é, para amarmos e sermos amados.[11]

☩

Nos Evangelhos, vemos com frequência uma palavra, *"Vinde* a mim *todos"* (Mateus 11,28). "O que vem a mim não o lançarei fora" (João 6,37). "Deixai vir a mim as criancinhas e não as impeçais" (Lucas 18,16). Sempre prontos a receber, a perdoar, a amar. E certificarmo-nos de entender o que Ele quer dizer – [Jesus] diz, "Amém, Amém, eu vos digo, sempre que o fizestes a um destes meus irmãos, mesmo dos mais pequeninos, a mim o fizestes"... Uma coisa que sempre vai garantir o Céu a nós são os atos de caridade e bondade com os quais preenchermos nossas vidas. Nunca saberemos o bem que um simples sorriso pode fazer. Dizemos às pessoas o quanto Deus pode ser bom, misericordioso e compreensivo – mas será que somos a prova viva disso? Será que as pessoas podem realmente ver essa bondade, essa misericórdia e essa compreensão vivas em nós? [...] Sejam boas e misericordiosas. Não deixem que alguém venha até vocês sem que vá embora se sentindo melhor, mais feliz. Sejam a expressão viva da bondade de Deus. Todos devem ver bondade no rosto de vocês, em seus olhos, em seu sorriso, em sua recepção calorosa. Nas favelas, somos a luz da bondade de Deus para as pessoas.¹²

Perdoe e ame

Nosso Santo Padre proclamou o ano santo como o Ano da Reconciliação. A palavra parece longa, mas o que ela quer dizer de fato é: *perdoe e ame*. A reconciliação começa não com os outros, mas conosco: permitindo que Jesus nos limpe – perdoar e amar a nós mesmos. Começa com um coração limpo. Um coração limpo sempre perdoa e é capaz de ver Deus nos outros e, assim, amá-los... Perdoe e peça perdão: desculpe, em vez de acusar. Não vá para a cama quando estiver lembrando "que sua irmã tem algo contra você", como disse Jesus. Mesmo que não sejamos culpados, vamos tomar a iniciativa da reconciliação mesmo assim.¹³

✝

Hoje quero falar com vocês a respeito do perdão. Suplico a vocês, irmãs, perdoem e peçam perdão umas às outras. Há muito sofrimento e infelicidade devido à ausência de perdão... Lembrem-se, irmãs, no Pai-nosso dizemos, "Perdoai-nos as nossas ofensas, assim como nós perdoamos a quem nos tem ofendido". Se você não perdoa, não é perdoado. Olhe bem no fundo do seu coração. Há alguma amargura em relação a alguma pessoa? Então tente encontrar essa pessoa ou escrever para ela – quem sabe, uma irmã ou uma pessoa pobre, ou alguém em sua casa. Perdoe. Caso contrário, você não será livre para amar Jesus com amor pleno. Não guarde nenhuma amargura em seu coração. Há muitas pessoas que não conseguem perdoar. Algumas dizem, "Eu perdoo, mas não esqueço". A confissão é perdão – o tipo de perdão que Deus dá – e devemos aprender esse tipo de perdão. Muitos anos atrás, alguém disse isso ou fez aquilo, e então eu fico dizendo, "Ela disse isso, ela... e ela... e ela...".¹⁴

✝

Em certo lugar, havia um padre que estava contra o bispo e contra os padres por alguma razão. Havia muita amargura na sua fala toda vez que eu o visitava, e ele me disse, "Não vou perdoar. Não vou". Dessa vez, quando eu fui, disse a ele, "Esta é a sua oportunidade; peça perdão ao seu bispo. Essa é a única palavra que o bispo quer ouvir de você". E eu estava rezando, e as irmãs estavam todas dentro rezando. Quando terminei a oração, ele disse, "Madre Teresa, me dê um papel". Então, arrumei papel para ele e fiquei muito feliz. Levei-o até o bispo e lhe dei o papel; caso contrário, ele poderia mudar de ideia, e então eu disse a ele, "Isso não é suficiente, diga que o perdoa" – e ele o fez.[15]

☩

Precisamos de muito amor para perdoar, mas precisamos mais ainda de humildade para pedir perdão. E Jesus nos ensinou a perdoar e a pedir perdão quando nos ensinou o Pai-nosso. "Perdoai-nos as nossas ofensas, assim como nós perdoamos a quem nos tem ofendido", e isso para nós é vida. Isso é a alegria de amar.[16]

☩

Quando chegarem a esta parte do Pai-nosso, parem e se perguntem, "É verdade tudo isso que estou dizendo?". Acho que Jesus sofreu muito mais simplesmente ao ficar pendurado na Cruz. Ele disse, "Recebei minha doutrina, porque eu sou manso e humilde de coração" (Mateus 11,29). Você não poderá ser manso, não poderá ser humilde, se não perdoar. Não é necessário que haja uma coisa grande para nos destruir. Examine-se: se não sou capaz de ver Deus – por quê?[17]

☩

Não diga "Eu perdoo, mas não esqueço". Quando Jesus perdoa em confissão, Ele esquece. Não minta – quando pedir perdão e quando não perdoar. Não perdoar é o maior sinal de orgulho. Peça perdão e perdoe.[18]

☩

Se eu perdoo, então posso ser santo e posso orar... Tudo isso vem de um coração humilde, e se o tivermos, saberemos como amar a Deus, amar a nós mesmos, e amar ao próximo. Isso é simplesmente amor a Jesus. Não há complicações, e, no entanto, nós complicamos muito nossas vidas, com muitos acréscimos. Apenas uma coisa conta: ser humilde, orar. Quanto mais você reza, melhor você reza. Como você reza? Você deve chegar a Deus como uma criança pequena. A criança não tem dificuldade em expressar sua pequena mente com palavras simples, mas ela expressa muita coisa. Jesus disse a Nicodemo, "Torna-te como criança". Se rezarmos o Evangelho, permitiremos que Cristo cresça em nós. Portanto, uma coisa é necessária para nós – a confissão. A confissão nada mais é do que a humildade em ação. Nós a chamamos de penitência, mas na realidade ela é um sacramento de amor, um sacramento de perdão. Por isso, essa não deve ser uma ocasião para falar durante horas a respeito de nossas dificuldades. É um lugar onde eu permito que Jesus tire de mim tudo que afasta, que destrói. Quando há uma distância entre mim e Cristo, e meu amor fica dividido, então qualquer coisa pode vir e ocupar esse espaço. Se você quer realmente entender o amor de Cristo por nós, confesse-se. Seja muito simples na confissão, como uma criança: "Aqui estou como uma criança – indo até o Pai". Se uma criança ainda não se tornou mimada e não aprendeu a mentir, ela vai confessar tudo. É isso que eu quero dizer com "como uma criança" e é isso que devemos imitar na confissão.[19]

☦

Durante o dia, compartilhem com frequência a Paixão de Cristo. Tenho certeza de que vocês irão obter todas as graças para serem santas se forem fiéis a essa total submissão. Mesmo que tenham cometido um erro e tenham demonstrado falta de caridade, peçam perdão. No momento em que pedimos perdão, podemos ser perdoadas.[20]

☦

Jesus chamou vocês pelo nome – "Vocês são Minhas" – "Vocês são preciosas para Mim" – "Amo vocês". Se Ele é assim comigo, Ele deve ser assim com a minha irmã também. Ela também foi chamada, e ela também é esposa de Jesus Cristo. Fico repetindo isso a mim mesma muitas vezes, porque para mim, na minha maneira de entender, as palavras "Eu pertenço a Ele" significam que, mesmo que eu peque – Ele me aceita como sou. Então por que eu mantenho esse rancor contra minha irmã em meu coração? Se não perdoei minha irmã, então não entendi o amor de Cristo por mim. Olhe para a Cruz e veja onde você está. Jesus não precisaria ter morrido desse jeito, não precisaria ter nascido para passar pela agonia do Getsêmani.[21]

Falta vontade de perdoar no meu coração?
Como é possível que você leve no coração qualquer coisa feia contra suas irmãs quando você tem que levar Jesus? Abra seu coração a essa irmã – peça perdão a ela. Essa é a melhor confissão que você pode fazer. Você só será capaz de perdoar e esquecer se você devolver a ela o fardo da sua mágoa de amor. Não perdoar vai impedir você de dar amor. Apenas se for capaz de perdoar é que você será capaz de cumprir com a parte do Evangelho que diz "Amem-se como eu os tenho amado". Só então você será capaz de amar a Deus com todo o seu coração.[22]

✝

Tudo o que faço eu faço por Jesus. Quando rezamos, quando começamos a rezar, fazemos isso por Jesus. O que é o seu amor e o seu respeito pelos pobres? Um ato de grosseria se torna um tapa no rosto de Jesus. Às vezes, não somos capazes de perdoar, sequer uma vez: "Ela me chamou de coisas muito feias". Jesus era capaz de destruir qualquer coisa com apenas uma palavra. Ele perdoava. Não perdoar pode nos destruir para o resto da vida. Nós continuamos pensando naquela palavra que a irmã nos disse, mas temos que reconhecer nosso pecado, ser capazes de perdoar. Devemos perdoar – não esperem. Falta vontade de perdoar no meu coração? Isso é um obstáculo à vida. E quando for tarde demais, nada mais poderá ser feito.[23]

✝

Meu irmão tinha uma pequena ferida aqui, e num curto período de tempo, o câncer havia se tornado uma grande bolota – depois de apenas três meses. A mesma coisa acontece conosco com a incapacidade de perdoar. Não acreditem no diabo. Ponham-no para fora. Talvez vocês tenham algum ressentimento contra sua superiora, ou contra as suas irmãs, ou contra os seus pais. Como noviças, iniciantes, o diabo virá até vocês com ideias muito bonitas. Não permitam que o diabo as engane. Que maravilhoso presente vocês darão a Jesus no dia do seu casamento – um coração puro.[24]

✝

Se ainda há alguma coisa no seu coração [contra alguma irmã] e essa irmã está longe, vá até o tabernáculo, peça a Ele que toque o coração dessa irmã. Deixe-a sentir que você a perdoou. Nós fomos enviados para sermos o amor de Deus – Deus ama o mundo hoje, fomos enviados para sermos o amor de Deus.[25]

☦

Vocês todas têm superioras. Às vezes, elas lhes dizem coisas que não são agradáveis, ou talvez a maneira que escolhem para dizê-las não seja agradável. Vocês aceitam isso? Talvez uma mudança de lugar, uma mudança de trabalho, uma mudança de parceira, uma mudança de comida, e assim por diante. Se vocês puderem aceitar, não haverá problemas. Mas vocês muitas vezes não aceitam, e então há muita dificuldade e muita amargura no seu coração. Não existe aquele perdão total. Mostrem-me uma irmã ressentida e eu lhes mostrarei uma irmã orgulhosa. Uma irmã ressentida é sempre também uma irmã orgulhosa. O ressentimento e o orgulho são irmãos gêmeos – e o mau-humor se junta a isso. Uma irmã humilde não será ressentida nem mal-humorada.[26]

A maravilhosa experiência do perdão

A mulher que vinha para ensinar os hinos – seus filhos adultos a enviaram para a Índia de férias, para que esquecesse seus problemas. O que aconteceu? Depois de 35 anos de união com o marido, aquele amor e fidelidade, onde tinham ido parar? Ela me contou que o marido tinha um alto cargo; era cirurgião-chefe... Ele, que agora tinha dito que não a queria mais, porque havia outro alguém, outra mulher, que estava atrás dele. Ela veio procurar meu conselho, e eu lhe disse que "só você pode salvá-lo; suas orações e sacrifícios podem trazê-lo de volta. Ele ainda a ama, então perdoe-o e reze por ele".[27]

☦

Eu tive uma experiência e um exemplo maravilhosos de perdão. Uma família – marido e mulher – não estava feliz havia vários anos. Estavam saturados um do outro, então decidiram ir cada um para o seu lado. As irmãs foram visitá-los e rezaram. E quando cheguei ali, as irmãs me contaram a respeito dos dois. Então eu os chamei. Eles vieram. A esposa chorou e chorou, mas o choro dela não realizou a ação [de pedir perdão], até que ela disse, "Eu peço que me perdoe", e ele disse a mesma coisa, "Eu peço seu perdão". Então ela passou a olhar para ele sorrindo, e ele também sorria para ela. Nos últimos anos, os dois simplesmente haviam ficado um magoando o outro, mas naquele dia, ambos estavam muito felizes e foram para casa. No dia seguinte, voltaram para me ver, e fiquei muito feliz. Agora olhavam um para o outro sorrindo de novo.[28]

☩

Há outra história, de um homem que tinha muitos pecados e não se confessava havia anos. Um dia, ele decidiu fazer sua confissão. Então escreveu quatro páginas inteiras, todos os pecados de sua vida passada, e foi fazer sua confissão. Leu página por página. Depois que terminou de ler a quarta página, ele pensou, "Talvez tenha deixado alguma coisa de fora". Assim, ele voltou à primeira página. Descobriu que ela estava em branco, limpa. Não havia nada ali. Então, olhou as outras páginas. Algo havia acontecido. Ele ficou muito feliz e contou essa história da sua confissão a outras pessoas. Nós recebemos esse tipo de perdão de Deus, e precisamos perdoar os outros com esse tipo de perdão.[29]

Me perdoe, me perdoe
Abrimos uma casa em Nova York para pacientes com aids, e eles são as pessoas indesejadas de nossos dias. Mas que tremenda mudança ocorreu na vida deles simplesmente porque algumas irmãs passaram a cuidar deles, porque construíram um lar para eles, um lar de amor, um presente de amor; o fato de eles serem queridos, de serem importantes para alguém, mudou sua vida de tal maneira, que eles morrem a mais linda das mortes. Nenhum deles morreu angustiado. Outro dia, a Irmã me contou que um dos jovens (são todos jovens), um dos jovens estava morrendo e não conseguia morrer, então a irmã perguntou, "O que acontece? Você está lutando contra a morte, o que está acontecendo com você?". E ele disse, "Irmã, eu não consigo morrer sem antes pedir perdão ao meu pai". E então a Irmã descobriu onde estava o pai do rapaz e o levou até lá. E uma coisa muito extraordinária aconteceu: o Evangelho vivo, o pai abraçando o filho, "Meu filho, meu filho amado", e o filho pedindo ao pai, "Me perdoe, me perdoe", e os dois agarrados, no mais terno amor. Depois de duas horas, o rapaz morreu. Vejam o que o amor consegue fazer. O amor do pai, o amor do filho.

Portanto, essa é uma razão para abrirmos nosso coração a Deus, porque todos nós fomos – cada um de nós – aquele homem da rua, aquela pessoa ali, este aqui, aquele outro lá – todos fomos criados para grandes coisas, para amarmos e sermos amados. E se no mundo de hoje assistimos a tanto sofrimento, tantos assassinatos, tanta dor, é porque as pessoas perderam aquela alegria de amar a Deus em seus corações. E como isso se perdeu, elas não conseguem partilhar esse amor com os outros.[30]

Meu próprio filho fez isso comigo
Lembro-me de uma vez em que encontrei uma mulher idosa dentro de uma caçamba de lixo, ardendo de febre. Ela era bem maior do que eu, então tive dificuldades para tirá-la da caçamba. Mas com Jesus ajudando, consegui. E enquanto eu a levava para a nossa casa, ela não disse nenhuma palavra a respeito da sua febre terrível ou da sua grande dor, ou sobre o fato de estar morrendo. Não, a única coisa que ela dizia sem parar era, "Meu filho fez isso comigo! Meu próprio filho fez isso comigo!". Ela estava tão amargamente ferida por ter sido jogada fora pelo próprio filho que eu tive muito trabalho, precisei de um longo tempo para ajudá-la a dizer finalmente que ela perdoava o filho. Ela disse isso logo antes de morrer... E se você puder amar e consolar, mesmo que seja uma única pessoa sofrendo desse jeito, será uma coisa maravilhosa, porque essa pessoa também é Jesus em seu aflitivo disfarce.[31]

Eu o perdoei em nome do amor a Deus
Um homem em Poona escreveu no jornal um monte de coisas horrorosas. Chamou-me de hipócrita, de religiosa política, [acusou-me de] obrigar pessoas a se converter ao catolicismo, e falou sobre o Prêmio Nobel e usou muitos outros adjetivos enormes. Escrevi-lhe de volta dizendo que sentia muito por ele. Eu realmente sentia muito por ele, porque ele havia ofendido a si mesmo muito mais do que a mim, e acredito que muitas pessoas lhe escreveram cartas bem feias, em resposta ao que ele havia dito. Estava publicado nos jornais: O senhor R. chama Madre Teresa de "Hipócrita". Escrevi-lhe de volta e o perdoei em nome do amor a Deus, e convidei-o a vir conhecer Shishu Bhavan. Quando recebeu essa carta, ele ficou mais furioso ainda e começou a escrever muitas outras coisas. Ele me chamava de "Senhor", então pensei em chamá-lo de... "Senhora". Saiu de novo publicado nos jornais: "Não é que ela não seja sincera, ela é muito sincera, mas

está conduzindo as pessoas pelo caminho errado. Ela ainda está sendo hipócrita". Vejam, irmãs, nós temos que aceitar. Esse homem estava muito furioso comigo porque eu havia dito, "Deus o abençoe, eu o perdoo". Então, irmãs, quando forem agredidas, perdoem e ficarão bem onde quer que estejam. Se eu tivesse usado outras palavras, teria perdido a oportunidade de dar o amor de Deus, a alegria de Deus... Temos que nos tornar santas, custe o que custar. A madre recebe muitas humilhações – mais do que vocês –, mas eu acredito que são belas oportunidades.[32]

Eu supliquei seu perdão

Há uns dias, um hindu veio até a Mother House. Todo mês, ele faz pequenos sacrifícios – 2 dólares; 2,50 – e ele traz para a Mother House – não é muito, porque ele é pobre. Seu pai havia morrido, e ele andava muito triste. Ele recolheu todos os remédios que haviam sobrado e veio. Eu estava em meu quarto, porque não me sentia muito bem. A irmã simplesmente disse-lhe que deixasse os remédios lá embaixo no andar térreo. Ele ficou muito chocado. Outra irmã veio e suplicou que eu fosse vê-lo, porque estava muito deprimido. Quando cheguei, ele me disse, "Madre, em toda a minha vida, eu nunca havia sido tratado com tamanha desconsideração; a freira foi muito rude, ela me magoou muito". Eu juntei minhas mãos e implorei por seu perdão, [disse que estava arrependida] por aquilo ter acontecido em nossa casa, e peguei os remédios que ele havia trazido. Ele mantinha os olhos acompanhando aquela irmã por onde quer que ela fosse e repetia, "Perdão, Madre, mas eu tinha que lhe contar". Eu fiquei envergonhada que aquilo tivesse acontecido em nossa casa. O homem foi embora com uma expressão de muita tristeza. Eu chamei aquela irmã e disse a ela, "Se você tivesse sido um pouco mais gentil e bondosa, não teria bloqueado o caminho de Jesus desse homem". Ela disse, "Madre, perdão, não vou fazer isso de novo". Mas aquele homem já havia ido embora, ele nunca ouviu aquelas palavras; as palavras que ela lhe dissera antes não podiam ser tomadas de volta. Por toda a vida, aquela grosseria permanecerá com ele. Eu suplico a vocês, irmãs, se vocês têm um temperamento esquentado, controlem-se.[33]

SEU EXEMPLO: os testemunhos

Sempre pronta a perdoar
Todo indivíduo, seja bom ou mau, é aceitável para a Madre. Com a sua atitude de abertura, compreensão, aceitação, perdão e de encorajar [uma pessoa] a fazer melhor – há sempre mais uma chance de fazer melhor com a Madre, assim como [com] o Coração de Jesus. Sempre tentamos estipular um limite: sete vezes como São Pedro; mas com a Madre é sempre setenta vezes sete. A Madre tem sido muito criticada por isso.[34]

Não ofenda Jesus
Madre Teresa era muito paciente. Mesmo quando se deparava com um tratamento rude por parte das irmãs, como ocorria às vezes, ela sempre dizia, "Eu perdoo. Não ofenda Jesus". Ela não pensava muito no fato de ter sido ofendida, mas na ofensa a Jesus.

☦

Havia tantas queixas de falta de entendimento [a meu respeito], mas a Madre estava sempre pronta a perdoar, tal como Jesus, sempre com um sorriso. Nem uma vez ela me desencorajou. A Madre estava sempre ali, ninguém entendia, apenas a Madre. Quando o coração está cheio de tristeza, você procura a Madre, [ela] simplesmente olha dentro dos seus olhos, e automaticamente tudo desaparece. Não importa o crime que você cometeu. Basta se abrir com ela, e ela estará por perto para ajudá-la a resolver o problema com seu amor cheio de perdão e com sua compaixão.[35]

☦

Se tivéssemos feito algo errado, podíamos ir até a Madre e pedir perdão. Ela iria perdoar e esquecer na hora, e nunca mais tocaria no assunto, mesmo que cometêssemos de novo a mesma falha. Na Madre havia sempre o perdão e o esquecimento. A Madre, no início, nunca deixava de nos corrigir. E às vezes suas repreensões eram bem duras. Ela queria que crescêssemos espiritualmente. Conforme passaram os anos, passamos a ver a Madre mais gentil em suas correções e mais rápida em esquecer e perdoar. A Madre sempre nos dizia, "Não ofenda Jesus. Ele ama você". Isso nos ajudou muito. Em momentos difíceis, podíamos ver a Madre rezar ainda mais. Ela nunca desistiu ou fugiu das dificuldades para ir rezar na capela. Não, a Madre, em um segundo, ficava muito intimamente unida a Deus e superava as dificuldades. Sabíamos que ela recebia a resposta de Deus. Podíamos sentir que a Madre estava unida a Deus o tempo todo, sempre sintonizada com a vontade de Deus, sempre com alegria. Nós, que vivíamos com a Madre, víamos como ela nunca desistia de amar a Jesus com aquele profundo amor pessoal.[36]

Sempre que cometíamos algum erro
A Irmã X estava muito doente. A Irmã Z e eu estávamos sentadas numa cama de madeira e conversando com a Irmã X. E outra irmã veio e se sentou na cama, e a cama quebrou. Ficamos com muito medo de contar à Madre que havíamos quebrado a cama. Naquele tempo, a Madre não tinha dinheiro; tínhamos apenas o suficiente para sobreviver. Uma por uma, fomos até a Madre para falar de nossa falha. A Madre não nos repreendeu; ela era muito gentil. Disse apenas, "Da próxima vez, procurem não sentar na cama e quebrá-la". A Madre costumava corrigir-nos quando fazíamos algo errado. Mas sempre que cometíamos algum erro e assumíamos a autoria e pedíamos desculpas, ela sempre perdoava e compreendia.[37]

O que aconteceu, minha criança?
No noviciado, eu tinha medo da Madre. Um dia, minha superiora me puniu. Ela me mandou para a Madre. Quando cheguei perto da Madre, ela perguntou, "O que aconteceu, minha criança?". Então eu disse, "Madre, minha superiora disse para eu vir vê-la porque não fiz a lição de casa". Mas a Madre não me deu bronca nenhuma. Ela me deu sua bênção e disse, "Da próxima vez, faça a lição de casa", e me mandou de volta. A partir desse dia, meu medo passou totalmente. Eu soube que a Madre tinha de fato um coração amoroso.[38]

Eu podia confiar na Madre
Eu estava passando maus bocados para lidar com a culpa e com a vergonha por um pecado que havia cometido. Não tinha dúvidas de que podia confiar na Madre para manter meu segredo e continuar a me amar, a me aceitar e respeitar, embora eu a tivesse decepcionado, e sabia que podia confiar nela,

que não iria me condenar, rejeitar ou humilhar. Depois que contei à Madre a história toda, ela primeiro perguntou se alguém sabia a respeito, e eu disse que apenas os padres que haviam ouvido minhas confissões. A Madre me olhou com muito amor e ternura nos olhos. Ela disse: "Jesus perdoa você e a Madre perdoa você. Jesus a ama e a Madre a ama. Jesus só quis mostrar a você a sua pobreza. Agora, quando uma irmã vier a você com a mesma situação, você terá compaixão dela". Pedi à Madre que não contasse aquilo a ninguém, e, de uma maneira muito terna, ela prometeu que não o faria. A Madre nunca me perguntou: "Por que você fez isso? Como pôde fazer uma coisa dessas?". Ela nunca dizia: "Você não está envergonhada? Você provocou um escândalo". A Madre sequer dizia: "Não faça isso de novo". Conforme eu pensava e rezava depois do meu encontro com a Madre, eu chorava ainda mais e me sentia repleta de paz e gratidão enormes. Voltei a ver a Madre no dia seguinte e agradeci-lhe pela grande lição que havia me ensinado. Contei à Madre todas as coisas que ela não havia me perguntado. A Madre brilhava de alegria, e eu disse: "Veja, eu nunca pensei nisso; simplesmente falei o que me veio de dentro". A Madre me abençoou de novo com grande afeição, e eu segui meu caminho com o coração feliz.[39]

A Madre pródiga

Uma vez, quando um grupo nosso (de mestres de noviças) estava recebendo instruções da Madre, uma irmã bateu à porta para dizer que a Irmã "Fulana de Tal" havia chegado. Nós sabíamos que ela vinha passando por muitas dificuldades, e fiquei imaginando de que modo a Madre iria reagir. Assim que entrou, a irmã se ajoelhou chorando, e a Madre a abençoou e a acolheu com tanto amor que ela não conseguia dizer uma palavra, e então a Madre virou-se para nós e pediu que fôssemos buscar uma caneca de chá: *A Madre pródiga*.[40]

Eu o perdoo

[Na Índia, havia um programa de tevê sobre] O primeiro programa de tevê de Christopher Hitchens, que eu havia visto. Eu contei [à Madre] a respeito. Tenho que dizer que a primeira reação dela foi de aflição. E ela me disse, "Fiz tanto trabalho neste país. Será que não há ninguém que fale para me defender?". E foi então que nasceu na minha mente a ideia de que eu precisava fazer algo. Ela havia conseguido superar isso por meio de suas orações. Quando a encontrei de novo e mencionei isso a ela, disse, "Eu o perdoo". Era um incidente que [ela havia tirado] da sua mente. Ela o perdoara completamente. Era como se ela não soubesse, como uma criança, o que ele havia dito. Ela havia sido magnânima.[41]

Nós cometemos erros

Quando estávamos na Etiópia, uma senhora veio e filmou o nosso lar de crianças quando não havia nenhuma de nós ali. E colocou todo o nosso trabalho na televisão como se fosse dela. As pessoas começaram a ligar e perguntar: "O que aconteceu? Vocês estão indo embora?". Então dissemos, "Não, não estamos indo embora". Entendemos que aquela senhora havia feito aquele programa na tevê como se fosse dela. Marcamos um encontro com o presidente. A Madre veio e disse, "Irmãs, perdoem a mulher. Ela não sabia o que estava fazendo. Temos que aprender a perdoar. Nós cometemos erros, as pessoas cometem erros". Isto é, a Madre tinha perdão para tudo.[42]

Deus me perdoou

Uma vez, descobrimos um homem da favela que estava morrendo, mas ele estava muito amargurado. Era católico, mas não queria ver ninguém, nem mesmo a própria família. Tentamos falar com ele um pouco; ele sorriu e perguntou quem nos havia mandado. Então, no decorrer de nossa conversa, nós lhe dissemos que ele precisava ter um coração limpo a fim de ir para o céu. Para isso, teria que perdoar a todos, mesmo a própria esposa e os filhos, porque Deus também nos perdoa sem levar em conta nossos erros. Ele concordou com um aceno de cabeça, mas estava relutante em ver um padre para fazer sua confissão. Ficamos tristes por ele e rezamos o Rosário na volta para casa. Dissemos à Madre, "Este homem vai morrer, mas ele se recusa a fazer a confissão". A Madre perguntou, "Qual é a idade dele?" Dissemos: "Uns 45". Então a Madre disse, "Vamos oferecer 45 rosários a Nossa Senhora... para este homem, para que ele aceite fazer as pazes com Deus". Dividimos o número de 45 entre três de nós e a Madre.

No dia seguinte, depois de concluirmos os Rosários que havíamos prometido a Nossa Senhora, a Madre pediu que fôssemos visitá-lo de novo. Ele disse que gostaria de fazer as pazes com Deus, e que fazia muitos anos que ele não se confessava. Na volta ao convento, paramos na Igreja de Santa Teresa para dar ao padre um pequeno bilhete com o nome do homem e o nome do hospital. Dois dias mais tarde, visitamos o homem de novo e ele estava muito feliz. E pediu que trouxéssemos a família dele para visitá-lo. Ele disse, "Deus me perdoou, e eu quero perdoar os meus totalmente". Voltamos para casa com muita alegria para contar à Madre. Juntas, agradecemos a Nossa Senhora por essa grande dádiva de paz àquele homem moribundo.[43]

Se tivéssemos vivido o que eles viveram

A Madre queria ver a maior parte possível da Albânia por causa das fundações, então viajamos muito de carro. Muitas vezes, ao longo da estrada, juntava-se uma pequena multidão que vinha cumprimentar a Madre, que todos consideravam como "a sua Mãe". Vilas inteiras vinham para ver a Madre. Ela parava e orava por eles, distribuía medalhas. Ela se mantinha muito discreta, calma, silenciosa, enquanto as pessoas gritavam: "Viva a Madre" etc. Mesmo quando pessoas sozinhas a reconheciam (já que ela estava no banco da frente do carro) e acenavam para ela, ela pedia para parar, a fim de cumprimentar a pessoa, sempre com o mesmo amor e tranquilidade. Ela nunca recusava contato com ninguém. Quando contamos à Madre sobre os roubos e fraudes que estavam acontecendo na Albânia, ela disse: "Se tivéssemos vivido o que eles viveram, teríamos feito pior".[44]

REFLEXÃO

"Se estás, portanto, para fazer a tua oferta diante do altar e te lembrares de que teu irmão tem alguma coisa contra ti, deixa lá a tua oferta diante do altar e vai primeiro reconciliar-te com teu irmão; só então vem fazer a tua oferta." (Mateus 5,23-24)

"Irmãs, recebam perdão e concedam perdão."[45]

"Se alguém brigar com você, você deve perdoar essa pessoa, e não nutrir nenhum ressentimento contra ela. Foi isso o que Jesus nos disse, para amarmos uns aos outros."[46]

Tenho ciência de que estou diante de Deus como um pecador precisando de perdão e misericórdia? Eu compreendo que Deus me perdoa e que me incita a perdoar os outros?

Será que existe uma pessoa na minha vida por quem eu guarde ressentimento e que eu não queira perdoar?

Eu permiti que uma pequena ofensa saísse do controle, e por uma questão trivial eu me recuso a me comunicar com um membro da família ou um amigo? Às vezes, eu posso até ter esquecido qual era o verdadeiro problema (ou talvez eu compreenda agora que isso não era tão grave como achei na época), mas agora meu relacionamento com essa pessoa está rompido ou danificado, e a distância entre nós parece intransponível. Será que não existe uma maneira de chegar a uma reconciliação? Que passos eu posso seguir para reduzir a distância (por exemplo, enviar uma mensagem, oferecer um convite para uma refeição e para conversar sobre o que ocorreu anos atrás) e restabelecer o relacionamento? Sou capaz de demonstrar bondade à pessoa que me ofendeu?

Se alguém cometeu uma grave ofensa contra mim e eu ainda estou ressentido e me sinto incapaz de perdoar, será que posso fazer algo concreto para me aproximar mais do perdão? Posso ao menos rezar para obter a graça de perdoar e/ou rezar pela pessoa que me ofendeu?

ORAÇÃO

Ó Jesus! Permita que o Senhor possa ser
o objeto de meus pensamentos e minhas afeições,
o tema das minhas conversas, o objetivo das minhas ações,
o modelo da minha vida, meu apoio na morte,
e minha recompensa eternamente em seu Reino celestial.
Amém.

– Do Livro de Orações das MoC, rezada diariamente por Madre Teresa

TREZE

CONFORTAR OS AFLITOS

☦

"Esperei em vão quem tivesse compaixão de mim, quem me consolasse, e não encontrei." Salmos 69,20 era uma referência à Paixão de Jesus que Madre Teresa costumava citar. Ela costumava exortar suas irmãs: "Digam a Jesus, 'Eu serei aquela'. Eu O confortarei, encorajarei, e amarei... Estejam com Jesus. Ele orou e orou, e então foi procurar consolo, mas não havia ninguém... Tente ser essa pessoa a compartilhar com Ele, a confortá-Lo, a consolá-Lo". Do mesmo modo que se mostrava ansiosa para consolar Jesus, também se mostrava ansiosa para confortar aqueles que estavam precisando de conforto; em cada aflito ela via Jesus em seu aflitivo disfarce implorando consolo.

Madre Teresa era uma pessoa de forte caráter e grande determinação, mas ao mesmo tempo tinha uma coração terno e se comovia com a dor e o sofrimento alheios. Com frequência, quando nos deparamos com um grande sofrimento, quer seja nosso ou daqueles à nossa volta, tendemos a fechar – "endurecer" – nosso coração, a fim de "proteger a nós mesmos" e não nos envolvermos demais. Por mais útil e legítimo que isso possa ser, quando fechamos nosso coração, não estamos sendo o reflexo de como o Coração de Deus funciona, como Ele socorre aqueles que estão sofrendo. Madre Teresa queria que seu coração refletisse o Coração de Deus.

Madre Teresa comovia-se intensamente com o sofrimento de cada pessoa, e por essa razão, era capaz de oferecer conforto em um nível muito profundo, "chegando ao coração das pessoas". Sempre que as pessoas com diversas formas de sofrimento vinham a ela procurando conforto, ela se mostrava pronta a oferecer uma palavra de consolo, um sorriso e, às vezes, apenas uma promessa de orações. E as pessoas saíam consoladas e com a esperança renovada, e em condições de enxergar um futuro mais promissor. Isso não se devia às palavras dela, que na verdade eram muito simples e despretensiosas. Ao contrário, era a compaixão que ela tinha em seu coração pelos aflitos que fazia a diferença, a sua comunicação de coração a coração. Ao entrar no sofrimento das pessoas, ela era capaz de "amar até doer", como costumava dizer.

"Consoladora dos Aflitos" é um dos títulos dados a Nossa Senhora na Ladainha de Loreto. A oração diária de Madre Teresa a Maria era "dai-nos Teu coração, tão belo, tão puro, tão imaculado", e foi na escola de Maria que ela aprendeu a ter um coração compassivo e a estender a mão com amor e conforto àqueles que estão afligidos no corpo ou no espírito.

SUAS PALAVRAS

Encarem a si mesmas: Vocês realmente amam Jesus? São vocês que irão consolá-Lo? Todas vocês viram a imagem de Cristo em Sua Paixão, onde está escrito "Procurei alguém para Me consolar, mas não havia ninguém", e a Madre escreveu em cima, "Seja esta pessoa". É realmente você? Será que Ele pode de fato se voltar para você para procurar consolo? É você a pessoa em quem Ele pode confiar, especialmente hoje, nesse tumulto do pecado? Somos nós esse conforto, esse consolo?[1]

Levar Jesus às pessoas que sofrem
O Jesus que se torna pão para satisfazer nossa fome torna-se também aquela pessoa nua, aquela pessoa sem teto e solitária e indesejada, aquele leproso ou bêbado ou dependente de drogas ou prostituta, para que possamos satisfazer Sua fome de ser amado por nós por meio do amor que demonstramos a eles. Levar a presença de Jesus às pessoas que sofrem assim faz de nós contemplativos vivendo no coração do mundo.

✝

As pessoas estão pedindo ajuda espiritual, consolo; elas sentem muito medo, sentem-se desencorajadas, desesperadas; muitas cometem suicídio. É por isso que temos que nos concentrar em ser o amor de Deus, a presença de Deus, não por meio de palavras, mas por serviço, por amor concreto, dispondo-nos a ouvir.²

Primeiro e último contato com o amor

Nirmal Hriday – o tabernáculo vivo do Cristo em sofrimento. Suas mãos devem estar limpas para poderem tocar os corpos abatidos; sua língua deve estar limpa para poder proferir palavras de conforto, fé e amor; pois, para muitas dessas pessoas, é o primeiro contato com o amor, e pode ser o último. É preciso que você esteja muito sensível à Sua Presença, se realmente acredita que Jesus disse: "A mim o fizestes".³

Meu irmão, minha irmã

E Cristo disse com muita frequência, "Que vos ameis uns aos outros, assim como Eu vos amei". E sabemos o quanto Ele nos amou. Ele deu tudo por amor a nós, para que sejamos capazes, como Ele, de amar os outros, especialmente as pessoas que nada têm, que não têm ninguém... Há muitas pessoas que sofrem de uma pobreza diferente, a pobreza espiritual. Vivendo... abandonadas, indesejadas, não amadas, não cuidadas. E penso que vocês e eu fomos criadas para amar e sermos amadas, que fomos criadas... criadas para coisas maiores. Não somos apenas um número no mundo. Filhas de Deus. E essa pessoa é meu irmão, minha irmã. Portanto, foi por isso que Jesus insistiu tanto nesse amor pelo outro.⁴

Sejam bondosas

Irmãs, vocês e eu fomos enviadas. Uma missionária é uma pessoa que foi enviada, e fomos enviadas para fazer o quê? Caridade. Uma Missionária da Caridade é o quê? Uma portadora do amor de Deus. Que nome mais bonito os muçulmanos deram às irmãs. Os indianos, eles não nos chamam de Missionárias da Caridade, eles nos chamam de "Portadoras do amor de Deus". Que belo nome.⁵

☦

Os nossos pobres ficam mais pobres a cada dia. Eu suplico, minhas irmãs, sejam bondosas com eles – sejam um conforto para os pobres e façam tudo para ajudá-los. Abram seus olhos para as necessidades dos pobres. Coloquem em uma realidade viva o seu voto de oferecer seu serviço de coração, voluntário, aos pobres – a Cristo em seu disfarce aflitivo.[6]

☦

Sejam verdadeiras companheiras de trabalho de Cristo. Irradiem e vivam sua vida. Sejam anjos de conforto para os doentes, amigas dos pequenos, e amem umas às outras como Deus ama cada uma de vocês com um amor especial, muito intenso. Sejam bondosas umas com as outras – prefiro que cometam erros em bondade a operarem milagres em falta de bondade.[7]

Sorriam uns para os outros
Pois hoje, ao lado da pobreza material que faz com que as pessoas morram de fome, de frio, morram nas ruas, há uma grande pobreza, a de ser indesejado, desprezado, não cuidado, de não ter alguém para chamar de seu, de não ter ninguém a quem dar um sorriso. E às vezes isso ocorre com nossas pessoas mais velhas, que chamamos de trancadas... elas não são ninguém, estão simplesmente ali, são desconhecidas, são conhecidas pelo número de seu quarto, mas não são conhecidas para serem amadas e servidas. Porque conhecer alguém sempre leva ao amor, e o amor leva a servir. Será que sabemos realmente disso?[8]

Cure o sofrimento
Vocês que estão lidando com trabalho médico, estão lidando com sofrimento, estão lidando com pessoas que chegam a vocês carregando grandes dores, grandes sofrimentos, e com grande esperança de que vocês façam alguma coisa, de que lhes deem algo, a alegria de terem o alívio da dor. Como é terrível quando elas chegam a vocês com medo, com medo de que vocês destruam algo nelas.

Há um grupo de médicos e enfermeiras sendo formados que vieram até mim e disseram, "Por favor, ajude-nos a tornar nossa vida, nosso trabalho, [...] consagrado, algo santo, algo bonito para Deus". Portanto, [esses médicos] têm neles a determinação de que, por meio de seu trabalho, fazendo esse belo trabalho médico, eles irão curar as feridas, vão curar o sofrimento, trazer alegria.[9]

☦

E o sofrimento e a dor são apenas um sinal dado a essa pessoa, a essa pessoa em particular, de que ela chegou perto de Deus, de que Deus pode partilhar Sua própria paixão com essa pessoa. Nem sempre é fácil aceitar isso, mas é então nesse momento que devemos interceder na vida das pessoas e ajudá-las a aceitar [o que está acontecendo]. E eu digo com frequência, o que seria do mundo se não houvesse gente para compartilhar seu sofrimento e para oferecer seu sofrimento?[10]

☦

Nunca me esqueço de uma mulher que encontrei e que estava passando as mais terríveis dores. Nunca havia visto uma pessoa sofrendo tanta dor. Ela estava morrendo de câncer com uma dor terrível, e eu disse a ela, "Veja, isso é o beijo de Jesus, um sinal de que você chegou tão perto d'Ele na Cruz que Ele consegue beijá-la". E então ela juntou as mãos e disse, "Madre, por favor, diga a Jesus que pare de me beijar".[11]

Deixavam que elas falassem e falassem e falassem

Na Inglaterra, a Madre iniciara um pequeno grupo, um grupo de escuta, e eles iam até aquelas pessoas idosas, nas casas comuns de idosos, e simplesmente sentavam e ficavam ouvindo essas pessoas falarem. E deixavam que elas falassem e falassem e falassem. Mesmo que [eles tivessem] uma só pessoa para ouvir, eles iam para lá. Pessoas muito idosas adoram ter alguém que as ouça, mesmo que tenham que contar uma história de trinta anos atrás, mas ouvir é uma coisa boa, e acho que é uma coisa muito bonita... Depois que começamos a visitar esses lugares, essas pessoas, logo descobrimos que há pequenas coisas que talvez possam agradar a elas, pequenas coisas que podemos [fazer por elas]... Podemos descobrir do que elas precisam, ir lá uma vez e ver, e então podemos descobrir o que é – um livro, uma cartão, ou apenas o simples contato com elas.[12]

Minha mãe não me quer

Nunca vou esquecer aquele jovem na Inglaterra; eu o vi nas ruas de Londres. Ele tinha cabelo comprido, e eu lhe disse, "Você não deveria estar aqui, deveria estar em casa com seus pais". Ele tinha apenas 22 anos,

23 anos de idade. Então ele disse, "Minha mãe não me quer. Toda vez que eu voltava para casa, ela me trancava para fora por causa do meu cabelo comprido. Ela não me quer, e eu não posso cortar meu cabelo". Então ele decidiu morar na rua, porque a mãe não o queria. É bem possível que essa boa mãe estivesse preocupada com a fome na Índia e que trabalhasse em prol das pessoas ao redor dela, exceto do próprio filho. Quando voltamos, o jovem estava deitado no chão. Havia tido uma overdose de drogas. Tivemos que levá-lo ao hospital. Não sei se sobreviveu, porque não sei quantas coisas ele tomou. Qual seria a reação dessa mãe se encontrasse o filho de novo? "Você não me quis". Então, vamos começar a querer uns aos outros.[13]

Elas não têm absolutamente ninguém

Agora, na área de Nova York onde nossas irmãs estão trabalhando, há vários lugares, mas num lugar em especial há pessoas, mais ou menos como aquelas que recolhemos das ruas de Calcutá, um pouco mais negligenciadas que as nossas pessoas... As irmãs vão até lá uma vez por semana... Nós vamos lá e fazemos um trabalho humilde, como cortar as unhas deles e lavá-los e alimentá-los e trocar as roupas deles e deixar um pouco mais confortável a cama onde dormem... Estive ali há algum tempo e achei terrível, e desde então as coisas parece que pioraram. Estamos tentando descobrir quem é que devemos contatar para que nos dê autorização completa para ir lá todos os dias... É assim que encontramos pessoas, especialmente as trancadas. Em todo lugar temos pessoas assim, em todo lugar; nos hospitais há pessoas que nunca recebem visita, elas não têm absolutamente ninguém. Assim como esse homem desse lugar, ele ficou esperando que as irmãs viessem para lavar sua boca, porque durante a semana toda ninguém lhe deu nada para lavar a boca. Na semana seguinte, quando as irmãs foram, ele já havia morrido.[14]

Confortar pessoas solitárias

Um homem rico me disse, "Eu tenho uma mansão na Holanda. Você quer que eu doe minha casa?". Eu disse, "Não. Mas o que eu quero que você faça é que volte e pense: você quer morar nessa casa?". "Sim", ele disse. "E eu também tenho um carro enorme; quer que eu doe o carro então?". Eu falei, "Não. Mas o que quero que você faça é que volte e vá visitar algumas das muitas pessoas solitárias que vivem na Holanda. Depois, quero que, de vez em quando, traga algumas delas e as entretenha um pouco. Traga-as nesse seu carro enorme, deixe que curtam algumas horas em sua bela mansão. Assim, sua mansão vai virar um centro de amor, cheio de luz, cheio de alegria, cheio de vida". Ele sorriu e disse que ficaria muito feliz em levar as pessoas até a casa dele, mas que queria abrir mão de alguma coisa na vida dele. Então sugeri, "Quando for a alguma loja comprar um terno ou roupas novas, ou quando alguém for comprar para você, em vez de comprar o melhor, que custa 55 dólares, compre um de 50 e use o dinheiro que sobrou para comprar alguma coisa para alguém ou, melhor ainda, para os pobres". Quando terminei de dizer isso, ele pareceu muito impressionado. "Ah, quer dizer que o caminho é esse, então, Madre? Eu nunca havia pensado assim". Quando ele finalmente foi embora, parecia muito feliz e cheio de alegria com o pensamento de ajudar nossas irmãs, e já estava planejando enviar coisas para as irmãs na Tanzânia.

Palavras de consolo

Assim que tive notícias do terrível terremoto em Kobe, no Japão, enviei uma mensagem ao arcebispo oferecendo os serviços das nossas irmãs. Seis delas foram até a cidade para levar o amor e a compaixão de Deus às pessoas, especialmente para as mais velhas. As irmãs caminharam pelas ruas da cidade onde mais de cinco mil pessoas haviam morrido, oferecendo palavras de conforto, esperança e incentivo, assim como suprimentos para aqueles que estivessem precisando. Vamos orar pelas pessoas de Kobe e por todas as pessoas que estejam sofrendo em decorrência de desastres naturais, guerras e violência, para que, unindo sua dor e seus sofrimentos aos de Jesus, elas possam encontrar força e cura.[15]

A alegria de compartilhar Seu sofrimento

Vocês têm feito muito e ainda fazem muito pela glória de Deus e pelo bem dos pobres. Portanto, não tenham medo – a própria Cruz é o sinal de Seu grande amor – já que Ele lhes dá a alegria de compartilhar Seu sofrimento e humilhação... os quais nada mais são do que meios para o amor maior.[16]

Deixe que Jesus seja a vítima em você

Você disse "sim" a Jesus e Ele confiou na sua palavra... Deus não consegue preencher o que está cheio. Ele só pode preencher o vazio, a extrema pobreza. E o seu "sim" é o início de passar a ser ou de se tornar vazio. Não se trata de quanto realmente "temos" que dar, mas de quão vazios estamos, para que possamos recebê-Lo plenamente em nossa vida e deixá-Lo viver Sua vida em nós.

Em você, hoje, Ele quer reviver Sua completa submissão ao Pai. Permita-Lhe que faça isso. Não importa o que você sente, desde que Ele se sinta bem em você. Tire seus olhos de si mesmo e regozije-se por não ter nada, por não ser nada, por não poder fazer nada. Dê a Jesus um grande sorriso cada vez que a sua insignificância assustar você.

Esta é a pobreza de Jesus. Você e eu devemos deixar que Ele viva em nós e por nós no mundo. Agarre-se a Nossa Senhora, pois ela também, antes que pudesse se tornar cheia de graça, cheia de Jesus, teve que passar por essas trevas. "Como isso pode ser feito?" Mas no momento em que disse "sim", ela teve necessidade de se apressar e dar Jesus a João e à família dele.

Continue dando Jesus às pessoas, não por meio de palavras, mas pelo seu exemplo, por estar em amor a Jesus, por irradiar a Sua santidade e difundir Sua fragrância de amor por onde for.

Basta conservar a alegria de Jesus como a sua força. Seja feliz e fique em paz. Aceite o que Ele der, e dê o que Ele tomar com um grande sorriso. Você pertence a Ele. Diga-Lhe, "Sou Seu, e se o Senhor me cortar em pedaços, cada um desses pedaços será todo ele somente Seu". Deixe que Jesus seja a Vítima e o Padre em você.[17]

☨

Rezo por você, para que Nossa Abençoada Mãe possa se manter perto de você como esteve perto de Jesus ao pé da Cruz. Compartilhe tudo com ela, e peça que seja uma Mãe para você.[18]

Se temos Jesus, temos tudo

Sua carta trouxe-me alegria e tristeza: alegria por vocês estarem todas bem, por terem encarado sua grande perda de maneira tão bonita, com uma verdadeira fortaleza de ânimo similar à de Cristo. Tenho muito orgulho de vocês. Estou triste pelas coisas que foram levadas, mas não pude deixar de pensar que talvez Nosso Senhor tenha permitido isso para libertá-las, para fazê-las compartilhar da Décima Estação da Via Sacra – "e Ele foi despojado de Suas vestes". Essas pessoas fizeram exatamente isso com vocês. Perdoem e esqueçam e sorriam. Graças a Deus, vocês não estavam na casa quando eles vieram. Sabe Deus o que poderia ter acontecido com qualquer uma de vocês. Sei como vocês duas se sentem, mas ambas são jovens e fortes. A casa pode ser mobiliada, mas façam isso no espírito do Concílio Vaticano, com beleza, para que mereça ser o templo de Deus residindo nela. Aqui também estamos compartilhando a Paixão de Cristo. Fome, inundações, doenças, agitação – muito sofrimento, muita incompreensão. A dor de ver meu pessoal sofrendo tanto é muito grande. A Igreja dentro das nações em guerra – mais sofrimento –, eu com frequência, com muita frequência digo apenas, "Graças a Deus existe Deus naqueles que cuidam de nós". Nossas casas estão cheias, cheias de crianças abandonadas, de doentes e moribundos, de idosos que ninguém quer, e no entanto devemos nos manter sorrindo em total rendição a Deus e em confiança amorosa no nosso próximo – quem quer que seja. Jesus é a Luz que jamais será extinta. Ele é o Caminho que nunca se desviará. Ele é a Verdade que vai triunfar. Ele é a Vida que nunca vai morrer. Se temos Jesus, temos tudo. Então vamos ficar perto de Jesus com um sorriso no rosto.[19]

O sofrimento, a maior riqueza

Estou rezando muito para que você possa fazer uso da capacidade e do sofrimento que se instalaram em sua vida como um meio para a real santidade. Vamos agradecer a Deus por Seu amor por você, por Sua presença em você, e pela graça com que você aceitou sua aflição como uma dádiva de Deus. Deve ser duro – mas a madeira da Cruz era dura também. Nunca pense que a sua vida é inútil porque você não pode fazer o que outros fazem. A Cruz de Jesus e o sofrimento de nossa Abençoada Mãe e de muitos cristãos são a maior riqueza do mundo. Você também é parte desta riqueza. Que você permita que Jesus viva mais plenamente em você, e que a Paixão que ele compartilha com você seja um sinal de Seu terno amor por você. Ofereça tudo à nossa Sociedade com um sorriso.[20]

Condolências

Seu pai voltou para casa, para Jesus – para Ele, que o amou primeiro e o chamou para a vida. Agora que ele está com Jesus e que Jesus está em seu coração, ele está aqui também, mais perto de vocês do que nunca, rezando por vocês e tomando conta de vocês. Vamos permitir que esse pensamento sirva de consolo a vocês em sua dor. Estou rezando por sua mãe de maneira especial durante esses dias.[21]

☦

Obrigada por sua carta... e por compartilhar a triste notícia da morte de seu sobrinho. Ofereço minhas profundas condolências ao seu irmão e à sua cunhada, e asseguro-lhes minhas orações para que o Senhor possa consolá-los e fortalecê-los. Deve ter sido um grande choque para todos vocês, já que todos haviam visto o menino bem vivo e feliz três dias antes de sua morte. Deus, nosso amoroso Pai, que nos conhece e nos ama, sabe o que é melhor para nós, levou [o filho] para junto d'Ele no céu, onde vive agora em plenitude a vida que Deus quer nos dar. Portanto, é um pensamento feliz e consolador para os pais que [ele] não esteja morto em pecado, mas plenamente vivo no céu por meio do amor e da misericórdia de Deus. E Deus em seu devido tempo trará [os pais] para mais perto de Si com [o filho] intercedendo por seus queridos pais. Fico feliz que você esteja com [os pais] nessa hora, consolando-os e dando-lhes forças de uma maneira cristã. Deus, no Seu devido tempo, vai curar suas feridas e delicadamente aflorar o bem que há neles.[22]

☦

Sinto saber da morte de sua irmã. Vamos rezar por ela – que Deus possa lhe oferecer um pouco de Sua glória. Estou rezando por você, que Deus possa lhe dar a graça de aceitar sua perda com coragem, até mesmo com alegria, sabendo que ela foi para casa, para Jesus, e que está mais perto de você agora do que antes. Agradeça a Deus por ter dado a você a oportunidade de cuidar dela; agora Deus quer usar você em prol de sua família e de outras pessoas, especialmente as solitárias, as indesejadas. Dê a Ele seu coração para amar.[23]

☦

Lamento saber que sua irmã... faleceu de repente. No entanto, tenho certeza de que sua fé ajudará vocês a aceitar isso com alegria, já que ela partiu para Jesus e está agora com Ele no céu. Ela deve estar lá rezando por todos vocês. Agora que ela está com Jesus e que Jesus está no seu coração, ela está ali também, agora mais perto de vocês do que nunca.[24]

SEU EXEMPLO: os testemunhos

Ela ouvia a todos

Eu costumava tomar conta da portaria na Mother House. Toda vez que chegavam visitas, eu ia até o quarto da Madre para lhe dar o cartão delas, coisas assim, e então a Madre costumava me dar a bênção e imediatamente se levantava e vinha até a varanda da capela ou até a recepção no andar de baixo para encontrar as pessoas. Ela atendia todos que viessem, fossem ricos ou pobres. A Madre ouvia a todos. Algumas pessoas vinham apenas para tocar-lhe os pés, para obter o *darshan* [estar na presença de uma pessoa santa], para receber sua bênção e ir embora. Todos se afastavam de sua presença com um sorriso feliz. A Madre costumava rezar com eles, levar os que estivessem com problemas ou aflições até a capela e rezar por eles.

☦

Ela sempre lhes dava Medalhas Milagrosas e seu "cartão de visitas". Ela recorria a meios simples como esses, mas as pessoas ficavam comovidas. Muitas ficavam também curadas, porque a Madre era plena de Jesus e irradiava Sua paz para aqueles que estavam com problemas.

☦

A Madre se sentou perto dele, ouvindo-o e encorajando-o. Para a Madre, era como "ver Jesus 24 horas por dia" nas crianças nuas, com olhos infeccionados e o nariz sujo de catarro, ou nas pessoas ricas muito bem-vestidas, que vinham de todas as partes do mundo para vê-la, às vezes de muito longe. Seu sorriso radiante iluminava todos os corações, e enquanto algumas pessoas choravam por receber algum toque secreto de Jesus nas profundezas de seu ser, outras experimentavam uma liberação de alegria dentro delas.[25]

☦

Quando meu irmão morreu, fui pedir a bênção da Madre. Ela me abençoou e me abraçou, dizendo, "Minha filha, Jesus ama tanto você que está compartilhando com você". A Madre olhou para mim com amor. O olhar terno da Madre teve um forte impacto em mim, senti um verdadeiro conforto, e ela me deu coragem e força para seguir adiante.[26]

Reencontrando a paz

Muitas vezes eu me sentava com ela num banco do lado de fora do seu escritório e falava sobre as dificuldades que estava enfrentando no trabalho ou sobre minhas aflições com o fato de meus filhos não estarem praticando sua fé, ou com o fato de meu marido não ser católico. Ela me garantia que o amor de Jesus por eles era maior que o meu, e que Ele cuidaria de todos eles. Ela colocou as mãos sobre as minhas e me deu um rosário, e me falou para rezá-lo todos os dias e para pedir à Virgem Maria que intercedesse por eles, e assim eles retornariam. Não tenho sido tão fiel como preciso ser, mas um de meus filhos retornou e está praticando sua fé, e meu marido começou a perguntar sobre oração e sobre o amor de Deus por ele, o que para ele é um conceito novo.[27]

☦

Uma ocasião, a Madre estava de visita a Titagarh. Havia um leproso que, embora deformado, costumava ajudar as irmãs a fazer curativos e a dar comida e remédios a outros leprosos, simplesmente para poder estar com as irmãs. Ele ficou cego e perdeu todos os dedos das mãos e dos pés. Chegou junto à Madre e gritou, "Madre, fiquei cego, não consigo vê-la. Fiquei um inútil, não posso ajudar". A Madre lhe disse, "Ah, meu filho, não se preocupe. Em pouco tempo iremos todos para o Outro Lado, para a nossa Casa. Tudo será novo! Novos olhos para ver, novas mãos, tudo novo! Veremos Deus, que nos ama tanto!". Ele disse, "Madre, quando é que isso vai acontecer? Reze! Eu quero ir logo!". Era dessa maneira que a Madre fazia surgir nas pessoas o desejo de uma nova vida, evitando que se afogassem na infelicidade. A partir disso, ele não ficou mais triste. Andava muito feliz, esperando ir para Casa.[28]

☦

Quando alguns parentes de um falecido eram trazidos à presença da Madre, ela os consolava dizendo... que nós viemos de Deus e a ele retornaremos.[29]

Senti-me absolutamente amada

A Madre recusou-se a refazer a entrevista. Ela disse que, se alguma coisa não havia funcionado, era sinal de que não correspondia à vontade de Deus. Fiquei arrasada com a recusa dela. Naquele momento, como se ela sentisse a mesma dor, tirou os óculos escuros que eu estava usando e disse,

"[...], você não anda dormindo o suficiente". As palavras eram simples, mas a energia que ela emanou foi imensa. Parecia que o tempo havia parado. Meu coração parecia inchar dentro do meu peito. Senti um poderoso amor fluindo da Madre me atravessar e voltar para ela. Era um amor que eu havia muito tempo desejava de meus pais, amigos e namorados, mas que nunca, antes desse momento, eu experimentara. Num estado de consciência ampliada, eu de repente soube que Deus existia, que Deus era esse Amor, e que Madre Teresa era um canal para esse Amor. Senti-me absolutamente compreendida e amada. Não disse nada, mas a Madre captou o momento. Como se fosse capaz de ler meu coração, ela disse, "Vamos agradecer a Deus". Ela tirou o rosário de seu cinto e começou a rezar. Eu, que não rezava havia catorze anos, fiquei de joelhos e acompanhei a Madre no Rosário, com lágrimas rolando pelo meu rosto uma vez mais.[30]

Veja-O em seu filho

Um dia, um jovem pai apareceu na porta da Mother House e pediu um *darshan* da Madre. Ele estava com o filho de 2 anos de idade. Mais tarde, esse rapaz tornou-se companheiro de trabalho da Madre. A seguinte conversa ocorreu na Mother House, e a mim me pareceu muito tocante. Eu rascunhei suas palavras logo depois. Reproduzo a seguir:

JOVEM: Madre, este é meu filho (mostrando a criança). A mãe dele é muito estranha. Às vezes, ela gosta do menino; mas em geral ele é malcuidado. Eu tenho um emprego. Mas a toda hora sou obrigado a tomar conta dele o dia inteiro, cuidá-lo, alimentá-lo, e às vezes esse menino também parece insuportável! O que devo fazer?

MADRE: Quando estiver tomando conta dele, diga em oração: "Senhor, que estás no disfarce dessa criança, fica comigo agora e sempre. Eu agradeço, Senhor, que sejas meu filho, assim como eu sou Teu filho. Eu agradeço, Senhor, pois posso Te servir, como serviste a nós todos. Eu agradeço, Senhor pois posso amar-Te, como amaste a nós todos. Eu agradeço, pois hoje dependes de mim, como sempre dependi de Ti. Eu agradeço, Senhor, quando deitas Tua cabeça sonolenta em mim, porque também descanso em Ti sempre. Eu agradeço, Senhor, quando seguras minha mão, porque sei que estás comigo. Eu agradeço, Senhor, quando me imploras para Te alimentar, pois somos alimentados por Ti. Eu agradeço, Senhor, quando Te tornares um rapaz, porque sei que poderei depender de Ti. Eu agradeço, Senhor, por teres chegado até mim de modo tão amoroso como meu filho.

O pai do menino chorava em silêncio enquanto a Madre dizia essa oração, e foi embora com a paz estampada em seu rosto.[31]

Identificando os mais indesejados
O que era impressionante em seus contatos com os pobres era que seu primeiro olhar e sua primeira palavra de conforto eram dirigidos à pessoa mais pobre e suja do grupo.[32]

☩

Estávamos em Tijuana [México] visitando os padres em seu seminário vizinho às favelas, *barrios* feitos de árvores e cabanas, com dez ou doze membros da família vivendo no mesmo cômodo. A Madre viu no caminho, no alto de uma ladeira muito longa e íngreme, uma mulher idosa sentada do lado de fora de uma pequena cabana. Uma tarde, ela olhou para mim e disse, "A Madre vai subir a ladeira. Temos que ver aquela mulher. Ela não tem ninguém". Subimos. Quando chegamos, aquela mulher não conseguia tirar os olhos da Madre. Ela ficou radiante, ela pela primeira vez reagiu a alguém. A Madre segurou a mão dela e falou suavemente. Quando chegou a hora de voltar, ela chamou a Madre e disse, "Mas qual é o seu nome?". Ela não tinha ideia de quem a Madre era, mas ficara completamente tomada pelo espírito dela. A Madre respondeu, "Meu nome é Madre Teresa". "E de onde você é?", a mulher perguntou. "Ah, sou de Calcutá." Fomos embora. A Madre nunca se alterava, nenhuma palavra foi trocada.[33]

☩

Em uma ocasião, a Madre e eu estávamos na calçada esperando um carro que viria nos buscar. No meio da multidão que passava, ela notou um homem que tinha dificuldade para subir na calçada. Ela estendeu-lhe a mão para ajudá-lo a subir, embora ela mesma tivesse pouca força. Ninguém mais em volta dela, nem mesmo eu, havia percebido o apuro do homem.[34]

Aprendam a ver Jesus
Lembro-me de que, em uma das manifestações, ela notou na multidão uma mulher chorando. Ela chamou-a, conversou com ela e descobriu que, no passado, ela havia cometido um aborto. Imediatamente a Madre chamou

o padre e ajudou a mulher e o marido a fazerem uma confissão. Depois, ela nos contou o ocorrido. "Irmãs, como é que a Madre vê e vocês não veem? Por favor, aprendam a ver Jesus nas pessoas!"[35]

Olá, meu nome é Madre Teresa

[No aeroporto] a Madre estava sentada no saguão conversando com as irmãs, e essa mulher de meia-idade passou junto à Madre e foi até o fundo do saguão. Ela abriu uma revista. E eu, que estava apenas observando tudo, achei aquilo extraordinário. Ali no aeroporto, todos tentavam contato com a Madre, e a mulher, que poderia ter feito isso, passou direto por ela e nem se tocou. O que me impressionou foi o vazio que ela aparentava, a tristeza em sua expressão. O rosto dela sequer parecia vivo. Os atendentes do saguão vieram depois de alguns minutos e disseram, "Madre, estamos prontos", e as irmãs disseram "Aacha" [tudo bem] e se levantaram... [A Madre] foi a última, e eu estava atrás dela, [e na hora em que estávamos saindo do saguão] a Madre segurou minha mão e disse, "Padre, venha comigo", e foi direto até o fundo do saguão, na direção daquela mulher. Bem, como foi que ela percebeu aquela mulher no meio de toda a confusão das MoC, eu não faço ideia. De qualquer modo, ela foi até aquela mulher, vasculhou sua bolsa e pegou o que ela chamava de seus "cartões de visitas", que os Cavaleiros de Colombo haviam impresso para ela.[36] Ela se inclinou até a mulher e disse, "Olá, meu nome é Madre Teresa. Eu só queria lhe dar meu cartão". E aquela mulher tirou os olhos da revista, e eu a ouvi murmurar alguma coisa. A Madre deu-lhe o cartão, apertou a mão dela, e olhou bem dentro dos seus olhos. Foram trinta segundos, não mais que isso, e fomos embora. Mas ao chegar à porta, eu me virei e olhei para a mulher, e ela lia o cartão com um sorriso no rosto. Seu rosto simplesmente havia mudado. A Madre tinha essa grande capacidade de perceber uma dor, por mais profundamente arraigada que estivesse, perceber a solidão, e estender a mão. Isso era extraordinário nela.[37]

A Madre estava apressada, quando um homem pobre fez com que ela parasse

A Irmã Mary recentemente lembrou um incidente da época das revoltas de Bangladesh: duas das irmãs estavam indo apressadas junto com Madre Teresa para pegar provisões que estavam sendo requisitadas com urgência no acampamento de refugiados, quando no caminho um homem pobre fez com que a Madre parasse para conversar. A Irmã Mary disse que foi muito edificante ver a Madre, que, embora estivesse com muita pressa, dedicar cinco minutos para ouvir as preocupações daquele homem com compaixão e com total atenção. A Irmã Mary disse que, para ela, essa era a verdadeira marca de uma santa.[38]

☦

Na época das revoltas entre hindus e muçulmanos em dezembro de 1991, a própria Madre foi até aquelas áreas, rezando o rosário e com as mãos em prece. Ela costumava nos dizer que rezássemos sempre que houvesse um problema, que confiássemos em Deus e que os problemas seriam resolvidos.[39]

Suplico a vocês, sejam boas

Tive o privilégio de ir para a Albânia para uma nova fundação em Durrës. A Madre estava lá. Pude ver como ela sofria em ver seu povo vivendo naquela miséria abjeta. Havia escassez de tudo, material e espiritual. A Madre vinha à nossa casa com frequência, já que tínhamos o armazém com a maior parte dos suprimentos que chegavam do exterior. A Madre dizia, "Sejam boas com todos, eles já sofreram demais. Eu imploro a vocês com as mãos em prece, sejam bondosas". A Madre repetia isso muitas vezes. Dizia também, "Acolham todos que vierem. Os padres que vêm não têm para onde ir, cuidem deles, alimentem-nos até que eles encontrem um lugar". No dia em que nossa casa foi inaugurada, a Madre estava superfeliz e disse, "Que tremendo amor Jesus tem por nós. Este é o único tabernáculo em toda a cidade, e Jesus nos escolheu para fazermos com que Ele fosse conhecido". A Madre dedicou-nos muitas palavras amorosas, de compreensão e compaixão. Ela não parava de dizer, "Amem umas às outras e deem amor aos outros. As pessoas precisam ver Jesus em vocês. Elas já foram muito magoadas. Não as magoem."[40]

Dê o meu guarda-chuva ao guarda

Era uma noite na época das monções, e uma forte chuva acabara de cessar quando a Madre voltou para casa. Ela estivera muito doente havia apenas um mês. Havia chovido tanto naquele dia que a água barrenta da chuva cobria as calçadas de Shishu Bhavan, dando à área uma aparência de Veneza! O carro da Madre tentou abrir caminho, mas o motorista acenou negativamente com a cabeça, indicando que havia problemas com o carro.

As irmãs que a acompanhavam pediram que a Madre aguardasse no carro. Mas a esta altura, a Madre já havia saído e, arregaçando seu sári até os joelhos, começou a abrir caminho pela água da chuva em direção à Mother House. Enquanto tranquilizava as suas irmãs de que chegaria sem problemas à casa, a Madre percebeu que havia um guarda de trânsito, fazendo gestos com as mãos para orientar os veículos. O homem não tinha guarda-chuva, e ainda estava garoando. Assim que a Madre chegou à entrada de Shishu Bhavan, ela chamou uma irmã e disse, preocupada, "Irmã, vá até o guarda de trânsito e dê meu guarda-chuva para ele. O turno dele amanhã será aqui; peça que ele então devolva meu guarda-chuva".[41]

Abençoe esse casamento

Um velho hindu brâmane bengali veio ao meu escritório pedindo alguma caridade para o casamento de sua filha. Eu disse a ele que no máximo poderia contribuir com 50 rúpias. Fiquei impressionado com o porte desse velho senhor. Eu pedi que ele aguardasse e telefonei para a Madre contando que encaminharia um senhor que estava em dificuldades, e perguntei se a Madre poderia ajudá-lo. Não mencionei nada sobre o casamento da filha dele. Então, esqueci completamente o assunto. Depois de uns dois ou três meses, esse velho senhor brâmane me viu e estava tão feliz que mal conseguia falar. Contou que a Madre o havia ajudado com tudo para o casamento da filha. Ele havia pedido que a Madre comparecesse à cerimônia e nunca imaginou que a Madre fosse aparecer. Mas ela foi até a casa dele no dia do casamento. Ela perguntou ao senhor hindu se poderia abençoar o casal que se unia, e o senhor concordou, muito satisfeito. A Madre ajoelhou e pediu ao Pai celestial que os abençoasse. Na hora em que a Madre estava saindo, o noivo pediu à Madre que rezasse por ele, já que estava prestando concurso para um emprego. A Madre simplesmente disse ao jovem que iria rezar por ele. Acredite, o homem hindu foi bem-sucedido e conseguiu passar no concurso para o emprego.[42]

Um raio de esperança às onze da noite

Certa vez, um construtor procurou a Madre querendo saber que tipos de serviços ele poderia oferecer a ela. A Madre pediu que ele construísse uma casa para as prostitutas em Tengra – o que ele fez. Anos depois, o homem foi à falência. Mais tarde, ele e o irmão acabaram cometendo suicídio. As viúvas foram condenadas pela família, por sacerdotes e amigos [pelo fato de seus] falecidos maridos [terem cometido pecados]. Elas foram praticamente marginalizadas. De repente, receberam uma chamada das irmãs MoC dizendo que Madre Teresa, voltando de uma longa viagem ao exterior, havia tido notícia das mortes e gostaria de encontrar as viúvas assim que saísse do aeroporto. Mais uma vez, elas ficaram receosas de terem de ouvir mais observações depreciativas. Às onze da noite, a Madre chegou em casa com outra irmã. [A Madre] sorriu para elas e disse que os maridos delas eram grandes homens; que graças às contribuições que eles haviam feito, muitas prostitutas puderam ter um abrigo, e ela lhes garantiu que Deus, sem dúvida alguma, iria tomar conta deles. [Pela] primeira vez após a morte de seus maridos, essas viúvas encontraram um raio de esperança que lhes permitiu enfrentar a crueldade da vida com um vigor renovado, e hoje elas conseguiram se restabelecer.[43]

A beleza de toda a vida

A Madre me ensinou a beleza de toda a vida, mesmo quando a doença e a deformidade dificultam olhar para ela. Em meio à maior das necessidades, ela parecia ser a pessoa mais serena. Ela aproveitava cada oportunidade para ajudar os voluntários a compreender que ao Se disfarçar como o mais pobre entre os pobres, [Jesus] estava dando-lhes uma oportunidade de amar e servir a Ele diretamente. Os pobres são a nossa dádiva, ela dizia.[44]

A Madre beijou aquelas mãos grossas cheias de calos

Em 1970, tive o privilégio de acompanhar Madre Teresa a uma reunião do Conselho Nacional de Mulheres Católicas, onde a Madre iria ser homenageada pela sua grande obra com os pobres de Deus. Num daqueles dias, a Madre e eu sentamos juntas em um estande daquele andar da convenção, e durante o dia todo entraram e saíram mulheres. A maior parte delas ia muito bem-vestida e aparentava ser de famílias de recursos, mas uma delas se destacava das demais por seu vestido, que era simples e bastante surrado, e também pelo seu jeito tímido de se aproximar de nós. Por algum tempo, ela ficou em pé, de lado, olhando para a Madre com tamanha ansiedade que eu fui até lá ver se podia ajudar em algo. Ela parecia estar até com medo de perguntar se poderia falar com Madre Teresa por alguns momentos. Eu a levei imediatamente até a Madre, que a convidou para se sentar no nosso estande ao lado dela. A mulher, muito tímida, começou a contar a respeito da grave doença do seu marido, que o impedia de trabalhar na chácara deles. Pediu que Madre Teresa rezasse por ele e por sua recuperação. Ela assumira o trabalho do marido na chácara, e agora pedia nossas orações para que pudesse continuar a fazer isso, além de realizar todas as tarefas domésticas, cozinhar e cuidar de seus filhos pequenos.

Enquanto falava, a jovem mulher segurava as mãos firmemente no colo, e pude ver que eram mãos grossas e avermelhadas, com os dedos rachados e inflamados. Madre Teresa notou isso, e nessa hora algumas lágrimas rolaram pelo rosto da mulher e caíram em suas mãos maltratadas. Ao ver isso, a Madre tomou aquelas mãos cheias de calos dentro das suas e levou-as aos lábios, beijou-as e apertou-as com firmeza, garantindo à mulher que nós rezaríamos pela recuperação do marido dela. A mulher ficou conosco um pouco mais, contando sobre a família e o quanto era importante que eles continuassem na chácara onde a família do marido havia vivido por várias gerações. Depois, agradeceu e foi embora. Enquanto olhava a mulher partir, Madre Teresa cochichou, "Que grande amor".[45]

Gravemente ferido em uma explosão

Mais tarde naquela mesma semana, recebi a ligação de uma mulher que me contou que seu filho mais novo havia ficado gravemente ferido em uma explosão, e eles queriam saber se ela e o marido poderiam trazer o garoto para encontrar com Madre Teresa. Naquela noite, a família chegou à nossa casa com o filho, de 11 anos, que ficara cego e perdera as mãos ao pegar uma banana de dinamite que explodiu quando ele a acendeu, achando que fosse um sinalizador que servia como tocha. O rosto do menino estava coberto de cicatrizes, e seus braços terminavam em tocos. Era difícil encarar aqueles olhos cegos sem chorar.

Deixei o garoto e os pais dele na nossa sala, onde Madre Teresa estava esperando-os. Ela fez o menino sentar-se ao lado dela e segurou os tocos nas mãos enquanto ele falava. Ele contou como ficara sabendo a respeito de Madre Teresa em sua escola católica, explicando que ele mesmo já havia lido sobre ela antes do acidente. Ele tinha um grande desejo de conversar com ela, porque sabia que ela lhe contaria a verdade a respeito da sua aparência, e também porque queria lhe pedir um conselho a respeito de uma carreira, levando em conta sua terrível deficiência. A resposta da Madre foi tão bonita que nenhum de nós na sala conseguiu conter as lágrimas. Primeiro, ela passou um dedo por todas as cicatrizes desfigurantes do rosto dele, dizendo que, na opinião dela, elas o faziam parecer másculo e forte e lhe davam o aspecto de alguém corajoso. Depois, quando ele perguntou se os seus tocos tinham uma aparência terrível, ela pegou ambos em suas mãos, tocou as partes onde as cicatrizes eram mais profundas, beijou cada um dos tocos e disse a ele que não pareciam nada feios, e que eram simplesmente braços bons e de aspecto forte, que não tinham mãos. Então, os dois falaram sobre os planos dele para o futuro, de um dia se tornar consultor e usar sua experiência para ajudar outras pessoas a superarem deficiências. Foi uma cena que nenhum de nós esquecerá jamais, o garoto com toda aquela esperança sendo reafirmada por uma pessoa sobre a qual ele havia lido e que admirava por seu heroísmo, ambos absolutamente certos de que, com a ajuda de Jesus, ele algum dia alcançaria sua meta! Eu espero e rezo que ele tenha conseguido.[46]

A Madre tinha tempo para todos eles

No último ano de sua vida, a Madre ficou a maior parte do tempo confinada na Mother House no segundo andar. Nessa circunstância, começou o que eu chamei de seu "apostolado na sacada". De lá, ela cumprimentava todos os visitantes que vinham vê-la, de maneira calorosa, bondosa e bem-humorada. Algumas pessoas vinham expor sua dor, outras contavam suas preocupações ou esperanças, e a Madre tinha tempo para todos e os direcionava a Deus. Uma vez, fiquei esperando muito tempo na sacada para falar com a Madre enquanto ela cumprimentava as pessoas. Finalmente, a Madre veio até mim e começou a falar. Fiquei aliviado por finalmente conseguir sua atenção. Um homem pobre subiu a escada e parou olhando para nós dois a certa distância. A Madre o viu e se desculpou dizendo, "Com licença, padre, mas este homem veio de muito longe". E ela me deixou de lado para ouvir o homem! Fiquei frustrado, porque teria que ficar esperando de novo, mas isso me revelou que eu me julguei mais importante do que aquele homem. A Madre obviamente sabia que ele era mais importante, porque a sua necessidade e a sua dor estavam em seu rosto – portanto, ela concedeu a atenção e a preocupação de Deus primeiro àquele homem. Para todas as pessoas que ela cumprimentava da sua cadeira de rodas naquela sacada, ela pedia que rezassem e dava uma Medalha Milagrosa, convidando todos a confiarem na bondade de Deus. Quando ela falava, era sempre com esse propósito, de revelar a bondade de Deus, por meio de algum pequeno episódio de sua vida, alguma história sobre como Jesus estava intimamente presente e envolvido em nossas vidas. E ela nos ensinou que Ele depende de você e de mim para prover o Seu cuidado aos pobres. O que víamos como dificuldades, a Madre chamava de "oportunidades" – de olhar para Ele em seu aflitivo disfarce... Ela tinha sempre essa visão positiva.⁴⁷

Conforto do céu

Foi-me concedida uma graça de conversão por meio da Abençoada Teresa de Calcutá. Senti uma inspiração de Deus para escolher o livreto de orações *Jesus Is My All in All* [Jesus é meu Tudo em tudo] e rezar a Novena à Abençoada Teresa de Calcutá... Eu já havia rezado essa novena antes, mas me senti especialmente atraído por uma passagem de um dos dias da novena, que fala do amor de Jesus. Senti o Espírito Santo sendo derramado na minha alma, com uma alegria especial de amar como Cristo ama. A oração que li transformou meu coração, já que eu vinha muito deprimido e sentia pouca emoção ou amor no meu coração. Eu sentia muita dificuldade em confiar no amor de Jesus por mim. Soube que se tratava de um milagre porque aconteceu imediatamente, e senti um novo sopro de vida no Espírito de Deus. Assim, eu me vi chamado a compartilhar o amor de Cristo e pude sentir o Senhor trabalhando em mim para me mostrar o amor cristão para uma mãe e seu filho. O filho parecia muito triste, e senti que o espírito de Madre Teresa também iria estender a mão a esse menino por causa do amor dela por Cristo. Senti então Jesus realmente me chamando para ajudar os outros e que minha vocação seria amar Jesus. Também Madre Teresa me trouxe de volta para a Abençoada Virgem Maria de uma maneira especial.

REFLEXÃO

"Bendito seja Deus, o Pai de nosso Senhor Jesus Cristo, o Pai das misericórdias, Deus de toda a consolação, que nos conforta em todas as nossas tribulações, para que, pela consolação com que nós mesmos somos consolados por Deus, possamos consolar os que estão em qualquer angústia!" (II Coríntios 1,3-4)

*"Conserve a alegria de amar a Deus em seu coração e compartilhe essa alegria com todos que você encontrar, especialmente com sua família. Seja santo – oremos."*⁴⁸

Será que tenho medo de me envolver com o sofrimento de outras pessoas e, por isso, mantenho distância? Será que uso o conselho que diz "não se envolva demais nem seja afetado demais pessoalmente" como desculpa para não ajudar alguém que está em sofrimento profundo?

Sou capaz de "amar até doer" abdicando um pouco do meu próprio conforto, da conveniência e do prazer a fim de ajudar alguém que está precisando?

Como posso cultivar maior sensibilidade em relação ao sofrimento alheio? Sou capaz de buscar alguém da minha comunidade ou da família, um amigo, colega ou conhecido que esteja passando por alguma aflição ou momento difícil, e oferecer um pequeno gesto, uma palavra de consolo ou um sorriso que possa tornar seu dia mais feliz? Sou capaz de fazer isso de uma maneira discreta, respeitosa e não invasiva?

ORAÇÃO

Alma de Cristo, santifica-me.
Corpo de Cristo, salva-me.
Sangue de Cristo, inebria-me.
Água do flanco de Cristo, lava-me.
Paixão de Cristo, fortalece-me.
Ó Bom Jesus, ouve-me.
Em Tuas chagas esconde-me.
Padeço para não me separar de Ti.
Do inimigo malicioso, defende-me.
Na hora de minha morte, chama-me
e ordena que vá à Tua presença,
para que com Teus Santos, eu possa louvar-Te
Para todo o sempre.
Amém.

– Rezada diariamente por Madre Teresa

CATORZE

ORAR PELOS VIVOS E PELOS MORTOS

☦

Embora listada como a última obra de misericórdia, orar pelos vivos e pelos mortos não significa algo a ser empreendido como último recurso – depois que tivermos (sem sucesso!) tentado de tudo. É bem o contrário: trata-se, na verdade, do primeiro recurso – algo que devemos fazer antes de qualquer coisa. A oração foi provavelmente a única razão essencial de Madre Teresa ter sido capaz de praticar todas as outras obras de misericórdia com tanta fidelidade e resultados tão impressionantes.

A oração, como uma união íntima de nosso coração e de nossa mente com Deus, como um relacionamento com Ele, ocupava lugar de honra na vida de Madre Teresa. "O que o sangue é para o corpo, a oração é para a alma", ela costumava dizer, enfatizando a importância vital da oração na nossa vida. "Precisamos dessa conexão íntima com Deus na nossa vida diária. E como conseguimos isso? Pela oração."[1] Para Madre Teresa, a oração era comunicação com Deus: "Deus fala comigo e eu falo com Ele; simples assim – isso é oração!".[2] "As pessoas ficavam fascinadas só de ver a Madre orando. Elas se sentavam ali observando-a enquanto ela era realmente atraída para dentro desse mistério."[3] Ela não fazia nada extraordinário. "Ela não passava longas horas na capela, mas era fiel aos horários de oração" e, sendo assim, era óbvio para os que conviviam com ela que "a Madre vivia em contínua união com Jesus. Não uma união preenchida de consolos e êxtases, mas uma união de fé".[4]

A Igreja propõe orar pelos vivos e pelos mortos como uma obra de misericórdia. Portanto, é essencial que oremos pelos outros, e o exemplo de Madre Teresa nos lembra de que nossa oração pelos outros deve estar enraizada na intimidade de nosso próprio relacionamento com Deus. Sentindo a proximidade dela com Deus, muitas pessoas pediam orações a Madre Teresa. Ela prometia orar por elas e cumpria esse compromisso com grande fidelidade todos os dias. Sempre que havia orações espontâneas dos fiéis na missa, ela rezava em alto e bom tom: "Por todos aqueles que pediram nossas orações e por todos aqueles por quem prometemos orar". Desse modo, elevava em oração todos que estavam em necessidade, colocando-os aos cuidados amorosos de Deus e confiando-os ao Seu providencial amor.

Às vezes, apesar de todos os nossos esforços, parecemos incapazes de ajudar alguém, e não podemos fazer nada além de orar por eles. A oração então pode se tornar a última expressão de amor por aquela pessoa. Colocar alguém em oração diante do Senhor, pedir Sua bênção e sua ajuda para os vivos, e a felicidade de entrar na vida eterna para os mortos, é uma obra de misericórdia que Madre Teresa praticou de modo muito admirável.

SUAS PALAVRAS

Todo Missionário da Caridade vai rezar com absoluta confiança no cuidado amoroso de Deus por nós. Nossa oração será uma oração de pequenas crianças, uma oração de devoção terna, de profunda reverência, humildade, serenidade e simplicidade.[5]

Voltem-se para Ele

Coloquem de novo, eu digo, coloquem de novo a oração dentro da sua vida, orem. Talvez não tenham condições de fazer longas orações, mas rezem. Voltem-se para Ele: "Meu Deus, eu Te amo". E Ele nos ama com tal ternura que está registrado nas Escrituras, mesmo quando uma mãe é capaz de esquecer do próprio filho, como está acontecendo hoje – aborto. A mãe esquece do filho. "E mesmo que ela o esquecesse, eu não te esqueceria nunca. Eis que estás gravada na palma de minhas mãos, tenho sempre sob os olhos tuas muralhas" (Isaías 49,15-16). "Porque és precioso a meus olhos, porque eu te amo"; (Isaías 43,4). Essas são palavras da Escritura, para vocês e para mim. Então vamos pedir, vamos pedir a Nosso Senhor que mantenha nossa família unida, que mantenha a alegria de amarmos uns aos outros, que mantenha seu coração cheio de amor no Coração de Jesus por meio de Maria; e quem irá ajudá-los melhor a manter sua família unida? Maria e José. Eles experimentaram a alegria de amar um ao outro e a paz e a ternura do amor de Deus.[6]

Rezar e fazer sacrifícios

A mensagem do Imaculado Coração em Fátima parece estar envolvida nessa missão para a Madre ("Orai, orai muito e fazei sacrifícios pelos pecadores, pois muitas almas vão para o inferno porque não há ninguém para fazer sacrifícios [e orar] por elas", disse Nossa Senhora em 19 de agosto de 1917, em Fátima). "Foi a pedido *dela* que a Sociedade nasceu", são palavras da Madre. A Madre estava determinada, impelida a cumprir seu chamado, o novo passo, o novo modo de vida.[7]

E como começar? Rezando juntos

Para sermos capazes de amar os não amados, para sermos capazes de dar [amor] em nosso coração aos indesejados, desprezados, ignorados, [precisamos começar a amar] em casa. E como começar? Rezando juntos. Pois o fruto da oração é o aprofundamento da fé. Então acredito que, o que quer que eu faça, eu o faço para o próprio Deus, para o aprofundamento da fé. E o fruto da fé é amor, Deus me ama, eu amo meu irmão, minha irmã. Não importa [qual é] a religião, não importa [qual é] a cor, não importa [qual é] o lugar, meu irmão, minha irmã, criados pelo próprio Deus – pela mesma mão –, e depois o fruto desse amor deve ser a ação, deve ser o serviço: fazer algo. E, portanto, vamos rezar para trazer a oração para nossa família. Rezem juntos, tenham de fato a coragem de fazer algo bonito para Deus, pois tudo o que fizerem um ao outro vocês fazem a Deus.[8]

Traga a oração para dentro da sua família

É um pensamento maravilhoso este de que Deus me ama e que eu posso amar você e você pode me amar, assim como Ele nos ama. Que dádiva maravilhosa de Deus. Até mesmo as pessoas pobres são a dádiva de Deus para nós. Que privilégio o nosso, verdadeiros contemplativos no coração do mundo. Portanto, vamos aprender a rezar. Ensinem as crianças em suas escolas a rezar. As famílias devem ensinar os filhos a rezar, porque onde há oração, há amor; onde há amor, há paz. E hoje, mais do que nunca, precisamos rezar pela paz. E vamos nos lembrar de que obras de amor são obras de paz, de alegria, de partilha.⁹

☦

E por onde começamos? Em casa. E como começamos a amar? Pela oração. Trazendo a oração para a nossa vida, pois a oração sempre nos dá um coração puro, sempre. E um coração puro pode ver Deus. E se vocês veem Deus uns nos outros, naturalmente irão amar uns aos outros. Por isso, é importante trazer a oração para dentro da família, pois a família que reza unida permanece unida. E se permanecemos unidos, naturalmente iremos amar uns aos outros como Deus ama cada um de nós. Assim, é muito importante ajudar uns aos outros a rezar.¹⁰

☦

Nunca antes houve tanta necessidade de oração como hoje. Acho que todos os problemas do mundo têm origem na família que não tem tempo para os filhos, para a oração e para estarem juntos.¹¹

Arrumem tempo para rezar
Tenho ouvido que aqui, nas famílias, há muito sofrimento porque os filhos batem nos pais e os pais batem nos filhos. E de novo eu digo, rezem. Tragam a oração para a sua vida, para a sua família. Sejam mães para seus filhos. Arrumem tempo para isso. Quando seus filhos voltam da escola, vocês estão presentes? Estão lá para abraçar as crianças? Estão lá para amá-las? Estão lá para ajudá-las? Ou – vocês estão tão ocupadas que não têm sequer tempo de olhar para os próprios filhos, sequer para dar-lhes um sorriso; e as crianças ficam magoadas... essa é a realidade.¹²

Querido Deus, obrigado
Esta é uma oração das crianças para os seus pais e com seus pais:

Querido Deus,
Agradeço por nossa família, pelo pai e pela mãe que nos amam ternamente, por sermos capazes de ir à escola, aprender e crescer, para que

possamos servir às pessoas que precisarão de nós. Conserve a alegria do amor em nossos corações. Faça-nos amar nosso pai e nossa mãe, nossos irmãos e irmãs, professores e todos os nossos colegas. Pois ao amá-los, amamos o Senhor, e se amarmos o Senhor, nossos corações permanecerão sempre puros, e o Senhor será capaz de residir em nossos corações. Por favor, mantenha-nos sempre puros e santos, como o Senhor nos criou. Mantenha-nos sempre puros, até o final de nossas vidas. E leve-nos um dia à Sua casa, para vivermos com o Senhor no céu para sempre.

Deus abençoe.[13]

No dia do seu casamento

Tomem essa resolução, de que no dia de seu casamento vocês poderão dar um ao outro algo bonito. A coisa mais bonita para se dar é um coração virgem, um corpo virgem, uma alma virgem. Esse é o maior presente que um homem jovem pode dar a uma mulher jovem, e que uma mulher jovem pode dar a um homem.

☦

Todos nós devemos rezar para que isto seja dado aos nossos jovens: que a alegria do amor lhes dê alegria no sacrifício. É o sacrifício que eles precisam aprender a compartilhar. E se algum erro tiver sido cometido, ele foi cometido; tenham a coragem de aceitar essa criança e de não destruí-la. Porque o pecado é isso: é um assassinato. Esse é um grande pecado: destruir a imagem de Deus, destruir a mais bela criação de Deus, que é a vida. E por isso hoje, que estamos juntos, vamos rezar. Vamos rezar uns pelos outros para que possamos amar a Deus como Ele nos amou. Porque Deus tem oferecido a cada um de nós, Ele oferece a nós essa amizade pessoal pela vida toda, fiel, em ternura e amor. Todos experimentamos isso em nossa vida, o quanto Deus nos ama. E é a nossa vez de dar essa amizade pessoal, para a vida toda, fiel, a Ele, dando uns aos outros, com a oração, começando em nossa própria família. Tragam de volta os filhos, tragam de volta a oração em família.[14]

O que Deus uniu

Querido povo da Irlanda, estou rezando com vocês neste momento importante em que o seu país decide sobre a questão do divórcio. Minha oração é para que vocês permaneçam fiéis ao ensinamento de Jesus – "Por isso, deixará o homem pai e mãe e se unirá à sua mulher; e os dois não serão senão uma só carne. Assim, já não são dois, mas uma só carne. Não separe, pois, o homem o que Deus uniu" (Marcos 10,7-9). Nosso coração foi feito para amar e ser amado – um amor que não é só condicional, mas também duradouro.[15]

No mínimo, meia hora por dia a sós com Deus

E Deus escolheu vocês para serem os líderes e indicarem o caminho. Mas esse caminho tem que ser indicado com grande respeito, com grande amor. E eu diria, eu penso que se vocês políticos passassem no mínimo – no mínimo – meia hora por dia em oração a sós com Deus, acho que isso lhes indicaria o caminho; isso lhe daria os meios para [lidar] com o povo.

Se passarmos um tempo a sós com Deus, então isso vai purificar nosso coração; então teremos a luz, e teremos os meios de lidar com nosso povo com amor e com respeito. E temos certeza de que o fruto da oração é sempre o profundo amor, a profunda compaixão; e isso sempre nos aproximará uns dos outros. E sabemos exatamente como lidar com nosso povo.[16]

A bondade de erguer uma mesquita

Lembro-me de que, algum tempo atrás, há alguns anos, quando o presidente do Iêmen pediu às nossas irmãs que viessem ao Iêmen, e eu soube que por muitos e muitos anos não houvera nenhuma capela pública, nenhuma missa em público, [não se tinha notícia] de que alguém tivesse sido padre por muitos e muitos anos. Então eu disse ao presidente que estava muito disposta a lhe dar as irmãs, mas que sem os padres, sem Jesus, não poderíamos ir. Eles devem ter se consultado entre eles. E decidiram que sim. E algo me causou um profundo impacto. Quando os sacerdotes chegaram, havia o altar, havia o tabernáculo, havia Jesus. E somente [um padre] poderia levar Jesus até ali.

Depois disso, o governo construiu o convento para nós. E então fomos lá para cuidar das pessoas da rua, os moribundos e os destituídos, e eles construíram um convento para nós também. E, em seguida, a irmã perguntou ao governador que havia patrocinado a construção, "Pode garantir que essa sala fique muito bonita, pois Jesus é que irá ocupá-la?". Bonita – a nossa capela. E o governador perguntou a ela, "Irmã, mostre-me como devo construir a igreja católica romana aqui". Ele queria dizer a "pequena capela", mas em vez de dizer *capela*, disse "igreja católica romana".

E eles construíram aquela capela, e ficou muito linda; ela está ali, as irmãs também, e então pediram que inaugurássemos – eles nos deram uma montanha inteira para que reabilitássemos os leprosos. Há muitos, muitos leprosos. Em seguida, fomos ver o lugar, e eu vi um túmulo aberto com o cheiro da decomposição dos corpos. Não consigo expressar o que vi. E fiquei pensando, "Jesus, como é possível? Como podemos deixá-Lo assim?". E então aceitei aquele lugar, e se vocês forem lá agora, irão ver um lugar bem diferente. Em seguida – já que todos lá são muçulmanos, não há um único católico –, perguntei a um dos homens ricos, eu disse, "Todos eles são muçulmanos. Eles precisam orar. Tenham a bondade de erguer uma mesquita para que eles possam orar". E o homem ficou surpreso porque eu, uma freira católica, estava pedindo uma coisa dessas; mas ele construiu uma mesquita linda para aquelas pessoas, e vemos aqueles leprosos se arrastando, rastejando, indo até lá para orar. Mais tarde, quando a mesquita ficou pronta, ele se virou para mim e disse, "Dou-lhe minha palavra, a próxima coisa que eu vou construir aqui será uma igreja católica para as irmãs". São exemplos muito bonitos da fome das pessoas, dos mais pobres entre os pobres, dos ignorantes, dos indesejados, desprezados, rejeitados, esquecidos – eles têm fome de Deus.[17]

Rezar para que Deus preserve o mundo
Na minha visita a Nagasaki, antes de mais nada, nós rezaremos; estou indo lá para rezar com o povo; e também para visitar as pessoas de lá, para ver as pessoas, do mesmo modo que vim aqui. E também para ver o quanto de sofrimento tem ali, até hoje, devido ao uso daquela bomba. E isso pode ocorrer de novo. Portanto, devemos rezar para que Deus preserve o mundo, preserve cada um de nós, dessa terrível destruição.[18]

Deus está usando nosso sofrimento até hoje
Deve haver alguma razão para Deus ter escolhido este lugar especialmente, a Terra dos Mártires; de que tenha havido um duplo martírio. E acho que Deus está usando o sofrimento das pessoas até hoje; e por meio de seu sofrimento, por meio de suas orações, a paz será alcançada. E devemos todos juntos rezar para que Deus preserve não apenas o Japão, mas o mundo todo desse terrível e pavoroso sofrimento que a maioria das pessoas no Japão já testemunhou. Por isso, vamos rezar. Apenas a oração pode alcançar a graça de evitar que essa terrível dificuldade recaia de novo sobre o mundo.[19]

Grande necessidade de orações e de sacrifícios
Acho que também perdemos a compreensão do sacrifício. "Hoje este homem está morrendo. Ele não quer pedir perdão a Deus; vou rezar por ele e fazer algum sacrifício por ele" – parece que isso não existe mais.[20]

✝

Nosso país e nosso povo estão em grande necessidade de orações e de sacrifícios. Sejam generosas com ambos. Façam suas penitências com o maior fervor – e rezem, rezem muito. Os líderes de nosso país sabem seu dever, e temos que rezar por eles para que possam cumprir seu dever com justiça e dignidade. Vamos rezar por todos aqueles que estão enfrentando a morte, para que possam morrer em paz. Vamos rezar por todos aqueles que foram deixados para trás, para prantear seus mortos. Vamos rezar por todas as irmãs e todos os padres que possam ter que enfrentar dificuldades – por nossas irmãs, para que todas elas tenham coragem e generosidade e enfrentem todos os sacrifícios com um sorriso. Ensinem as pessoas pobres a fazerem isso e, assim, ajudaremos muito o nosso país.[21]

Rezem pelas almas
O mês de novembro começa com dois belos dias: os feriados de Todos os Santos e de Finados. A Santa Madre Igreja se lembra de todos os seus filhos, aos quais deu a vida de Jesus por meio do batismo – e agora elas estão em casa, com Jesus no céu, ou esperando para ir até lá atravessando o purgatório. Todos sabemos que, durante esse mês inteiro, damos amor e cuidados adicionais, rezando para eles e por eles.

✝

No Dia de Finados, rezamos por aqueles que ainda estão sofrendo no purgatório e distantes de Deus. Eu posso escolher. Eu posso ir diretamente para cima ou posso ir para baixo. Todos estamos aqui para amar a Deus – não só para a obra. Todo dia deve ser um ato de amor a Deus.[22]

SEU EXEMPLO: os testemunhos

Ela rezava constantemente

Ela rezava constantemente. Dava a impressão de que ela estava rezando o tempo inteiro – bem, e ela estava mesmo. Ela não dizia nada, mas estava rezando o tempo todo. Ela rezava sempre – tudo o que ela fazia era medido [com base em] quão bem ela estava fazendo a obra de Deus, e ela estava disposta a considerar que [se] o que ela estava fazendo não era perfeitamente o que Deus queria, Ele lhe mostraria isso com a ausência de apoio.[23]

A oração de uma criança, cheia de confiança

A vida de oração da Madre era extremamente simples, como a de uma criança, cheia de confiança. Ela não complicava as coisas. Parecia conhecer sua fé profundamente e vivê-la com a simplicidade e a fidelidade de uma criança ou dos pobres. Sei que esse tipo de vida de oração só pode ser adquirido por meio de ascetismo, como disse Jesus, "Negue a si mesmo". A Madre seguiu Jesus desse modo por muitos anos.

A Madre era extremamente consciente da morada de Deus em sua alma. Isso podia ser visto especialmente pela sua maneira espontânea de nos ensinar a rezar. Sua aspiração mais repetida, que precedia praticamente todas as outras, era "Jesus no meu coração". "Jesus no meu coração, eu acredito em Teu terno amor".[24]

Ela nos ensinou a rezar

Na escola [Entally], a Madre era muito rigorosa, e ao mesmo tempo nos dedicava um amor maternal. Ela nos ensinou a amar Jesus, e mostrou como podíamos fazer pequenos sacrifícios e ajudar as almas a virem para a Igreja. Ela nos ensinou a ter grande devoção a Nossa Senhora e ao rosário, a São José e ao nosso anjo da guarda. À noite, quando íamos para a cama, ela nos fazia ajoelhar e dizer três Ave-Marias por uma morte feliz, e rezar a São Patrício para que nos defendesse das serpentes, a São Miguel para que nos defendesse do inimigo, e a nosso anjo da guarda para que olhasse por nós e nos protegesse dos perigos. E também pelas santas almas.[25]

Eu irei – eu quero, com a bênção de Deus – tornar-me santo

De muitas outras maneiras, a Madre compartilhou com outros sua dádiva da fé. Sempre que vinham visitá-la, elas os levava à capela. Ela lhes ensinava várias pequenas exortações. Para ela, não importava quem fosse – podiam ser bispos, padres, seminaristas, cardeais, jovens, crianças, pessoas pobres, presidentes de países, crentes e não crentes. Ela lhes dava seu "cartão de visitas" e lhes ensinava a seguinte oração, "Eu irei – eu quero, com a bênção de Deus – tornar-me santo" e "A mim o fizestes".

Unindo oração e trabalho

Às vezes, ela costumava pedir às irmãs que rezassem também para algumas intenções especiais. A Madre costumava escrever no quadro negro que havia perto da capela, "Por favor, rezem por Fulano", e assim por diante. Sempre que chegava alguém, ela largava o que estava fazendo e ia ao seu encontro. Pois para ela, encontrar cada pessoa era encontrar o próprio Jesus.[26]

☨

A Madre dizia em sua instrução: "Se você apenas reza, não é uma Missionária da Caridade, e se você apenas trabalha, não é uma Missionária da Caridade. Uma Missionária da Caridade é alguém que une oração e trabalho". Para ela, o zelo missionário vinha de sua profunda união com Deus. Deus era a fonte; o Jesus eucarístico era a fonte. Era o seu intenso e ardente amor a Deus que a levava a percorrer o mundo, a amar e servir aos mais pobres entre os pobres, a trabalhar de modo assíduo para a sua salvação e santificação, para contar-lhes e mostrar-lhes o terno amor e cuidado de Deus.[27]

Ajoelhada em adoração

Mesmo no Ramo Ativo, a Madre dava muito importância à Hora Sagrada de todos os dias. Muitos voluntários vinham rezar com a Madre, e muitos compartilharam a força que recebiam ao ver a Madre ajoelhada em adoração, totalmente perdida em Jesus. Eles vinham para a Sagrada Missa da manhã. Adoravam rezar com a Madre. Mesmo quando a Madre estava muito doente, ela continuava o seu apostolado com eles. A Madre estava na cadeira de rodas – então os [visitantes e voluntários] iam até a sacada perto da capela. A Madre ouvia as pessoas e lhes dava palavras de consolo.[28]

☩

Uma das últimas dádivas que a Madre nos deu foi a Adoração Eucarística para o dia inteiro [para o Ramo Contemplativo]. A principal intenção é orar pela santidade dos padres e pela santidade da vida familiar. Também rezamos por outras intenções, variadas. Ainda melembro da alegria que a Madre expressou quando em 1995 veio até St. John para a inauguração da Adoração Eucarística para o dia inteiro.[29]

Rezar por 86 mil padres!

Outro aspecto de seu zelo era rezar pelos padres. Portanto, em 1986, ela iniciou a grande obra de adoção espiritual de padres pelas irmãs de diferentes congregações religiosas. Seu apelo às irmãs foi tão eficaz que até agora já conseguimos que 86 mil bispos e padres fossem adotados pelas irmãs religiosas, especialmente as MoC. O respeito dela pelos padres como outros Cristos foi tão grande que com frequência era possível vê-la ajoelhar-se mesmo diante de padres jovens para obter sua bênção.[30]

Vamos fazer uma novena de emergência

Em 9 de novembro de 1975, a Madre foi com todas as noviças à missa ao ar livre na Basílica de São João de Latrão, celebrada por Sua Santidade o Papa Paulo VI. Na hora da missa, o céu estava carregado e chovia sem parar. Assim que nos sentamos, a Madre disse, "Vamos fazer uma novena de emergência para Nossa Senhora, para Lhe agradecer pelo lindo dia". Fomos gentilmente repreendidas, porque, segundo a Madre, conforme estávamos chegando ao final das nove Memorares ["Lembrai-vos"], todos fecharam os guarda-chuvas, exceto as irmãs, e isso para ela indicou que nos faltara um pouco de fé.[31]

☩

A Madre havia recolhido uma criança gravemente subnutrida de uns 10 anos de idade e trazido para Trivandrum. Em seguida, ela voltou para Calcutá. Nesse meio-tempo, a criança saiu da casa andando, e não sabíamos para onde havia ido. Informamos a Madre em Calcutá. A Madre disse que continuássemos rezando e procurando a criança, e ela também rezou para que a encontrássemos. Conseguimos localizá-la e trazê-la de volta de

Nari Niketan – a polícia a havia encontrado e levado para lá. As orações da Madre eram muito poderosas.[32]

Dê-se ao trabalho de orar

Escrevi à Madre sobre minha vida de oração, e a Madre me disse o seguinte: "Irmã [...], você costuma se atrasar para orar. Peça a Nossa Senhora que a ajude. A oração é a verdadeira vida de nossa união com Jesus. Examine a si mesma e veja por que você chega deliberadamente atrasada à oração". A Madre, em suas instruções, costumava dizer, "Orem e trabalhem. Vocês não vieram apenas para trabalhar; caso contrário, podem arrumar suas coisas e voltar para casa". Antes de meus votos finais, fui ver a Madre e lhe perguntei, "Será que tenho vocação?". A Madre olhou bem dentro dos meus olhos e disse, "Minha filha, você tem vocação. Ame rezar e dê-se ao trabalho de rezar. Peça e procure, e seu coração vai crescer e ficar do tamanho suficiente para recebê-Lo e para guardá-Lo como se fosse seu. A oração é a sua força e a sua proteção. Diga, 'Mãe Maria, ajude-me e me oriente'". Eu vivenciei a ajuda e a proteção da Madre muitas vezes.[33]

Use a Medalha Milagrosa

Muitas pessoas doentes foram também ajudadas ao rezarem a oração e usarem a medalha. Acredito que foi por meio das orações da Madre para Nossa Senhora que obtivemos favores quando fomos fiéis ao usar a medalha e orar como a Madre nos ensinou. Quando estávamos doentes e procurávamos a Madre, ela nos dava uma Medalha Milagrosa, e nos abençoava com ela, e rezava. Ela pedia que a mantivéssemos no local da dor. E nós melhorávamos.[34]

Maria, Mãe de Jesus, seja uma Mãe para mim agora

Embora a própria Madre tivesse um profundo e intenso amor por Nossa Senhora, ela usava um recurso muito simples para nos ajudar e ajudar as pessoas a crescer em devoção. Todos sabem que a Madre costumava dar Medalhas Milagrosas às pessoas e ensiná-las a rezar: "Maria, Mãe de Jesus, seja uma Mãe para mim agora!". Muitas pessoas que não tinham filhos conceberam filhos por meio dessa simples oração de fé na intercessão de Nossa Senhora. A Madre lhes dava Medalhas Milagrosas e pedia que as usassem e rezassem: "Maria, Mãe de Jesus, dê-nos um bebê!", e elas eram abençoadas com um bebê! Encontrei muitas pessoas que me contaram a respeito disso. Um casal hindu em Londres, que depois do casamento havia passado quinze anos sem ter filhos, teve uma menina que recebeu o nome de Teresa. Minha sobrinha teve um bebê depois de usar a medalha que a Madre lhe dera e de fazer a oração.[35]

☦

Pouco antes do início da missa, eu me inclinei para a frente e disse à Madre, "Hoje é aniversário da minha irmã; ela está casada há seis anos e me disseram que eles não querem filhos – por favor, reze por ela". A Madre disse, "Vamos as duas rezar por ela nesta missa". E onze meses depois, minha irmã deu à luz o primeiro de seus dois filhos...[36]

☦

Pedi à Madre que rezasse por uma conhecida minha, Maria, que acabara de ser diagnosticada com aids quatro dias antes. A Madre reagiu dizendo, "Nossa, que terrível. Quanta gente com aids". E então ela pareceu olhar através de mim, como se estivesse em pensamentos profundos. Em seguida, a Madre perguntou, "Como foi que ela contraiu aids?". Sabendo da situação dessa mulher, eu respondi, "Acho que ela pegou do namorado". A Madre disse, "Ah" e afastou o olhar. Então repetiu, "Tantos homens, mulheres e crianças com aids". A Madre perguntou a idade de Maria, e eu respondi, "Trinta e dois". A Madre perguntou de novo como foi que Maria havia pegado aids. Eu disse, "Ela não tem vivido uma vida muito boa". Eu então segurei Medalhas Milagrosas na mão diante da Madre, ela as abençoou, pegou uma delas e disse, "Esta é para Maria. Diga a ela que reze, 'Maria, Mãe de Jesus, seja uma Mãe para mim agora,' mas especialmente, 'Maria, Mãe de Jesus, leve embora a minha aids'".[37]

Alguma coisa os detinha
Durante a guerra civil na Jordânia, quando um grupo de homens do exército tentou invadir nosso pequeno apartamento, todas nós rezamos juntas. De repente, eles desistiram de nós e foram para outros apartamentos. Mais tarde, encontramos alguns daqueles soldados e perguntamos, "Por que desistiram de nós e foram para os outros apartamentos?". Eles disseram que não conseguiram entrar no nosso apartamento porque sentiram que alguma coisa os detinha. Senti que havia sido a mensagem da Madre para nós pelo

telefone, "Não tenham medo. Jesus está sempre com vocês. Nossa Mãe Maria cuidará de vocês".[38]

Reze para não ficar amargurado
A Madre disse para eu dizer [cinquenta] Memorares durante [cinquenta] dias (era essa a idade do meu ex-marido na época) a fim de rezar por ele, para que eu não ficasse amargurada, e fosse humilde... Ela sentia que minhas orações seriam muito importantes para ele, porque era justamente a mim que ele havia magoado. Ela sentia muito fortemente que eu devia perdoá-lo e que devia me esforçar para não ficar amargurada, e que todo mundo tem problemas, e devemos ser compreensivos em relação às fraquezas dos outros. Toda vez que eu a via, ela abordava esse assunto de que eu não deveria ficar amargurada com meu ex-marido e o divórcio e com o que ele havia feito a mim. Acho que ela se preocupava com isso porque via como isso tinha me afetado nos anos que se seguiram ao meu divórcio.[39]

Curado pelas orações da Madre
Quando a Madre chegou, eu estava com febre alta. Ela veio e me abençoou. Rezou por mim. No dia seguinte, chegou perto da minha cama e tocou minhas bochechas e disse, "Sua febre não está querendo largar você". E de novo rezou por quase cinco minutos, e logo em seguida passei a me sentir melhor, e em pouco tempo fiquei bem.[40]

☦

Primeiro [meu marido] teve febre. Por vinte dias, dia e noite, a febre persistiu. Depois de medicado, uma noite, às duas da manhã, a febre de repente foi embora, mas ele ficou mentalmente afetado. Devido ao seu estado mental, ele saiu de casa à noite e nos deixou trancados lá dentro. Nesse estado, vagou até umas nove da manhã. Uma pessoa da equipe dele, que estava hospedada na casa em frente à nossa, trouxe-o de volta para casa e abriu a porta. Quando ele entrou em casa, bateu em mim e nos nossos três filhos. Foi então que entendi sua condição mental. Após o incidente, comecei a esconder as crianças na casa de outras pessoas. As crianças eram pequenas, e não havia provisão adequada de comida. Eu não estava cozinhando em casa. Os outros ajudaram muito. Em casa, ele costumava bater em nós, e depois saía e batia nas pessoas com um pedaço de pau. O pessoal do escritório fugia dele ao vê-lo. À noite, quatro pessoas o seguravam, alimentavam-no e o trancavam num quarto. Isso durou treze dias. Era a Primeira Comunhão do meu filho. Depois da Sagrada Missa, eu contei a uma irmã MoC sobre a condição dele, e ela nos levou até a Madre e explicou tudo. A Madre colocou a mão dela na cabeça do meu marido e rezou, e [ele] ficou curado. Ao sairmos da Mother House, ele comprou um monte de flores para deixá-las perto de Nossa Senhora e de Jesus, e nos levou ao estúdio para fazer fotos. Depois disso, comprou carne de carneiro, e chegamos em casa felizes. Ali ele mesmo fez a comida, e comemos todos juntos. Imediatamente após a refeição, ele saiu e foi contar aos vizinhos e ao pessoal do escritório que ele [havia sido] curado pela Madre naquele dia. Os outros também acreditaram que a Madre realmente tinha o poder de Deus de curar.[41]

Ela rezou por ele

"Vic" foi diagnosticado com câncer terminal de cólon e lhe restava mais um ano de vida. Após a sua complicada cirurgia, encontrei Madre Teresa no aeroporto de Manila. Felizmente, fui a primeira a cumprimentar Madre Teresa, peguei seu passaporte e designei uma pessoa da imigração para cuidar dos papéis dela enquanto íamos pegar sua bagagem. A primeira pergunta que ela me fez foi: "Como você está, minha filha?". "Estou bem, mas meu marido não está, teve diagnóstico de câncer terminal." Enquanto aguardávamos a bagagem, ela me pediu para trazer Vic no dia seguinte às 9h30 à Casa Regional na [rua] Tayuman, para que ela pudesse rezar por ele e colocar no meu marido a mesma Medalha Milagrosa que ela colocara no papa quando ele foi baleado no Vaticano. Fiquei muito animada. No dia seguinte, levei meu marido até a Casa Regional, exatamente às 9h30. Madre Teresa saiu da capela, e com ela trazia a imagem de uma criança na palma da mão de Deus e uma citação de Isaías, que ela entregou ao meu marido; então rezou por ele durante uns vinte minutos e terminou prendendo a Medalha Milagrosa na camisa dele. Lágrimas rolaram dos olhos do meu marido e dos meus também. Em seguida, Madre Teresa ficou conversando comigo sobre minha família e comentou até que o irmão dela havia morrido de câncer de pulmão, que padecera apenas por dois anos antes de ser chamado à presença do Senhor, e que meu marido deveria oferecer toda a sua dor e seu sofrimento ao Senhor e rezar pela paz no nosso país. Depois de três dias, levei meu marido ao médico para um checkup, e o médico não conseguia acreditar na transformação física dele.

No período de uma semana, Vic ficara saudável. A vida de meu marido foi estendida em quase cinco anos. Vic teve todo o tempo necessário para se preparar para estar com o Senhor, e ofereceu todas as suas dores ao Nosso Senhor para a Sua glória, passou a comungar todos os dias e preparou a família para o fim. Faleceu com um sorriso no rosto e em paz e com as bênçãos apostólicas para se encontrar com o Criador.[42]

Seja feita a Vossa vontade

A esposa de um dos meus policiais sofria de tuberculose, e os médicos lhe deram duas ou três semanas de vida. Ela tinha dois ou três filhos. Pedi à Madre que rezasse por ela, e a Madre disse que só poderia rezar e pedir ao Todo-Poderoso que a poupasse por mais alguns poucos anos. Ela acreditava muito firmemente que qualquer oração com fé inabalável ao Misericordioso Pai permitia obter as bênçãos de Deus. A Madre pediu para chamar o policial, e os três juntos nos ajoelhamos no meu escritório e rezamos por dez minutos. Ao concluir a oração, a Madre disse, "Seja feita a Vossa vontade". Uns dez, doze dias depois, o policial me contou, com um olhar confuso, que a sua esposa estava melhorando consideravelmente e que o médico estava tentando entender por que isso havia acontecido. Essa mulher viveu por mais 25 anos.[43]

☦

Ao ouvir isso, outro policial chegou perto de mim. Sua esposa estava muito doente. Eu contei tudo à Madre. Acompanhei-a até uma vila, à casa desse policial. A Madre rezou por ela e terminou sua prece dizendo, "Seja feita a Vossa vontade". Acredite, a mulher também ficou boa de saúde.[44]

☦

Um policial trabalhando sob minhas ordens estava muito doente, epiléptico, num grau que levou as autoridades a pensar em dispensá-lo do serviço policial. Fiquei muito constrangido com isso, pois ele tinha dois ou três filhos. Um dia, a Madre veio até meu escritório para resolver questões de registro, e eu lhe contei sobre o pobre homem. A Madre pediu que eu a levasse à residência dele. No dia seguinte, acompanhei a Madre em meu carro oficial até a casa do policial. A Madre levou com ela dois cobertores, dois sáris e umas poucas peças de roupa, que serviam para seus dois filhos, de acordo com suas idades. Ela rezou por uns quinze minutos, rogando ao Todo-Poderoso que cuidasse do homem adoentado. Não rezou pela completa cura das enfermidades dele, apenas repetia em sua prece para que cuidasse do homem doente e também dos membros de sua família. Terminou sua prece dizendo, "Seja feita a Vossa vontade". Acredite, após duas ou três semanas, o policial veio ter comigo no escritório e disse que a epilepsia não o havia mais incomodado desde a visita da Santa Madre.[45]

☦

Tenho diabetes, e um dia a Madre olhou para mim e perguntou se eu estava bem fisicamente. Eu disse que minha taxa de açúcar no sangue estava bastante alta. Ela me deu o medalhão da Nossa Senhora para a minha recuperação. Agora estou com a taxa de açúcar no sangue normal, seguindo apenas algumas restrições de dieta. Minha esposa costuma dizer que, desde que a Madre tocou nela, ela tem sido capaz de controlar seu gênio e sua irritação. Era esse o poder do toque e das bênçãos da Madre.[46]

Eles também precisam rezar

A preocupação da Madre de que as pessoas tivessem seus direitos espirituais atendidos estendia-se a pessoas de todos os credos. A própria Madre nos contou das experiências dela quando nossas irmãs foram para a Albânia. Naquele país, fazia muitos anos que não era permitida nenhuma prática religiosa de nenhum tipo. Com a mudança de regime, nossas irmãs entraram no país e imediatamente começaram a procurar os mais pobre dos pobres a fim de cuidar deles. Várias mulheres idosas e doentes foram encontradas em um local que havia sido uma mesquita. Quando as irmãs as trouxeram para a nossa casa e as instalaram, a próxima preocupação da Madre foi com a mesquita. Ela fez as irmãs limparem o local e chamou os líderes muçulmanos, entregando-lhes os cuidados da mesquita. Quando a Madre relatava essa história, era visível sua alegria com o fato de que naquela mesma noite era possível ouvir de novo o chamado à oração vindo da mesquita. "Eles também precisam rezar", comentou.[47]

REFLEXÃO

"Acima de tudo, recomendo que se façam preces, orações, súplicas, ações de graças por todos os homens." (I Timóteo 2,1)

"Amem rezar. Com frequência, ao longo do dia, sintam a necessidade de rezar. Pois é daí que virá a sua força. Jesus está sempre conosco para amar, compartilhar e ser a alegria de nossas vidas. Vocês estão em minhas orações. Deus as abençoe."

O que posso fazer para aprofundar minha relação com o Senhor na oração? Consigo dedicar pelo menos um breve tempo todo dia a uma oração pessoal e à leitura das Escrituras?

Eu uso minha agenda cheia de compromissos como desculpa para não rezar? Há outras coisas no meu dia que são menos importantes, mas às quais dou precedência em relação à prece?

Posso dedicar pelo menos alguns minutos de meu tempo para rezar por alguém querido que esteja passando por uma necessidade especial neste momento, talvez um membro da família em dificuldades, um amigo doente, um colega deprimido? Que orações concretas ou pequenos sacrifícios posso oferecer a essa pessoa?

A qual de meus conhecidos que faleceram eu nunca dediquei uma oração? Que orações eu posso oferecer a ele? Eu rezo para os membros falecidos da minha família e para as almas que estão no purgatório?

ORAÇÃO

Lembra-Te, Ó graciosíssima Virgem Maria,
que nunca se soube
que alguém que tenha corrido para a Tua proteção,
implorado por Tua ajuda,
ou procurado Tua intercessão
tenha ficado desamparado.

Inspirada por essa confiança,
eu recorro a Ti,

Ó Virgem das virgens, minha Mãe;
a Ti eu venho;
diante de Ti me coloco, pecadora e arrependida.

Ó Mãe do Mundo Encarnado,
não descuides das minhas petições,
e em Tua clemência ouve-me e responde-me.
Amém.

CONCLUSÃO

A misericórdia de Deus tem uma feição concreta: a "compassiva e misericordiosa" face de Jesus Cristo que os Evangelhos trazem para perto de nós por meio das parábolas do Bom Samaritano, do Bom Pastor e, mais ainda, por meio da imagem do pai do Filho Pródigo. É essa feição do Filho de Deus que somos chamados a contemplar, a fim de que pelo menos um pouco de Sua compaixão e ternura possa brilhar de nosso rosto em nossas ações.

Para tornar isso mais fácil para nós, a Igreja nos propõe o exemplo dos santos, pois algo do amor e da compaixão de Deus está refletido também no rosto deles. Durante esse Jubileu da Misericórdia, a Igreja está apresentando a nós a pessoa-modelo da Madre Teresa.

Para Madre Teresa, tudo começava como a oração, com o relacionamento dela com Deus, em deixar que o olhar misericordioso de Deus penetrasse nas profundezas de seu coração. E tendo experimentado esse olhar em oração e contemplação, ela o canalizava para os outros.

No Divino Domingo da Misericórdia, o Papa Francisco desafiou os fiéis a se tornarem os "escreventes vivos do Evangelho" praticando os trabalhos corporais e espirituais da misericórdia, que são "os marcos da vida cristã". Nas palavras e nos feitos de Madre Teresa, em particular nos exemplos que mostram como ela praticou as obras de misericórdia, o "Evangelho tornou-se vivo", como um de seus seguidores afirmou. Ela estava, vamos dizer, "escrevendo" o Evangelho pela própria maneira como vivia. É isso que a Igreja está reconhecendo nela e oferecendo a nós como um modelo por meio de sua canonização.

Que a sua canonização e este livro sejam um incentivo para nós, para nos lembrar do seu amor, da sua compaixão, do seu sorriso consolador. Quando vemos nossos irmãos e irmãs em necessidade, sejamos "apóstolos da misericórdia" tocando e curando as feridas de seu corpo ou de sua alma, como fez Madre Teresa. Ela continua nos convidando: "Simplesmente pensem por um momento nisto, você e eu fomos chamados pelo nome, porque Ele nos amou. Porque você e eu somos especiais para Ele – para que sejamos *Seu Coração para amá-Lo* nos pobres, *Suas Mãos para Lhe servir* nos mais pobres entre os pobres... começando por aqueles à nossa volta, e até mesmo em nossa própria família".

É desse modo que podemos ser, como o Papa Francisco nos conclama a nos tornarmos, testemunhas da misericórdia.

NOTAS

Nota: Quando a citação "Testemunho de uma irmã MoC" for seguida por "Ibid.", isso indica que é a mesma irmã sendo citada.

INTRODUÇÃO

1. Mensagem do Papa Francisco à confederação nacional das "Misericordie" da Itália, em 14 de junho de 2014, por ocasião do aniversário de seu encontro com o Papa João Paulo II em 14 de junho de 1986.

2. *Misericordiae Vultus,* 11 de abril de 2015, 2; daqui em diante, abreviado como MV.

3. MV 5.

4. *Deus Caritas Est* 34.

5. Ibid., 34.

6. MV 15.

7. Ao longo desta obra, o nome Calcutá será mantido, embora a cidade seja agora conhecida como Kolkata. Era Calcutá o nome da cidade durante o tempo de vida de Madre Teresa, e ela é conhecida oficialmente como Santa Teresa de Calcutá.

8. Relato da Atividades de Madre Teresa, 21–23 de dezembro de 1948.

9. MV 15.

10. Ibid.

11. Ibid.

12. Ibid.

UM: DAR DE COMER A QUEM TEM FOME

1. Discurso de Madre Teresa em Tóquio, 26 de abril de 1981.

2. Carta de Madre Teresa às irmãs MoC, 12 de outubro de 1982.

3. Instruções de Madre Teresa às irmãs MoC, 16 de novembro de 1977.

4. Mensagem de Madre Teresa nas Nações Unidas, 26 de outubro de 1985.

5. Discurso de Madre Teresa no Japão, 24 de novembro de 1984.

6. Instruções de Madre Teresa às irmãs MoC, 10 de abril de 1984.

7. Tradução de fala de Madre Teresa em Zagreb, Croácia, abril de 1978.

8. Instruções de Madre Teresa às irmãs MoC, 25 de setembro de 1984.

9. Mensagem de Madre Teresa no Café da Manhã da National Prayer, 3 de fevereiro de 1994.

10. Instruções de Madre Teresa às irmãs MoC, 7 de março de 1979.

11. Instruções de Madre Teresa às irmãs MoC, 9 de abril de 1981.

12. Instruções de Madre Teresa às irmãs MoC, 5 de outubro de 1984.

13. Lar das Missionárias da Caridade em Green Park, perto do aeroporto de Calcutá.

14. Instruções de Madre Teresa às irmãs MoC, 5 de outubro de 1984.

15. Ibid.

16. Discurso de Madre Teresa no Japão, 24 de novembro de 1984.

17. Discurso de Madre Teresa, sem data.

18. Instruções de Madre Teresa às irmãs MoC, 9 de outubro de 1982.

19. Discurso de Madre Teresa em Tóquio, 26 de abril de 1981.

20. Entrevista com Madre Teresa, 23 de abril de 1981.

21. Discurso de Madre Teresa em Roma, sem data.

22. Mensagem de Madre Teresa na Universidade Harvard, Class Day Exercises, 9 de junho de 1982.

23. Testemunho de uma irmã MoC.

24. Testemunho de uma irmã MoC.

25. Testemunho de um padre que conheceu Madre Teresa por quase três décadas até a morte dela.

26. Testemunho de uma irmã MoC.

27. Testemunho de um colaborador que conheceu Madre Teresa por quase quinze anos e a ajudou em várias questões de negócios.

28. Testemunho de uma mulher hindu, companheira de trabalho em Calcutá.

29. Testemunho de uma irmã MoC.

30. Testemunho de um padre MoC que teve contato pessoal frequente com Madre Teresa.

31. Testemunho de uma irmã MoC.

32. Testemunho de uma irmã MoC.

33. Testemunho de um membro dos Irmãos Contemplativos dos Missionários da Caridade que teve contato pessoal frequente com Madre Teresa.

34. Testemunho de uma irmã MoC.

35. Ibid.

36. Testemunho de um companheiro de trabalho das Missionárias da Caridade que conheceu Madre Teresa desde a década de 1960 até o final da década de 1980.

37. Testemunho de uma irmã MoC.

38. Testemunho de uma irmã MoC.

39. Testemunho de uma irmã MoC.

40. Testemunho de uma irmã MoC.

41. Carta de Madre Teresa a um companheiro de trabalho.

42. Carta de Madre Teresa aos companheiros de trabalho, 4 de outubro de 1974.

DOIS: DAR DE BEBER A QUEM TEM SEDE

1. Instruções de Madre Teresa às irmãs MoC, 29 de setembro de 1977.

2. Mensagem de Madre Teresa no Café da Manhã da National Prayer, 3 de fevereiro de 1994.

3. Mensagem de Madre Teresa a padres, Roma, setembro de 1990.

4. Instruções de Madre Teresa às irmãs MoC, 20 de junho de 1981.

5. Instruções de Madre Teresa às irmãs MoC, 14 de outubro de 1977.

6. Discurso de Madre Teresa, sem data.

7. Discurso de Madre Teresa na reunião com companheiros de trabalho, Tóquio, 25 de abril de 1981.

8. Mensagem de Madre Teresa a padres, Roma, outubro de 1984.

9. Tradução de discurso de Madre Teresa em Zagreb, Croácia, abril de 1978.

10. Testemunho de uma irmã MoC.

11. Testemunho de uma irmã MoC.

12. Testemunho de um padre MoC que teve frequente contato pessoal com Madre Teresa.

13. Testemunho de um irmão MoC.

14. Carta de Madre Teresa às irmãs MoC, 25 de fevereiro de 1979.

15. Carta de Madre Teresa às irmãs MoC, 19 de fevereiro de 1970.

TRÊS: *VESTIR OS NUS*

1. Instruções de Madre Teresa às irmãs MoC, 15 de setembro de 1976.

2. Instruções de Madre Teresa às irmãs MoC, 10 de junho de 1977.

3. Discurso de Madre Teresa ao receber o Prêmio Nobel, 11 de dezembro de 1979.

4. Discurso de Madre Teresa, 10 de dezembro de 1981.

5. Discurso de Madre Teresa na reunião com os companheiros de trabalho, Minnesota, 20–22 de junho de 1974.

6. Instruções de Madre Teresa às irmãs MoC, março de 1993.

7. Instruções de Madre Teresa às irmãs MoC, 18 de setembro de 1981.

8. Instruções de Madre Teresa às irmãs MoC, 12 de outubro de 1977.

9. Instruções de Madre Teresa às irmãs MoC, 16 de setembro de 1981.

10. Instruções de Madre Teresa às irmãs MoC, 16 de janeiro de 1983.

11. Discurso de Madre Teresa, 10 de dezembro de 1981.

12. Discurso de Madre Teresa, sem data.

13. Madre Teresa, *Caridade: a alma da missão*, 13 de janeiro de 1991.

14. Discurso de Madre Teresa no Japão, 24 de novembro de 1984.

15. Mensagem de Madre Teresa na Universidade Harvard, Class Day Exercises, 9 de junho de 1982.

16. Discurso de Madre Teresa, 25 de abril de 1982.

17. Testemunho de uma irmã MoC.

18. Testemunho de um companheiro de trabalho.

19. Testemunho de uma irmã MoC.

20. Testemunho de uma irmã MoC.

21. Testemunho de uma irmã MoC.

22. Testemunho de uma irmã MoC.

23. Testemunho de uma irmã MoC.

24. Carta de Madre Teresa às irmãs MoC, 19 de fevereiro de 1970.

25. Carta de Madre Teresa aos companheiros de trabalho, 4 de outubro de 1974.

QUATRO: ABRIGAR OS QUE NÃO TÊM TETO

1. Ver Brian Kolodiejchuk, MoC, ed., *Madre Teresa: Come Be My Light*. Nova York: Doubleday, 2007, p. 232.

2. Madre Teresa, *Caridade: a alma da missão*, 23 de janeiro de 1991.

3. Abrigo para homens em Roma, perto da estação ferroviária Termini.

4. Discurso de Madre Teresa em Assis, 6 de junho de 1986.

5. Instruções de Madre Teresa às irmãs MoC, véspera da Quarta-Feira de Cinzas, sem data.

6. Discurso de Madre Teresa, 17 de setembro de 1987.

7. Discurso de Madre Teresa no Japão, 24 de novembro de 1984.

8. Instruções de Madre Teresa às irmãs MoC, sem data.

9. Discurso de Madre Teresa em St. Louis, 1988.

10. Discurso de Madre Teresa na reunião com os companheiros de trabalho, Minnesota, 20–22 de junho de 1974.

11. Conversa de Madre Teresa com jovens, 21–22 de julho de 1976.

12. Mensagem de Madre Teresa em Osaka, 28 de abril de 1982.

13. Mensagem de Madre Teresa a padres, Roma, setembro de 1990.

14. Carta de Madre Teresa a um companheiro de trabalho, 11 de março de 1961.

15. Carta de Madre Teresa a um padre, 23 de julho de 1976.

16. Mensagem de Madre Teresa no Café da Manhã da National Prayer, 3 de fevereiro de 1994.

17. Mensagem de Madre Teresa a padres, Roma, outubro de 1984.

18. Carta de Madre Teresa a um padre, 4 de março de 1991.

19. Carta de Madre Teresa às irmãs MoC, Páscoa de 1995.

20. Discurso de Madre Teresa em Shillong, 18 de abril de 1975.

21. Discurso de Madre Teresa no Congresso Eucarístico, Filadélfia, 1976.

22. Carta de Madre Teresa a um companheiro de trabalho, 5 de novembro de 1972.

23. Discurso de Madre Teresa no Marquette Discovery Awards, 13 de junho de 1981.

24. Carta de Madre Teresa às irmãs MoC, 19 de fevereiro de 1970.

25. Carta de Madre Teresa a um companheiro de trabalho, 13 de outubro de 1969.

26. Testemunho de uma irmã MoC.

27. Testemunho de uma irmã MoC.

28. Testemunho de uma irmã MoC.

29. Testemunho de uma irmã MoC.

30. Testemunho de uma irmã MoC.

31. Testemunho de uma irmã MoC.

32. Testemunho de uma irmã MoC.

33. Testemunho de um médico companheiro de trabalho que colaborou com Madre Teresa a partir do final da década de 1950.

34. Testemunho de uma irmã MoC.

35. Testemunho de um policial.

36. Testemunho de uma menina órfã.

37. Testemunho de um menino órfão.

38. Testemunho de um voluntário hindu em Calcutá.

39. Testemunho de uma irmã MoC.

40. Testemunho de um companheiro de trabalho que teve relacionamento próximo com Madre Teresa a partir da década de 1960.

41. Testemunho de uma irmã MoC.

42. Testemunho de um médico companheiro de trabalho.

43. Testemunho de uma irmã MoC.

44. Testemunho de um companheiro de trabalho que teve relacionamento próximo com Madre Teresa a partir da década de 1960.

45. Testemunho de um dos médicos de Madre Teresa.

46. Testemunho de um companheiro de trabalho que teve relacionamento próximo com Madre Teresa a partir da década de 1960.

47. Testemunho de uma irmã MoC.

48. Testemunho de um membro dos Irmãos Contemplativos dos Missionários da Caridade que teve contato pessoal frequente com Madre Teresa.

49. Carta de Madre Teresa aos companheiros de trabalho, 4 de outubro de 1974.

CINCO: VISITAR OS DOENTES

1. Testemunho de um dos médicos de Madre Teresa.

2. Mensagem *Um coração para amar*, de Madre Teresa, Natal de 1987.

3. Carta de Madre Teresa a uma pessoa leiga, 21 de abril de 1991.

4. Mensagem de Madre Teresa no Congresso Eucarístico de Filadélfia, agosto de 1976.

5. Ibid.

6. Mensagem de Madre Teresa a padres, Roma, outubro de 1984.

7. Explicação dos Estatutos Originais dos Missionários da Caridade.

8. Discurso de Madre Teresa, sem data.

9. Instruções de Madre Teresa às irmãs MoC, 7 de março de 1979.

10. Mensagem de Madre Teresa a clérigos oblatos e noviços, Roma, dezembro de 1979.

11. Carta de Madre Teresa às irmãs MoC, 3 de julho de 1978.

12. Carta de Madre Teresa às irmãs MoC, Páscoa de 1995.

13. Carta de Madre Teresa às superioras MoC, 13 de novembro de 1969.

14. Carta de Madre Teresa às irmãs MoC, 11 de outubro de 1968.

15. Carta de Madre Teresa a Jacqueline de Decker, 20 de outubro de 1952.

16. Carta de Madre Teresa a Jacqueline de Decker, 13 de janeiro de 1953.

17. Ibid.

18. Ibid.

19. Carta de Madre Teresa a uma pessoa leiga, 22 de dezembro de 1989.

20. Testemunho de uma irmã MoC.

21. Testemunho de um funcionário do governo que conheceu Madre Teresa desde meados da década de 1970 e a ajudou em questões ligadas ao governo indiano.

22. Testemunho de um menino órfão.

23. Testemunho de um padre MoC que teve contato pessoal frequente com Madre Teresa.

24. Testemunho de um colaborador que conheceu Madre Teresa por cerca de quinze anos e a ajudou em várias questões de negócios.

25. Ibid.

26. Testemunho de uma irmã MoC.

27. Testemunho de uma irmã MoC.

28. Testemunho de uma irmã MoC.

29. Testemunho de um padre.

30. Testemunho de um padre na Austrália.

31. Testemunho de um padre que ajudou Madre Teresa durante décadas em Calcutá.

32. Testemunho de um padre que conheceu Madre Teresa a partir da década de 1980 e permaneceu em contato próximo com ela até a morte dela.

33. Testemunho de uma irmã MoC.

34. Testemunho de uma irmã MoC.

35. Testemunho de uma irmã MoC.

36. Testemunho de uma mulher leiga.

37. Testemunho de um médico de Calcutá.

38. Testemunho de uma irmã MoC.

39. Testemunho de uma irmã MoC.

40. Testemunho de uma irmã MoC.

41. Testemunho de uma irmã MoC.

42. Testemunho de uma irmã MoC.

43. Testemunho de uma irmã MoC.

44. Jacqueline de Decker, preciso de almas como a sua.

45. Carta de Madre Teresa às irmãs MoC, 20 de setembro de 1959.

46. Carta de Madre Teresa aos companheiros de trabalho, 4 de outubro de 1974.

SEIS: VISITAR OS PRESOS

1. Discurso de Madre Teresa, sem data.

2. Instruções de Madre Teresa às irmãs MoC, 24 de maio de 1983.

3. Maximilian Kolbe (1894–1941), franciscano polonês que morreu em um campo de concentração em Auschwitz, oferecendo sua vida em lugar da vida de um jovem pai.

4. Instruções de Madre Teresa às irmãs MoC, 25 de maio de 1983.

5. Discurso de Madre Teresa, Washington, D.C., sem data.

6. Padre Joseph, cofundador dos padres MoC.

7. Instruções de Madre Teresa às irmãs MoC, 21 de maio de 1986.

8. Instruções de Madre Teresa às irmãs MoC, 7 de março de 1979.

9. O apelo da Madre para suspender a sentença de morte dada a Joseph O'Dell, preso e condenado por estupro e assassinato. Foi executado na Virgínia por injeção letal em 23 de julho de 1997, apesar dos muitos apelos para que sua vida fosse salva (o Papa João Paulo II também fez um apelo). Ditado por telefone por Madre Teresa, em 5 de julho de 1997.

10. Discurso de Madre Teresa na reunião com os companheiros de trabalho, Minnesota, 20–22 de junho de 1974.

11. Testemunho de uma irmã MoC.

12. Testemunho de um padre que conheceu Madre Teresa durante quase três décadas até a morte dela.

13. Testemunho de um voluntário dos Missionários da Caridade dos Estados Unidos.

14. Testemunho de uma irmã MoC.

15. Testemunho de um companheiro de trabalho.

16. Testemunho de um médico voluntário dos Missionários da Caridade dos Estados Unidos.

17. Testemunho de um voluntário dos Estados Unidos.

18. Testemunho de uma irmã MoC.

19. Carta de Madre Teresa às irmãs MoC, 19 de fevereiro de 1970.

SETE: ENTERRAR OS MORTOS

1. Instruções de Madre Teresa às irmãs MoC, 27 de maio de 1983.

2. Conversa de Madre Teresa com jovens, 21–22 de julho de 1976.

3. Ibid.

4. Mensagem de Madre Teresa na reunião com os companheiros de trabalho, Minnesota, 20–22 de junho de 1974.

5. Discurso de Madre Teresa em Chicago, 8 de outubro de 1981.

6. Testemunho de uma irmã MoC.

7. Testemunho de uma irmã MoC.

8. Testemunho de um colaborador que conheceu Madre Teresa por cerca de quinze anos e a ajudou em várias questões de negócios.

9. Testemunho de um companheiro de trabalho.

10. Testemunho de uma irmã MoC.

11. Testemunho de um companheiro de trabalho.

12. Testemunho de uma irmã MoC.

13. Testemunho de uma irmã MoC.

14. Testemunho de um companheiro de trabalho.

15. Testemunho de um companheiro de trabalho.

16. Testemunho de um padre que ajudou Madre Teresa durante décadas.

17. Testemunho de um companheiro de trabalho dos Missionários da Caridade que conheceu Madre Teresa da década de 1960 até o final da década de 1980.

18. Testemunho de um padre que ajudou Madre Teresa durante décadas em Calcutá.

19. Testemunho de uma irmã MoC.

20. Testemunho de um membro dos Irmãos Contemplativos dos Missionários da Caridade que teve contato pessoal frequente com Madre Teresa.

21. Testemunho de um companheiro de trabalho.

OITO: INSTRUIR OS IGNORANTES

1. Madre Teresa para a "Katoličke Misije", 1º de fevereiro de 1935.

2. Diário de Madre Teresa, 29 de dezembro de 1948.

3. Carta de Madre Teresa às irmãs MoC, 3 de junho de 1964.

4. Instruções de Madre Teresa às irmãs MoC, sem data.

5. Carta de Madre Teresa às superioras da MoC, 18 de março de 1995.

6. Instruções de Madre Teresa às irmãs MoC, 5 de setembro de 1992.

7. Instruções de Madre Teresa às irmãs MoC, 29 de agosto de 1987.

8. Instruções de Madre Teresa às irmãs MoC, 10 de agosto de 1988.

9. Instruções de Madre Teresa às irmãs MoC, 23 de fevereiro de 1989.

10. Instruções de Madre Teresa às irmãs MoC, 19 de fevereiro de 1992.

11. Instruções de Madre Teresa às mestras de noviças, 7 de agosto de 1993.

12. Instruções de Madre Teresa às irmãs MoC, 10 de janeiro de 1984.

13. Madre Teresa a um jornalista de televisão em Skopje (Macedônia), 28 de março de 1978.

14. Conversa de Madre Teresa com jovens, 21-22 de julho de 1976.

15. Madre Teresa, coletiva de imprensa em Tóquio, 22 de abril de 1982.

16. Mensagem de Madre Teresa em Osaka, 28 de abril de 1982.

17. Mensagem de Madre Teresa a padres, Roma, setembro de 1990.

18. Madre Teresa, coletiva de imprensa em Tóquio, 22 de abril de 1982.

19. Carta de Madre Teresa às irmãs MoC, 6 de junho de 1966.

20. Instruções de Madre Teresa às irmãs MoC, sem data.

21. Carta de Madre Teresa às irmãs MoC, 6 de junho de 1966.

22. Carta de Madre Teresa às irmãs MoC, junho de 1974.

23. Testemunho de uma irmã MoC.

24. Testemunho de uma irmã MoC que foi aluna de Madre Teresa na Escola de Loreto.

25. Testemunho de uma irmã MoC.

26. Testemunho de uma mulher cuja família ajudou Madre Teresa quando a Madre começou sua obra nas favelas.

27. Testemunho de uma mulher que foi aluna de Madre Teresa na escola em uma favela em Motijhil.

28. Testemunho de uma irmã MoC.

29. Testemunho de uma irmã MoC.

30. Testemunho de uma irmã MoC.

31. Testemunho de uma irmã MoC.

32. Testemunho de uma irmã MoC.

33. Testemunho de uma irmã MoC.

34. Testemunho de uma irmã MoC.

35. Testemunho de uma irmã MoC.

36. Testemunho de uma irmã MoC.

37. Testemunho de uma irmã MoC.

38. Testemunho de uma irmã MoC.

39. Testemunho de uma irmã MoC.

40. Testemunho de voluntário australiano que ajudou especialmente em Shishu Bhavan, o lar de crianças em Calcutá.

41. Testemunho de uma irmã MoC.

42. Testemunho de uma irmã MoC.

NOVE: ACONSELHAR OS HESITANTES

1. Madre Teresa, *Come Be My Light,* Brian Kolodiejchuk, MoC, ed. Nova York: Image, 2009, p. 209.

2. Madre Teresa, coletiva de imprensa em Tóquio, 22 de abril de 1982.

3. Carta de Madre Teresa a Malcolm Muggeridge, 5 de julho de 1969.

4. Ibid., 12 de novembro de 1970.

5. Ibid., 24 de fevereiro de 1970.

6. Carta de Madre Teresa a dois companheiros de trabalho, 20 de agosto de 1966.

7. Carta de Madre Teresa a um companheiro de trabalho, 1º de dezembro de 1967.

8. Carta de Madre Teresa a um companheiro de trabalho, fevereiro de 1992.

9. Carta de Madre Teresa a um padre, 22 de setembro de 1985.

10. Testemunho de uma pessoa leiga.

11. Ibid.

12. Testemunho de um irmão contemplativo dos MoC que teve contato pessoal frequente com Madre Teresa.

13. Testemunho de um irmão contemplativo dos MoC que teve contato pessoal frequente com Madre Teresa.

14. Testemunho de um padre que ajudou Madre Teresa durante décadas em Calcutá.

15. Testemunho de uma irmã MoC.

16. Ibid.

17. Testemunho de um médico.

18. Testemunho de uma irmã MoC.

19. Testemunho de uma irmã MoC.

20. Testemunho de uma irmã MoC.

21. Ibid.

22. Testemunho de uma irmã MoC.

23. Testemunho de uma irmã MoC.

24. Testemunho de um padre.

25. Testemunho de uma pessoa leiga.

26. Testemunho de uma irmã MoC.

27. Constituições de 1988, nº 45, nº 49.

DEZ: ADVERTIR OS PECADORES

1. Instruções de Madre Teresa às irmãs MoC, 22 de agosto de 1980.

2. Instruções de Madre Teresa às irmãs MoC, 14 de novembro de 1979.

3. Ibid.

4. Carta de Madre Teresa às irmãs MoC, 29 de setembro de 1981.

5. Instruções de Madre Teresa às irmãs MoC, década de 1980.

6. Instruções de Madre Teresa às irmãs MoC, 8 de janeiro de 1979.

7. Instruções de Madre Teresa às irmãs MoC, sem data.

8. Instruções de Madre Teresa às irmãs MoC, 24 de agosto de 1980.

9. Instruções de Madre Teresa às irmãs MoC, 13 de fevereiro de 1983.

10. Instruções de Madre Teresa às irmãs MoC, 9 de novembro de 1977.

11. Instruções de Madre Teresa às irmãs MoC, 18 de maio de 1978.

12. Ibid.

13. Instruções de Madre Teresa às irmãs MoC, 20 de agosto de 1982.

14. Ibid.

15. Ibid.

16. Instruções de Madre Teresa às irmãs MoC, 4 de dezembro de 1982.

17. Instruções de Madre Teresa às irmãs MoC, 7 de maio de 1980.

18. Ibid.

19. Instruções de Madre Teresa às irmãs MoC, 13 de setembro de 1988.

20. Instruções de Madre Teresa às irmãs MoC, 6 de maio de 1980.

21. Instruções de Madre Teresa às irmãs MoC, 7 de maio de 1980.

22. Instruções de Madre Teresa às irmãs MoC, 17 de maio de 1980.

23. Instruções de Madre Teresa às irmãs MoC, 3 de abril de 1981.

24. Instruções de Madre Teresa às irmãs MoC, 20 de agosto de 1982.

25. Instruções de Madre Teresa às irmãs MoC, 14 de fevereiro de 1983.

26. Instruções de Madre Teresa às irmãs MoC, 16 de abril de 1981.

27. Instruções de Madre Teresa às irmãs MoC, 15 de julho de 1981.

28. Instruções de Madre Teresa às irmãs MoC, novembro de 1979.

29. Carta de Madre Teresa com oração para aquelas que cometeram aborto, Japão, 11 de abril de 1982.

30. Madre Teresa, coletiva de imprensa em Tóquio, 22 de abril de 1982.

31. Discurso de Madre Teresa em Tóquio, 23 de abril de 1982.

32. Discurso de Madre Teresa em Nagasaki, 26 de abril de 1982.

33. Instruções de Madre Teresa às irmãs MoC, 4 de dezembro de 1980.

34. Instruções de Madre Teresa às irmãs MoC, 6 de março de 1965.

35. Instruções de Madre Teresa às irmãs MoC, 30 de agosto de 1988.

36. Instruções de Madre Teresa às irmãs MoC, sem data, mas antes de 1973.

37. Carta de Madre Teresa às superioras das MoC, 6 de junho de 1966.

38. Carta de Madre Teresa às superioras das MoC, junho de 1962.

39. Carta de Madre Teresa às superioras das MoC, 8 de setembro de 1977.

40. Instruções de Madre Teresa às irmãs MoC, 14 de julho de 1981.

41. Instruções de Madre Teresa às irmãs MoC, 14 de maio de 1982.

42. Instruções de Madre Teresa às irmãs MoC, 25 de maio de 1983.

43. Carta aberta de Madre Teresa, 3 de outubro de 1983.

44. Testemunho de um padre MoC que teve contato pessoal frequente com Madre Teresa.

45. Testemunho de uma irmã MoC.

46. Testemunho de um padre dos Estados Unidos.

47. Testemunho de uma irmã MoC.

48. Testemunho de uma irmã MoC.

49. Testemunho de uma irmã MoC.

50. Testemunho de uma irmã MoC.

51. Testemunho de um irmão MoC.

52. Testemunho de uma irmã MoC.

53. Testemunho de um padre MoC que teve contato pessoal frequente com Madre Teresa.

54. Ibid.

55. Testemunho de um colaborador que conheceu Madre Teresa durante cerca de quinze anos e ajudou-a em várias questões de negócios.

56. Testemunho de um padre MoC que teve contato pessoal frequente com Madre Teresa.

57. Testemunho de uma irmã MoC.

58. Testemunho de uma irmã MoC.

59. Testemunho de uma irmã MoC.

60. Testemunho de um companheiro de trabalho.

61. Testemunho de uma irmã MoC.

62. Instruções de Madre Teresa às irmãs MoC, década de 1980.

63. Instruções de Madre Teresa às irmãs MoC, 10 de maio de 1986.

ONZE: SUPORTAR COM PACIÊNCIA OS ERROS

1. Instruções de Madre Teresa às irmãs MoC, sem data.

2. Madre Teresa, coletiva de imprensa em Chicago, 1981.

3. Instruções de Madre Teresa às irmãs MoC, 5 de outubro de 1984.

4. Instruções de Madre Teresa às irmãs MoC, 23 de março de 1987.

5. Instruções de Madre Teresa às irmãs MoC, 19 de novembro de 1979.

6. Instruções de Madre Teresa às irmãs MoC, 12 de abril de 1985.

7. Instruções de Madre Teresa às irmãs MoC, 10 de janeiro de 1984.

8. Instruções de Madre Teresa às irmãs MoC, 10 de abril de 1984.

9. Instruções de Madre Teresa às irmãs MoC, 15 de janeiro de 1981.

10. Instruções de Madre Teresa às irmãs MoC, sem data.

11. Carta de Madre Teresa às irmãs MoC, 19 de maio de 1968.

12. Carta de Madre Teresa a uma companheira de trabalho, 10 de março de 1965.

13. Instruções de Madre Teresa às irmãs MoC, 2 de novembro de 1982.

14. Instruções de Madre Teresa às irmãs MoC, 7 de novembro de 1987.

15. Instruções de Madre Teresa às irmãs MoC, 22 de maio de 1986.

16. Instruções de Madre Teresa às irmãs MoC, 16 de setembro de 1980.

17. Instruções de Madre Teresa às irmãs MoC, 18 de abril de 1981.

18. Instruções de Madre Teresa às irmãs MoC, 15 de abril de 1981.

19. Instruções de Madre Teresa às irmãs MoC, sem data.

20. Instruções de Madre Teresa às irmãs MoC, 20 de maio de 1987.

21. Instruções de Madre Teresa às irmãs MoC, 24 de agosto de 1980.

22. Instruções de Madre Teresa às irmãs MoC, 15 de agosto de 1983.

23. Instruções de Madre Teresa às irmãs MoC, 22 de maio de 1978.

24. Instruções de Madre Teresa às irmãs MoC, 13 de setembro de 1988.

25. Instruções de Madre Teresa às irmãs MoC, 5 de outubro de 1984.

26. Instruções de Madre Teresa às irmãs MoC, sem data.

27. Instruções de Madre Teresa às irmãs MoC, 23 de janeiro de 1983.

28. Instruções de Madre Teresa às irmãs MoC, 25 de maio de 1983.

29. Instruções de Madre Teresa às irmãs MoC, 30 de outubro de 1981.

30. Carta de Madre Teresa a um companheiro de trabalho, 13 de outubro de 1969.

31. Carta de Madre Teresa a um companheiro de trabalho, 3 de julho de 1969.

32. Carta de Madre Teresa a um companheiro de trabalho, 11 de abril de 1964.

33. Instruções de Madre Teresa às irmãs MoC, 26 de maio de 1983.

34. Instruções de Madre Teresa às irmãs MoC, 20 de maio de 1987.

35. Instruções de Madre Teresa às irmãs MoC, 22 de outubro de 1977.

36. Abbé Pierre (1912–2007), padre francês fundador das comunidades Emmaus dedicadas a ajudar os pobres e sem-teto na França e ao redor do mundo.

37. Instruções de Madre Teresa às irmãs MoC, 11 de outubro de 1982.

38. Testemunho de um menino órfão.

39. Testemunho de uma irmã MoC.

40. Testemunho de uma irmã MoC.

41. Testemunho de uma irmã MoC.

42. Testemunho de uma irmã MoC.

43. Testemunho de um padre.

44. Testemunho de uma irmã MoC.

45. Ibid.

46. Testemunho de uma irmã MoC.

47. Testemunho de um companheiro de trabalho.

48. Testemunho de uma irmã MoC.

49. Ibid.

50. Testemunho de uma irmã MoC.

51. Testemunho de uma irmã MoC.

52. Testemunho de uma irmã MoC.

53. Ibid.

54. Ibid.

55. Testemunho de uma irmã MoC.

56. Testemunho de uma irmã MoC.

57. Testemunho de uma irmã MoC.

58. Carta de Madre Teresa a um padre, 7 de fevereiro de 1976.

DOZE: PERDOAR DE BOM GRADO AS OFENSAS

1. Lucas 23,34.

2. Instruções de Madre Teresa às irmãs MoC, 15 de abril de 1981.

3. Instruções de Madre Teresa às irmãs MoC, 18 de setembro de 1981.

4. Mensagem de Madre Teresa em Nagasaki, 26 de abril de 1982.

5. Madre Teresa, coletiva de imprensa em Chicago, 1981.

6. Instruções de Madre Teresa às irmãs MoC, 30 de junho de 1965.

7. Discurso de Madre Teresa em Nagasaki, 26 de abril de 1982.

8. Ibid.

9. Ibid.

10. Discurso de Madre Teresa a voluntários em Calcutá, 21 de dezembro de 1995.

11. Madre Teresa, coletiva de imprensa em Beirute, abril de 1982.

12. Carta de Madre Teresa às irmãs MoC, maio de 1964.

13. Carta de Madre Teresa às irmãs MoC, 14 de dezembro de 1973.

14. Instruções de Madre Teresa às irmãs MoC, 21 de fevereiro de 1979.

15. Ibid.

16. Discurso de Madre Teresa em Kentucky, 19 de junho de 1982.

17. Instruções de Madre Teresa às irmãs MoC, 21 de fevereiro de 1981.

18. Ibid.

19. Instruções de Madre Teresa às irmãs MoC, 24 de agosto de 1980.

20. Instruções de Madre Teresa às irmãs MoC, 12 de setembro de 1980.

21. Instruções de Madre Teresa às irmãs MoC, 21 de fevereiro de 1981.

22. Instruções de Madre Teresa às irmãs MoC, 27 de março de 1981.

23. Instruções de Madre Teresa às irmãs MoC, 4 de dezembro de 1982.

24. Ibid.

25. Instruções de Madre Teresa às irmãs MoC, 6 de dezembro de 1982.

26. Instruções de Madre Teresa às irmãs MoC, 15 de outubro de 1977.

27. Instruções de Madre Teresa às irmãs MoC, 7 de novembro de 1977.

28. Instruções de Madre Teresa às irmãs MoC, 21 de fevereiro de 1979.

29. Ibid.

30. Discurso de Madre Teresa, 17 de setembro de 1987.

31. Ibid.

32. Instruções de Madre Teresa às irmãs MoC, 15 de janeiro de 1981.

33. Instruções de Madre Teresa às irmãs MoC, 14 de maio de 1982.

34. Testemunho de uma irmã MoC.

35. Testemunho de uma irmã MoC.

36. Testemunho de uma irmã MoC.

37. Testemunho de uma irmã MoC.

38. Testemunho de uma irmã MoC.

39. Testemunho de uma irmã MoC.

40. Testemunho de uma irmã MoC.

41. Testemunho de um colaborador que conheceu Madre Teresa por mais de vinte anos.

42. Testemunho de uma irmã MoC.

43. Testemunho de uma irmã MoC.

44. Testemunho de uma irmã MoC.

45. Instruções de Madre Teresa às irmãs MoC, 21 de fevereiro de 1979.

46. Mensagem de Madre Teresa em Nagasaki, 26 de abril de 1982.

TREZE: CONFORTAR OS AFLITOS

1. Instruções de Madre Teresa às irmãs MoC, 23 de maio de 1986.

2. Instruções de Madre Teresa às irmãs MoC, 24 de dezembro de 1988.

3. Instruções de Madre Teresa às irmãs MoC, 8 de fevereiro de 1981.

4. Mensagem de Madre Teresa no Aeroporto Narita, Tóquio, 22 de abril de 1981.

5. Instruções de Madre Teresa às irmãs MoC, 15 de dezembro de 1978.

6. Carta de Madre Teresa às irmãs MoC, 15 de outubro de 1971.

7. Carta de Madre Teresa às irmãs MoC, 20 de setembro de 1959.

8. Discurso de Madre Teresa, sem data.

9. Discurso de Madre Teresa à equipe médica.

10. Madre Teresa, coletiva de imprensa, sem data.

11. Mensagem de Madre Teresa em Chicago, 4 de junho de 1981.

12. Discurso de Madre Teresa na reunião com os companheiros de trabalho, Minnesota, 20–22 de junho de 1974.

13. Ibid.

14. Ibid.

15. Carta de Madre Teresa aos companheiros de trabalho, 1º de março de 1995.

16. Testemunho de uma irmã MoC a um companheiro de trabalho, 12 de fevereiro de 1981.

17. Carta de Madre Teresa a um padre, 7 de fevereiro de 1974.

18. Carta de Madre Teresa a uma pessoa leiga, 22 de dezembro de 1989.

19. Carta de Madre Teresa a uma companheira de trabalho, 11 de setembro de 1967.

20. Carta de Madre Teresa a uma pessoa leiga, 1992.

21. Carta de Madre Teresa a uma pessoa leiga, 11 de julho de 1992.

22. Carta de Madre Teresa a uma mulher leiga, 9 de agosto de 1990.

23. Carta de Madre Teresa a uma pessoa leiga, 8 de março de 1996.

24. Carta de Madre Teresa a um padre, 7 de setembro de 1991.

25. Testemunho de uma irmã MoC.

26. Testemunho de uma irmã MoC.

27. Testemunho de uma voluntária dos Estados Unidos.

28. Testemunho de uma irmã MoC.

29. Testemunho de um companheiro de trabalho.

30. Testemunho de uma companheira de trabalho.

31. Testemunho de uma pessoa leiga.

32. Testemunho de uma irmã MoC.

33. Testemunho de pessoa voluntária que teve um relacionamento próximo com Madre Teresa.

34. Testemunho de um padre que ajudou Madre Teresa em Calcutá.

35. Testemunho de uma irmã MoC.

36. *Where There Is Love, There Is God,* Brian Kolodiejchuk: depois que Madre Teresa começou a contar com reconhecimento internacional, passou a distribuir um pequeno cartão. Num dos lados estavam as palavras "Deus abençoe você" e a assinatura dela, e do outro lado, os seguintes dizeres: "O fruto do silêncio é a oração; o fruto da oração é a fé; o fruto da fé é o amor; o fruto do amor é o serviço; o fruto do serviço é a paz". Com um toque de humor brincalhão, ela se referia a esse cartão como seu "cartão de negócios". Ao contrário dos cartões convencionais, o dela não trazia o nome de sua organização, nem seu título ou cargo, nem informações para contato ou número do celular. No entanto, a sequência de frases pode ser encarada como a fórmula de "sucesso" de seu "negócio". Sem qualquer intenção de anunciar seus empreendimentos com essa citação bem conhecida, Madre Teresa indicava que seus esforços eram de natureza espiritual, focados em Deus e voltados ao próximo.

37. Testemunho de um padre que tinha contato frequente com Madre Teresa.

38. Testemunho de uma irmã MoC.

39. Testemunho de um voluntário em Calcutá.

40. Testemunho de uma irmã MoC.

41. Testemunho de uma pessoa leiga.

42. Testemunho de um policial que ajudou Madre Teresa em contatos com autoridades públicas.

43. Testemunho de um voluntário de Calcutá que ajudou principalmente em Kalighat.

44. Testemunho de um voluntário.

45. Testemunho de um companheiro de trabalho que teve um relacionamento próximo com Madre Teresa desde a década de 1960.

46. Testemunho de um companheiro de trabalho que teve um relacionamento próximo com Madre Teresa desde a década de 1960.

47. Testemunho de um padre MoC que teve contato frequente com Madre Teresa.

48. Carta de Madre Teresa a uma pessoa leiga, 12 de outubro de 1988.

CATORZE: *ORAR PELOS VIVOS E PELOS MORTOS*

1. Carta de Madre Teresa aos companheiros de trabalho, Lent, 1996.

2. Instruções de Madre Teresa às irmãs MoC, sem data.

3. Testemunho de um padre MoC que teve contato pessoal frequente com Madre Teresa.

4. Testemunho de uma irmã MoC.

5. Constituições, n° 130, 1988.

6. Discurso de Madre Teresa no Congresso da Família, 17 de setembro de 1987.

7. Testemunho de uma irmã MoC.

8. Discurso de Madre Teresa no Japão, 24 de novembro de 1984.

9. Discurso de Madre Teresa em Nova York, sem data.

10. Mensagem de Madre Teresa Na Universidade de Harvard, Class Day Exercises, 9 de junho de 1982.

11. Madre Teresa a um jornalista, junho de 1979.

12. Mensagem de Madre Teresa em Fukuoka, Japão, 27 de abril de 1982.

13. Ibid.

14. Ibid.

15. Carta aberta de Madre Teresa, 7 de novembro de 1995.

16. Mensagem de Madre Teresa em Tóquio, 23 de abril de 1982.

17. Discurso de Madre Teresa no Congresso Internacional da Mulher, Roma.

18. Madre Teresa, coletiva de imprensa em Tóquio, 22 de abril de 1982.

19. Mensagem de Madre Teresa em Nagasaki, 26 de abril de 1982.

20. Instruções de Madre Teresa às irmãs MoC, 19 de novembro de 1979.

21. Carta de Madre Teresa às irmãs MoC, 9 de setembro de 1965.

22. Instruções de Madre Teresa às irmãs MoC, 4 de novembro de 1965.

23. Testemunho de um médico companheiro de trabalho que colaborou com Madre Teresa a partir do final da década de 1950.

24. Testemunho de uma irmã MoC.

25. Testemunho de uma irmã MoC.

26. Testemunho de uma irmã MoC.

27. Testemunho de uma irmã MoC.

28. Testemunho de uma irmã MoC.

29. Ibid.

30. Testemunho de uma irmã MoC.

31. Testemunho de uma irmã MoC.

32. Testemunho de uma irmã MoC.

33. Testemunho de uma irmã MoC.

34. Testemunho de uma irmã MoC.

35. Testemunho de uma irmã MoC.

36. Testemunho de uma irmã MoC.

37. Testemunho de uma irmã MoC.

38. Testemunho de uma irmã MoC.

39. Testemunho de um voluntário que tinha um relacionamento próximo com Madre Teresa.

40. Testemunho de uma irmã MoC.

41. Testemunho de uma pessoa leiga.

42. Testemunho de uma mulher leiga.

43. Testemunho de um policial.

44. Ibid.

45. Ibid.

46. Testemunho de um médico de Calcutá.

47. Testemunho de uma irmã MoC.

**Acreditamos
nos livros**

Este livro foi composto em Fairfield LT Std
e impresso pela Geográfica para a Editora
Planeta do Brasil em agosto de 2022.